Cómo llegar a ser una

Vasija para honra

en el servicio del Maestro

por la Dra. Rebecca Brown

 *Whitaker House*

DISTRIBUIDO POR

Whitaker Distributors
580 Pittsburgh Street
Springdale, PA 15144
(800) 444-4484
(412) 274-4440

Spanish House
1360 N.W. 88th Avenue
Miami, FL 33172
(305) 592-6136

Cómo llegar a ser una vasija para honra

Whitaker House
580 Pittsburgh Street
Springdale, PA 15144

ISBN: 0-88368-317-2

"Padre, en el nombre de Jesús, humildemente acudo ante tu trono a hacerte una petición. Estoy muy consciente de mi propio desamparo separada de ti. Sé que las palabras en las páginas de este libro carecen de valor a menos que TÚ hagas la obra. Por tanto, con reverencia te pido que envíes también al Espíritu Santo con cada libro para que obre CON PODER en la mente y en el corazón de cada lector. Que el bendito Espíritu Santo haga su obra a pesar de las imperfecciones de este libro. Que Él traiga entendimiento a los lectores y siembre en su corazón hambre y sed por un creciente y continuo conocimiento de ti y de las riquezas que hay en Cristo Jesús.

"¡Qué todo el poder y la gloria y el honor sean PARA TI por toda la eternidad! Te lo pido en el precioso nombre de Jesús.

"Amén."

Rebecca

"...y: Apártese de iniquidad todo aquél que invoca el nombre de Cristo.

"Pero en una casa grande, no solamente hay utensilios [o vasijas] de oro y de plata, sino también de madera y de barro; y unos son para usos honrosos, y otros para usos viles.

"Así que, si alguno se limpia de estas cosas, será instrumento [o vasija] para honra, santificado, útil al Señor, y dispuesto para toda buena obra."

2 Timoteo 2:19-21

Contenido

Prólogo

Conozco a Rebecca Brown desde hace ya bastante tiempo y siempre me ha dado la impresión de ser una persona muy inspiradora y motivadora. He tenido el privilegio de trabajar con ella en varias conferencias de liberación y he visto a la gente romper las ataduras demoníacas mediante el poder de la preciosa sangre del Señor Jesús. ¡Creo que Rebecca es una sierva del Señor! Ha sido usada por Dios en el pasado, sigue siendo usada por Dios para revelar verdades que necesitan compartirse en la era actual, y seguirá siendo usada por Dios hasta que Él estime conveniente llamarla a casa a su recompensa celestial.

He trabajado por más de veinticinco años en el ministerio de la Palabra de Dios. He comprobado con las Escrituras lo que Rebecca enseña y estoy satisfecho con lo exacta y conocedora que es. Sería bueno para los cristianos prestar atención al mensaje que Dios le ha encomendado a ella que comparta. El problema con nuestra moderna generación de cristianos es que con demasiada frecuencia queremos esconder nuestra cabeza en la arena (como el avestruz) y pretender que las cosas que están aconteciendo en la sociedad en realidad no existen. Queremos sentir que las cosas siguen siendo "igual que antes" y que el mundo está "¡progresando!". La realidad es que Satanás y sus huestes han aumentado sus actividades mientras tratan de aprestarse para la conquista del mundo que está predicha en las Escrituras. Las cosas ya no son como eran. Los poderes demoníacos están en operación en esta generación con más fuerza, fervor y desfachatez que nunca antes. Al cristiano que se encuentre dormido ante lo que está sucediendo, algún día le pesará su decisión de esconderse de la realidad y de no prepararse. ¡Rebecca es una de las siervas de Dios que está tocando la alarma para que la Iglesia despierte!

Le doy gracias a Dios porque Rebecca ha tenido la valentía de hacerse oír a pesar de la oposición, persecución e ignorancia por parte de los que debían estar ayudando a proclamar el mensaje de los últimos tiempos. Sería bueno que el mundo cristiano dejara de mortificarse y criticarse entre sí y que trabajaran juntos para lograr una cosecha de almas para Jesús.

Lea lo que Rebecca tiene que decir. Compárelo con lo que se revela en la Palabra de Dios. Entonces, esté listo para actuar haciendo su parte para alcanzar al mundo que Cristo murió por salvar. Me parece que la oración y la obediencia a Dios llegará mucho más lejos para satisfacer la Gran Comisión de Cristo, que el chisme y las desavenencias entre el pueblo de Dios.

Si la Iglesia no despierta pronto y deja de pretender que nada está cambiando y que el tiempo continuará su curso, nosotros seremos las víctimas y Dios dirá: "Envié a mis siervos para advertirles, pero no escucharon." La gente de Dios estaba dormida cuando Cristo vino por primera vez y se perdieron ese maravilloso evento. La Iglesia está dormida de nuevo... ¡parece que jamás aprenderemos! ¡Rebecca, gracias por despertarnos!

Rdo. William W. Woods

Introducción

¡YO NO QUERÍA ESCRIBIR ESTE LIBRO! ¡NO QUIERO PUBLI-
CAR ESTE LIBRO! Es más, apenas recientemente he implo-
rado al Señor que me libre de los compromisos de predicar.
Como ven, yo tenía lo que creía que eran muy buenas
razones. Es decir, hasta que el Señor me haló las orejas.
Durante los últimos años, el antagonismo hacia mí dentro
de la comunidad cristiana ha ido en aumento. Me odian de
diversas formas. Por todas partes imprimen boletines para,
supuestamente, "desenmascararme". Las mentiras y falsas
acusaciones vuelan... especialmente a través de las librerías cristianas, mediante cartas y, verbalmente, entre los
cristianos. ¡No ha habido una sola vez que algún editor de
un boletín se haya puesto en contacto conmigo para averiguar si pudiera haber otra versión de la historia! Rara vez
un cristiano se detiene en su camino para preguntarme si
lo que se dice es verdad. Pocos se detienen a pensar que
Satanás generalmente destruye a las personas acorralán-
dolas y montando todo tipo de acusaciones contra ellas, que
es precisamente lo que me pasó. En realidad, he descubierto
que a muchos cristianos les encanta chismear más que
cualquier otra cosa. Ellos se justifican a sí mismos llamando
sus mentiras "exposición de la verdad".

Pero en realidad, lo que colmó la copa fueron unos contactos que mi esposo y yo habíamos tenido recientemente
con ciertas personas en altas posiciones dentro del reino de
Satanás. Ellos nos dijeron: "En realidad ya no tenemos que
dedicar mucho tiempo o esfuerzo para tratar de destruir a
los cristianos. Ellos están tan ocupados apuñalándose por
la espalda y destruyéndose unos a otros, que ya no tenemos
que preocuparnos de ellos. Oímos lo que dicen ustedes, pero
no vemos ventaja alguna en optar por servir a su Dios. Los

siervos de tu Dios no se diferencian de nosotros. Es más, la mayoría de ellos son peores que nosotros. Al menos, en lo que podemos apreciar, nosotros tenemos cierto código de honor mientras que ellos no tienen ninguno. El Dios de ustedes es un Dios débil. Debe serlo, pues tolera lo que sucede en su propio reino."

¡Me sentí tan decepcionada! Durante tanto tiempo he llevado la increíble carga de la salvación de esta gente. Mis lágrimas brotaron, pero mi terror creció mientras trataba de compartir mi pena con otro cristiano en un ministerio público. "No puedes permitir que eso te moleste", me dijo. "No puedes escucharlos. Después de todo no son más que satánicos. Ellos mienten."

Pasé días en lágrimas y oración. ¿Y de qué valía? Muchos cristianos ni siquiera se preocupan si su vida está alejando a otros de Cristo, y parece que no desean escuchar o enterarse de lo que está sucediendo en el mundo real. Este pasaje bíblico verdaderamente se ha realizado en mi propia vida:

> "Mas seréis entregados aun por vuestros padres, y hermanos, y parientes, y amigos; y matarán a algunos de vosotros" (Lucas 21:16).

"Oh Señor", rogué. "Por favor permíteme sacudir de mis pies el polvo de las iglesias cristianas organizadas y salir a las carreteras y los caminos más apartados a los paganos que nunca siquiera han oído hablar de ti. Ahí es donde mi corazón anhela estar."

Silencio.

Finalmente, un día, hace alrededor de un mes, mientras contemplaba junto al Señor cómo salía el sol, Él me habló muy claramente.

"Hija, yo soy Dios."

"Sí, Padre, sé que eres Dios", respondí.

La simple frase se repitió.

"Hija, yo soy Dios."

Me senté a reflexionar durante un minuto.

"Bueno, Señor, creo que no estoy entendiendo algo. ¿Qué es lo que no estoy comprendiendo de la realidad de que eres Dios?"

Vinieron a mi mente muchos pensamientos producidos por el Espíritu Santo, tanto condenándome, como al mismo tiempo dándome una bendita esperanza. Fueron más o menos así.

"Me has estado pidiendo que te libere de tener que hablarle a mi pueblo para advertirles que tienen que sacar el pecado de su vida para que estén preparados para resistir en la persecución que está por venir. No te liberaré de esta encomienda porque soy un Dios justo y santo. He dicho en mi palabra:

'Porque es tiempo de que el juicio comience por la casa de Dios: y si primero comienza por nosotros, ¿cuál será el fin de aquéllos que no obedecen al evangelio de Dios?' (1 Pedro 4:17).

"El final de la era se acerca —siguió diciéndome el Señor—. Este país caerá. Pero como el juicio comienza por MI casa, los míos serán perseguidos antes que los incrédulos sufran. Por ende, tú y otros más deben ir adelante y advertir a los míos primero."

Mientras permanecía sentada pensando seriamente en eso, el Señor me habló de nuevo.

"No desprecies a mi pueblo. Estás cayendo en esa trampa. Dime, si yo hubiese formulado mi juicio en cuanto a tu persona basándome en tus chismes y tus traiciones de hace quince años, ¿dónde estarías hoy?"

"Estaría en una situación terrible", respondí inmediatamente.

"No olvides, no sólo soy un Dios de santidad y justicia, sino también un Dios de misericordia. Es por misericordia que aguardo, esperando a que mi pueblo se arrepienta del mal que hace. Satanás no tiene misericordia ninguna. Es más, Satanás siempre ha interpretado la misericordia como si fuera debilidad. Su gente obedece a cierto código de honor porque no existe misericordia en el reino de Satanás. Si desobedecen ese código, están muertos. Tan sencillo como eso. Por lo tanto, los servidores de Satanás piensan que la misericordia es señal de debilidad. ¡Pero les digo, yo desplegué el mayor poder que jamás he desplegado cuando permití que mi único hijo, Jesús, fuera torturado y muerto cruelmente en la cruz! Mi misericordia pagó el precio de los pecados de ustedes.

"Recuerda siempre —siguió diciéndome—: ¡Yo amo a los míos! Aunque estén llenos de arrogancia, sean pecaminosos y hasta hayan destruido a mis siervos, aún los amo y espero misericordiosamente a que ellos se arrepientan de lo malo que han hecho. Algún día me RESPONDERÁN por lo que hacen. Se les requerirá en el tribunal de Cristo la sangre de muchos, pero NO desprecies a mi gente, porque yo los amo." [Véanse 1 Corintios 3:13-15, Romanos 14:10.]

Me arrepentí de la ira que sentí hacia los demás por el horrible testimonio que estaban dando al mundo. Mas mi corazón continuaba apesadumbrado.

"¿Qué puedo decirles, Señor, a los que han quedado turbados por los pecados de los cristianos? ¿Cómo podría traerlos eficazmente a Jesús?", le pregunté.

Una vez más, esa declaración tan sencilla, pero al mismo tiempo, tan sublime, inundó mi mente y mi corazón.

"Hija, yo soy Dios. Tú tienes la responsabilidad de compartir las buenas nuevas con estas personas, de hablarles de Jesucristo. Mi responsabilidad es darles a ellos pruebas de mí mismo. Tú no puedes probarme a mí ante nadie. Sólo yo puedo hacer eso. Tú da las buenas nuevas, después oras, y los retas a que oren y que pidan que me manifieste realmente ante ellos. El resto es asunto mío."

¡Alabado sea el Señor! Cuánta verdad hay en eso. Nosotros los humanos no podemos probarle a Dios a nadie. Dios mismo tiene que hacerlo y es Él quien lo hará. Tenemos la responsabilidad de ministrar el evangelio a todas las personas. Dios hará el resto.

¡Aleluya! ¡Qué maravilloso es el Dios a quien servimos! No tengo necesidad de defenderme. El Señor es mi defensor. ¿Por qué debo correr dando vueltas tratando de defenderme cuando en realidad no he hecho nada malo? Los que habrán de escuchar, escucharán, y los que habrán de chismear, chismearán. Oro porque todos los cristianos por doquier pongan atención a la advertencia que el Señor nos ha dado a mí y a otros en su servicio. La persecución cobra fuerzas en esta tierra cada vez más. Oro porque USTED su hijo, esté preparado para sostenerse con firmeza, trayendo gloria a ese maravilloso Dios nuestro. Sosténgase firmemente con el poder de Jesucristo, Dios todopoderoso, trayendo gloria a Dios, el Padre, por los siglos de los siglos. Amén.

Capítulo 1

Comprobación del pacto

Las sombras se alargaban en el frío crepúsculo mientras el sol se deslizaba rápidamente bajo el horizonte de áridas montañas de roca. El ocaso invernal apenas dura unos minutos en la elevación del desierto donde Elaine y Rebecca vivían. Esa noche en particular, la del 21 de diciembre de 1988, el viento estaba en calma y todo parecía callado, como en espera de lo que sucedería. El mal acecha siempre bajo la protección de las tinieblas. Era esta una noche de significado especial, porque el 21 de diciembre es la noche del solsticio de invierno, un día señalado para los satanistas.

Esa fecha especial también sería el día de la muerte de Elaine y Rebecca. Una vez más se trazaban las antiguas líneas de batalla: las fuerzas de Satanás contra las fuerzas de nuestro Señor y Salvador, Jesucristo.

El pacto más reciente de Dios con Rebecca estaba a punto de ser puesto a prueba (véase *Preparémonos para la guerra*, capítulo 2, "Pactos con Dios" y el capítulo 7, "Escuchar a Dios"). El primero de diciembre de 1988, Dios había pactado con Rebecca, dándole su promesa de que el valle en que vivían sería un refugio para las personas que lograban separarse del satanismo. El Señor le prometió directamente a ella la vida de todos los que se pusieran bajo su cuidado o que trabajaran con ella en el ministerio. Le dijo a Rebecca que tendría que resistir muchas batallas y algunas "salvaciones de último minuto"; pero que, al final, salvarían la vida. Dentro de poco verían el poderoso brazo de Dios luchando contra Satanás a favor de ellas.

Al caer la noche, Rebecca salió en su recorrido y volvió a

ungir y sellar su casa. Las cálidas luces de las ventanas brillaban en implacable contraste contra la tenebrosa y fría maldad exterior. Todo permanecía en calma mientras que oscuras siluetas comenzaron a reunirse alrededor de la propiedad. La casa de Rebecca y Elaine estaba en una zona campestre con un terreno de aproximadamente media hectárea. Sheba, la perra, comenzó a pasearse de una habitación a otra con un leve, aunque continuo, gruñido. Esa era su señal de advertencia de peligro en la propiedad. Pero ya todos en la casa sentían el creciente mal de afuera.

¿Cómo atacarían? Elaine y Rebecca eran los blancos. Uno de los principales asesinos de Satanás y sus asociados pensaba llevar a cabo sus dos sacrificios del solsticio de invierno esa misma noche.

Esther (nombre ficticio), Elaine, Rebecca y Betty (nombre ficticio) se reunieron en la sala para dedicar un tiempecito a la oración. No había mucho que decir, excepto agradecerle al Señor su pacto y su promesa de mantenerlas vivas y pedirle que obrara en esta situación en la manera que estimara conveniente con la finalidad de atraer para sí el máximo honor y gloria. Al caer la plena oscuridad, Sheba aumentó sus caminatas y gruñidos. Las muchachas atisbaron por las ventanas frontales y vieron algunas siluetas nebulosas alrededor del borde de la propiedad. Había una vagoneta oscura en la calle al frente y otra al lado de la casa. Varios hombres estaban armados con lo que parecían ser escopetas de cacería, pero era difícil distinguirlas en la obscuridad.

—Tengo tanto miedo —dijo Esther y comenzó a llorar. Luego añadió—: Esa gente parece peligrosa. ¿Es Dios en realidad lo bastante fuerte como para hacerles frente?

Su frágil cuerpo temblaba de miedo. Rebecca se le aproximó y la tomó de la mano.

—Escucha, Esther —le dijo—, tú SABES que Jesús es más fuerte. Has visto su poder demostrado una y otra vez. Ahora tienes que estar con nosotros en la fe y reprender el temor en el nombre de Jesús. Nuestro Padre nos prometió un refugio aquí y Él JAMÁS falta a su palabra.

—¿Pero estás segura de haber oído bien? —fue la respuesta llena de lágrimas.

—Sí, estoy segura. También les confirmó la promesa a Elaine y a Betty. No tenemos la menor duda. Ven, Esther, cantemos alabanzas a nuestro Señor y permanezcamos firmes para ser testigos de cómo Él va a luchar esta batalla por nosotros.

Betty puso música suave de alabanza y todas comenzaron a cantar juntas. Pasó el tiempo y la tensión creció. Todo afuera estaba tan tieso como un muerto pero la presión demoníaca aumentaba constantemente. De nuevo volvieron a atisbar por las ventanas. Parecía que habían más siluetas borrosas en la grama, y algunas venían hacia la casa.

—Escuchen —habló Betty—, es tonto que nosotros nos quedemos aquí paradas nerviosas y llenas de pánico. Hagamos algo constructivo... como preparar galleticas de chocolate.

Las demás rieron.

—¡Galleticas! —exclamó Elaine—. Bueno, ¿y por qué no? ¡Sólo espero que el Señor no deje que esa gente entre a pedirnos que les demos algunas!

Entonces todas se reunieron en la cocina. Apenas habían comenzado a confeccionar las galleticas, de repente oyeron un fuerte golpetazo que estremeció la casa. Después varios más. Cinco en total. Esther se agazapó, acobardada, en la repisa en la cocina.

—Apostaría a que pretenden comenzar un fuego en nuestro techo. Eso es típico de cómo esa gente opera —dijo Elaine reflexionando—. ¿Qué hacemos ahora?

—¡Esperar. Simplemente esperar! —respondió Rebecca—. Si nuestro Padre los deja entrar en la casa, sabremos que debemos compartir el evangelio con ellos, pero no creo que los deje entrar ni tampoco que comiencen un incendio.

Apenas habían brotado las palabras de su boca, comenzaron a oír los sonidos de un tremendo pataleo encima del techo. Su casa era típica de la mayor parte de las casas del desierto: un solo piso con un techo de piedra plano. El ruido de la conmoción y la lucha iba y venía de un lado al otro del techo.

Al aumentar el ruido, suspendieron la confección de galleticas y las muchachas se detuvieron a orar y mirar hacia el techo. Súbitamente, al cabo de unos cinco minutos, hubo un grito y maldiciones en alta voz y un estruendo justo al frente de la casa. Hubo más gritos y batacazos según las muchachas corrían para atisbar por la ventana del frente. Allí, ante sus asombrados ojos, vieron a cinco hombres, blasfemando como locos, levantándose de la tierra. Uno había caído en el gran cacto que crecía pegado al frente de la casa. ¡Fue el que más fuertemente gritó de todos! Las muchachas gritaron con risas y regocijo, y alabaron al Señor mientras los hombres regresaban a la vagoneta para recuperarse. Aún riendo, regresaron a la cocina y continuaron elaborando las galleticas.

—¡Oh! ¡Cuánto me gustaría haber visto lo que vieron esos hombres! —exclamó Betty.

—Me pregunto si el Señor les permitió ver a los ángeles contra quienes luchaban? —comentó Rebecca reflexivamente—. Espero que sí, eso sí que los estremecería. Si no ven a los ángeles me temo que pensarán que luchan contra demonios más poderosos.

—Oh, no tengo duda de que así lo hizo Él —dijo Elaine—. ¡Recuerdo vívidamente la época en que yo luché contra ángeles de Dios! Fue una experiencia humillante, por no decir otra cosa. No podíamos progresar, no importa lo que hiciéramos. Sin duda que eso me puso a pensar. Satanás no me decía lo que eran, pero en mi fuero interno YO SABÍA que eran ángeles de Dios. No cabe duda de que eso hizo que me diera cuenta de que Satanás no era tan todopoderoso como decía ser.

Alrededor de media hora más tarde, volvieron a oír a los hombres subirse al techo de nuevo. De allí volvieron a llegar sonidos de intensa lucha. Los hombres fueron lanzados enseguida del techo otra vez. Pero esta vez no pudieron erguirse sobre sus pies. En su lugar, cada uno fue tomado por debajo de los brazos por una fuerza invisible y arrastrado fuera de la propiedad. Las muchachas no vieron a los ángeles, pero no existía la más mínima duda en sus mentes de que allí estaban. Los hombres, sin mucha ceremonia, fueron echados a la calle. La lucha había terminado. Los satánicos merodearon alrededor de la propiedad por un par de horas más, pero no pudieron entrar de nuevo en esta. Finalmente, se dieron por vencidos y se marcharon.

Las muchachas se comieron las galleticas y alabaron al Señor por el maravilloso rescate de manos de sus enemigos. Como siempre, el Señor había cumplido su pacto.

Una vez que se había logrado la victoria en esa esfera, pronto tuvieron que encarar un nuevo ataque y una nueva batalla con nuevas lecciones que aprender.

(**Nota de la autora:** Escribo algunas de nuestras aventuras con un propósito. Deseo que usted sepa que nuestro Dios todavía vive y obra hoy de igual manera que lo hizo a través de las páginas de la Escritura. ¡Todavía contamos con un Dios que obra milagros! Estamos vivas hoy SÓLO debido a su protección directa y a su obrar en nuestra vida. También tenemos un Dios que habla a su pueblo hoy del mismo modo que lo hizo en los días de la Biblia. TENEMOS que confiar en su orientación diaria. Satanás tiene un vasto reino, pero NUESTRO DIOS está sentado en su trono por encima de la tierra y del cielo. Nuestro Dios es el Creador de todo. Él lo ve todo y lo sabe todo. Satanás maquina un sinnúmero de tretas y planes, pero nuestro Capitán, Jesucristo, extiende su mano y entresaca a una persona de aquí y a otra persona de allá, frustrando así los mejores planes trazados por Satanás.)

Capítulo 2

Alfileres localizadores

—Rebecca, la llaman —dijo la recepcionista sosteniendo el teléfono en alto.

Rebecca se encontraba en el consultorio del veterinario buscando medicinas para sus gatos. Habían estado bajo un ataque tan fuerte por parte de la brujería, que todos los animales de la casa estaban enfermos. Rebecca tenía el corazón oprimido en lo que se acercó al mostrador para contestar el teléfono.

—Rebecca —dijo una débil voz al otro extremo de la línea—, ven pronto, creo que Elaine está muerta y no creo que yo dure mucho más. Han venido a buscarnos. Están afuera. Yo... —su voz se desvaneció y el teléfono hizo un estruendo al caer al piso.

—Annie [nombre ficticio] —clamó Rebecca—, Annie, contéstame, ¿qué pasa?

Silencio, excepto algún extraño ruido de fondo. Annie no volvió a recoger el teléfono.

Rebecca le devolvió el teléfono a la recepcionista.

—Lo siento —le dijo—. Tendré que buscar la medicina más tarde. Tengo contratiempos allá en mi casa. Tengo prisa —y mientras lo decía, salió como una flecha por la puerta hacia el auto. Se encontraba a unos diez minutos de camino de la casa.

El sol se ponía rápidamente y las sombras se alargaban en lo que Rebecca corría a su casa. "Oh, Padre", oró, "he venido ante tu trono e insisto en tu pacto conmigo. Satanás no puede llevarse la vida de nadie en mi hogar. Padre, reprendo a Satanás en el nombre de Jesús. Me prometiste la vida de todo el que viniera bajo mi cuidado, y ahora insisto en esa promesa." Rebecca guió tan de prisa como pudo. La corta distancia parecía no terminar nunca. Su mente revoloteaba. ¿Qué estaba pasando? ¿Qué podía haber sucedido en el corto lapso que se había ausentado? Apenas había estado fuera de la casa unos treinta minutos.

La intensidad de las hostilidades espirituales había aumentado rápidamente durante las últimas semanas desde que Annie y su hijo Timmy (nombre ficticio) habían venido a vivir con ellos. Annie había dedicado casi todos sus treinta años de vida al satanismo. Ella era lo que se conoce como una "criadora". Cuando aún era una bebita fue entregada a la suma sacerdotiza del clan para que fuera criada con ese propósito. Ella no recordaba nada excepto los maltratos más horribles en sus memorias más remotas. La utilizaron extensamente en pornografía infantil, y después como criadora. Tuvo su primer hijo a la edad de once años. Tuvo diez hijos, nueve de los cuales fueron sacrificados. El décimo hijo, Timmy, no había sido sacrificado y ahora contaba con seis años de edad. Annie había establecido contacto con Rebecca, desesperada por salirse de la brujería. Había venido al Señor y con el tiempo Rebecca la trajo a su hogar. ¡Los satanistas no se sintieron complacidos!

Cuando Rebecca doblaba la última esquina antes de llegar a su casa, el sol ya se deslizaba por debajo de las montañas. En apenas unos minutos reinaría una total oscuridad. Esta hora del crepúsculo parecía ser el momento en que los satanistas siempre lanzaban sus ataques más fuertes. Rebecca, al llegar a su calle, vio un helicóptero volando en círculos bajos sobre su casa. Tan bajos, que los árboles eran batidos por las aspas y muchas de las ramas más pequeñas se partían y volaban en todas direcciones por el césped. Al acercarse a la entrada, observó una vagoneta oscura estacionada en el lindero de su propiedad y tres hombres parados a cierta distancia unos de otros a lo largo de la entrada.

La urgencia interna de Rebecca era tan grande que simplemente actuó sin tomar mucho tiempo para reflexionar. Detuvo el automóvil y saltó fuera de éste gritando para que la oyeran por encima del ensordecedor ruido del helicóptero. "¡Te reprendo en el nombre del Señor mío Jesucristo! ¡Tienes veinte segundo para quitarte de mi camino o te atropellaré! ¡En nombre de Jesucristo ordeno a todos los demonios que queden atados y deshago todos los hechizos que hayan hecho! ¡Y ahora, apártense de mi camino!"

Y al decir eso entró de nuevo al automóvil y lo condujo marcha atrás un corto tramo. Entonces pisó el acelerador y se dirigió a la entrada. Obviamente, los hombres se sorprendieron. Saltaron hacia un lado esquivándola por apenas unas pulgadas en lo que Rebecca entraba velozmente. Golpeó el interruptor de abrir la puerta del garaje, entró en él rápidamente y cerró la puerta tras sí. Dio un frenazo que hizo chillar las ruedas y de un salto salió del carro al detenerse este. Con el corazón bombeando al máximo, corrió hacia la puerta de la casa y entró como una flecha.

"¡Uf!" Tan pronto como atravesó la puerta Rebecca cayó plana en el piso de un golpe. Por unos segundos permaneció allí inmóvil jadeante y buscando recuperar el aliento. Ella no esperaba semejante ataque. Era extremadamente raro que los demonios pudieran llegar a tumbarla físicamente. Moviendo la cabeza para tratar de aclarar su mente, habló en alta voz, "¡Demonios, les ordeno que se aparten de mí en el nombre de Jesús!" Y con eso, se levantó del piso y se dirigió hacia la sala de la casa.

La opresión demoníaca en la casa era tan pesada que era difícil respirar. La maldad estaba por doquier. El ruido del helicóptero sobre ellos hacía difícil oír algo. El temor era algo que se podía palpar.

Al entrar Rebecca en la sala rápidamente ella aquilató la situación. Elaine estaba lívida por la falta de oxígeno, yaciendo sobre el piso sufriendo un ataque epiléptico. Annie yacía inconsciente en la cocina. Su hijo estaba sentado junto a ella gritando y llorando. Rebecca sabía que no podía revivirlos a todos al mismo tiempo. Su corazón clamó al Señor en busca de orientación. Rápidamente volteó a Elaine sobre un lado, echándole la cabeza hacia atrás para abrirle las vías respiratorias a fin de que pudiera respirar. En el nombre de Jesús ordenó a los demonios que le provocaban el ataque a Elaine que se fueran. Inmediatamente los movimientos convulsivos fueron más lentos. Entonces el Espíritu Santo le habló: "¡Sella la casa, hija, sella la casa!"

Rebecca se incorporó de un salto. Agarró una botella de aceite y estableció una nueva marca de velocidad en ungimientos de casas. Corrió tan rápido como pudo de la puerta a la ventana y viceversa, orando mientras lo hacía, rogándole al Señor que limpiara y sellara su hogar. Al llegar a la última puerta gritó: "¡En el nombre de Jesús ordeno a todo demonio y espíritu humano en esta casa que salga de inmediato! Esta casa pertenece a mi Dios, y no tienen derecho a estar aquí.

"Padre", oró, "en el nombre de Jesús, te pido que limpies esta casa totalmente y la hagas santa para TI. Y, Padre, POR FAVOR, haznos invisibles o algo por el estilo para quitarnos a ese helicóptero de encima. Ni siquiera puedo oír mis pensamientos debido al ruido de ese aparato!"

Entonces Rebecca regresó corriendo hacia las muchachas que se hallaban tendidas en el suelo. Se regocijó al ver que Elaine respiraba libremente de nuevo. Su color comenzaba a normalizarse. Y Annie se quejaba según comenzaba a volver en sí. Rebecca tomó a Timmy en su regazo, sosteniéndolo en sus brazos, tratando de calmarlo.

Súbitamente, el helicóptero se fue, dejándolas en un silencio sepulcral. Rebecca se colocó entre los tres silenciosamente, ungiendo a cada uno de ellos mientras oraba. Todos estaban inmersos en sumo dolor, ¡pero estaban vivos! Una vez más el Señor había cumplido su promesa. Estaban sanos y salvos.

Las siguientes dos horas fueron de intensa labor, pues

Rebecca ayudó a cada uno a acostarse. Llamó a Betty, quien vino media hora más tarde, a ayudarla. Para ese entonces ya estaba totalmente oscuro y la vagoneta se había retirado cierto tramo calle abajo, pero aún acechaba afuera amenazadoramente.

Al fin todos estaban algo recuperados y en cama. Betty y Rebecca se sentaron a conversar en la sala. Rápidamente Rebecca puso al día a Betty sobre todo lo que había sucedido.

—Parece que estamos comenzando una fase diferente de contienda —dijo Rebecca reflexivamente—. Ha pasado mucho tiempo desde que un demonio pudo tumbarme y las demás se salvaron de milagro, especialmente Elaine. ¡No me gusta, no me gusta ni un ápice!

—Lo que no me explico es ¿cómo lograron entrar? La casa estaba cerrada, ¿no es así? —preguntó Betty.

—Sí, lo estaba. Es más, yo acababa de volverla a ungir la noche anterior dado que sentía tanta opresión —Rebeca se sentó a sopesar los sucesos de esa noche—. Ese helicóptero me molesta a mí también. Annie dijo que la suma sacerdotiza de su clan ha usado helicópteros con anterioridad. Lo que es aun más problemático es que esta casa obviamente se ha vuelto una vía pública abierta a todo demonio que quieran enviar. Algo habrá tenido que romper el sello, ¿pero, qué podrá ser?

—Sí, ¿qué será? Esa es la pregunta de los diez mil dólares —dijo Betty y se rió entre dientes.

—Sí, lo sé —replicó Rebecca—, no quisiera tener que atravesar otra noche como esta. ¡Fue completamente horrible! Poco sabía Rebecca de cuántas veces más tendría que soportar ese tipo de ataque.

Al día siguiente fue al consultorio del veterinario a buscar más medicinas. Esta vez fue mientras todavía brillaba el sol. Todos los animales estaban enfermos, y Rebecca no tenía duda de que se debía a maldiciones que les habían echado. Más tarde, esa noche mientras preparaba la cena, todos sintieron comenzar de nuevo la angustia. Rebecca había llamado a Betty a que viniera y se quedara esa noche a ayudar.

—Ya empieza a sentirse de nuevo como si hubiera llegado la hora de los hechizos —le comentó Rebecca a Betty mientras trabajaban en la cocina—. Ya esto se está convirtiendo rápidamente en algo rutinario.

—Sí, ya lo sé —dijo Betty—. No puedo imaginarme qué intentarán esta noche. Apenas acababan de salir las palabras de su boca cuando... ¡CRASH! El sonido vino de la sala. Betty y Rebecca soltaron lo que estaban haciendo y se apresuraron a ver lo que sucedía. Elaine estaba en el piso con una lámpara encima de ella. La había agarrado mientras caía tratando de recuperar el equilibrio. Estaba quejándose y rodando por el piso.

—Elaine, ¿qué pasa? —preguntó Rebecca mientras se arrodillaba a su lado.

—Me están desgarrando las tripas —gimió Elaine, doblándose.

Betty corrió a buscar el aceite. El mal se iba extendiendo dentro de la casa. De nuevo el aire parecía espeso al extremo que era difícil moverse o respirar.

"¡Oh no, no de nuevo! ¡Ayúdame, Señor! ¿Cómo puedo acabar con esto?", gritó Rebecca desesperadamente.

"El sello de protección de tu casa ha sido roto de nuevo", fue la respuesta inmediata del Espíritu Santo.

—¿Rebecca, dónde estás? —llamó Betty—. Annie también se cayó.

—Tengo que ungir la casa —dijo Rebecca mientras se encaminaba a la cocina—. Mantenlas ahí lo mejor que puedas —le dijo a Betty.

Una vez más, Rebecca corrió por toda la casa ungiéndola, sellándola y limpiándola. Cuando hubo terminado pudieron lograr el control de la situación y poner término a los ataques demoníacos. Las muchachas se estaban debilitando y enfermando debido al daño que les habían hecho los demonios. Rebecca y Betty trabajaron continuamente juntas hasta que ya tenían a los tres: a Elaine, a Annie y a Timmy, acostados en la cama. Ninguno de ellos lograría dormir mucho esa noche. Rebecca y Betty pasaron la mayor parte de la noche en oración. Obviamente, en algún sitio estaban pasando por alto un punto clave. ¿Qué es lo que rompía el sello de protección de su casa? ¿Por qué podían los satanistas enviar demonios a destruir toda la casa? Seriamente acudieron al Señor en busca de respuestas.

A las primeras horas de la noche siguiente, tan pronto como el sol comenzó a ponerse, Rebecca recorrió la casa ungiéndola y la selló de nuevo.

—Nadie debe salir —les dijo a los demás—. Quiero ver si podemos evitar que tal ataque suceda.

Prepararon la cena y la comieron en un silencio lleno de inquietud.

—No cabe la menor duda —expresó finalmente Rebecca— de que estamos fallando en algún punto clave aquí. Esos demonios tienen base legal de entrar aquí, o el sello sobre nuestra casa no podría haberse roto. ¿Alguna de ustedes tiene alguna idea de lo que es? (La *base legal* es una "puerta" al pecado que concede a Satanás acceso legal a nuestra vida. Véase *Preparémonos para la guerra*, capítulos 9 y 10 para una explicación adicional.)

Ambas muchachas movieron la cabeza.

—No, yo no sé —dijo Elaine.

—Yo tampoco —agregó Annie.

—Bueno, nunca tuvimos un ataque semejante antes que tú vinieras, Annie. ¡TIENE que haber base legal en tu vida en algún sitio! Quiero que de veras busques el rostro del Señor hasta que te responda.

Annie estuvo de acuerdo en que buscaría al Señor para obtener su respuesta.

Nadie durmió mucho esa noche. Aproximadamente a medianoche, Sheba comenzó a gruñir. Rebecca se levantó y miró por las ventanas del frente. De nuevo había hombres en los alrededores de la propiedad, pero aparentemente no podían entrar en ella. Rebecca suspiró por lo feliz que estaba por haber obedecido al Espíritu Santo y haber caminado alrededor de su propiedad esa noche, reclamándola santa para el servicio del Señor y pidiéndole que la sellara con sus ángeles.

De repente, el Señor le dio a Rebecca una vislumbre en el mundo espiritual. Todo alrededor del borde de su propiedad se erguían deslumbrantes una fila de enormes ángeles. Se erguían hombro con hombro, mirando hacia afuera. Estaban vestidos puramente de blanco, con cinturones dorados y esgrimiendo prestos sus espadas. Guardaban silencio, erguidos, inmóviles, esperando. De ellos irradiaba luz. Toda la propiedad parecía estar cubierta por una tenue luz azul. Al lado de la casa habían muchos más ángeles también. Rebecca elevó una oración de intensa gratitud al Señor por sus maravillosa provisión. "Y, Padre, por favor da las gracias a los ángeles de parte mía también", oró ella. "De veras que han estado ocupados por aquí recientemente. Agradezco mucho lo que hacen. Muchas gracias, Padre, por tu lealtad en cuidarnos a todos nosotros. Te doy las gracias en el nombre de Jesús."

Mucho más confortada, regresó a la cama.

La batalla continuó enfurecida por tres semanas más. Una y otra vez las muchachas eran golpeadas por los demonios y lanzadas al piso. Pasaban todo el tiempo muy enfermos. Noche tras noche Rebecca se hincaba de rodillas y clamaba a su Dios pidiendo respuestas y la gracia para continuar la lucha. Todos se iban debilitando más y más. Aparentemente no había fin para la lucha, ni tampoco había respuestas.

Finalmente, el Señor le habló a Rebecca y le dijo que tenía que tomar a Esther, a Annie, a Betty y a Elaine e irse del pueblo por espacio de una semana para descansar.

—Nuestro Padre dice que tenemos que irnos un tiempo para un breve descanso —discutió Rebecca con Elaine y Betty—. Dios sabe que todos lo necesitamos, pero ¿CÓMO vamos a obtener algún tipo de descanso con los satanistas persiguiéndonos por todas partes?

—Bueno, por lo pronto, no le diremos a nadie, por anticipado, a dónde es que nos vamos —sugirió Elaine—. Yo no creo que se lo hagan saber a los satanistas deliberadamente, pero parece un hecho cierto que tienen algún tipo de vía de comunicación hasta ellos.

—¿Dónde podemos ir? —preguntó Betty.

—Oh, creo que nuestro Padre me está indicando que debemos ir a Hawai —dijo Rebecca—. Allá tengo un escondite especial. Hasta ahora, el Padre nos ha protegido completamente a Elaine y a mí en ese lugar. Afortunadamente, volar desde California hasta allá no resulta tan caro. Haré los arreglos y los mantendré tan en secreto como sea posible. También debemos orar y pedir al Padre que cierre todos los oídos de los demonios y de los satanistas para que no sepan adónde vamos. Es un hecho cierto que todos estamos agotados.

—Sinceramente, espero que tengas éxito —añadió Betty.

Cuidadosamente llevaron a cabo sus planes. Al fin llegó el día cuando todos abordaron un avión hacia Hawai. Se regocijaron cuando no vieron a nadie que pareciera seguirlos. En realidad, los primeros dos días en la isla fueron completamente tranquilos. PERO, esa paz habría de durarles poco. A la tercera noche, durante la cena, Rebecca y Elaine creyeron ver a dos hombres a quienes habían visto seguirlas allá en California. Cuando preguntaron a Annie, negó conocer a los hombres, pero evadió mirar a Rebecca a los ojos. Evidentemente, su comportamiento era diferente. Esa noche, no llevaban mucho rato en su habitación antes de ser atacadas por demonios. Una vez que la situación fue controlada, Rebecca sentó a Annie.

—Ahora escúchame —dijo—: ¡Ya estoy harta! No tengo dudas de que conoces a esos hombres. ¡Y estoy igualmente segura de que SABES cómo esos satanistas supieron dónde estamos! Sólo les tomó dos días encontrarnos. Por lo tanto, tú DEBES tener instalado en ti algún tipo de trasmisor demoníaco o dispositivo localizador. ¡Más te vale que empieces a hablar, y rápido, o de lo contrario te sacaré afuera para que te echen mano. Ya hemos jugado este juego mucho tiempo! Cuando caminamos de regreso a nuestra habitación después de comer esta noche, el Padre me dijo que sabes muy bien cómo te encontraron.

Annie dejó caer la cabeza.

—Estoy esperando, Annie —dijo Rebecca con tono irritado.

Bueno, sí —habló Annie finalmente—, esos dos hombres son satanistas. Temí decírtelo.

—Entonces, ¿CÓMO supieron dónde encontrarnos?

Annie bajó la vista y arrastró los pies nerviosamente. Finalmente, volvió a hablar.

—Bueno, podrían ser mis "alfileres localizadores".

—¿Y qué son los alfileres localizadores? —preguntaron Rebecca y Betty al unísono. Elaine se golpeó en la frente y dijo:

— ¡Claro! ¿Por qué no lo pensé?

Rebecca se tornó hacia Elaine.

—¿Sabes TÚ qué son esos alfileres localizadores?

—Sí.

—¿Entonces por qué no me lo dijiste antes?

—Bueno, porque no me lo preguntaste, y yo ni pensé en ellos.

Rebecca se dejó caer en el sofá.

—¡Qué barbaridad! —dijo—. Henos aquí luchando a capa y espada por más de un mes y ustedes ni siquiera tienen a bien recordarse de un pequeño detalle como el de los alfileres localizadores —estaba tan enojada que no podía ni hablar.

—Exactamente, qué SON los alfileres localizadores? —preguntó Betty.

—Son unos diminutos alfileres de metal que se introducen bajo la piel durante un rito especial. Los demonios se

adhieren a los alfileres para realizar diversas funciones
—dijo Annie—. Ellos entran en la persona cuando se introduce el alfiler.

—Permíteme conjeturar: funcionan como una especie de
radar localizador —preguntó Betty secamente.

—Sí, y también con propósitos de destrucción. Se supone
que los demonios asociados con los alfileres localizadores
destruyan a la persona si en algún momento él o ella
abandonan la brujería —dijo Annie mostrándose sumamente incómoda.

—¿Puedo preguntar sencillamente POR QUÉ nunca consideraste prudente hablarnos de estas cosas? —le preguntó
Rebecca.

—No sabía qué hacer. Me dijeron que los demonios de los
alfileres localizadores me matarían antes que yo me los
pudiera extraer. Son como bombas de tiempo, no hay forma
en que pueda uno escaparse de ellos.

—Annie, Annie —suspiró Rebecca—. ¿Cómo puedes creer
semejante mentira cuando has tenido el privilegio de ver al
Señor actuar con tanto poder y en tantas maneras prodigiosas?

Annie miró hacia abajo a sus manos.

—Bueno, tenía miedo —murmuró.

Una vez más Rebecca se enfrentaba con la testarudez y
el temor que identifica a todos los que abandonan el satanismo.

—No en balde nos era imposible mantener la casa sellada
—pensó—. Cada vez que Annie salía y regresaba de nuevo
a la casa, ella rompía el sello introduciendo demonios dentro
de la casa junto con ella.

Todo iba comenzando a tener sentido. Esa era la razón
por la cual las muchachas se habían visto afectadas por los
ataques demoníacos en forma tan devastadora.

A Rebecca se le ocurrió otra idea. Se tornó hacia Elaine.

—¿Tuviste tú uno de esos alfileres localizadores? —le
preguntó.

Sí, en efecto —dijo Elaine asintiendo con la cabeza—, pero tenía miedo de decírtelo. Por lo tanto, le pedí al Señor que me ayudara a sacármelo. Y así lo hizo. Literalmente Él me lo extrajo a través de la piel. Me dolió mucho, pero logré eliminarlo. Han pasado tantos años que ya me había olvidado de eso por completo. A veces también los llaman "inserciones", o "alfileres embrujados" en algunas sectas de la brujería. [Véase el capítulo 6 para una discusión más a fondo de las inserciones.] En otros países usan diferentes cosas en vez de metal. A veces pequeños pedacitos de roca plana, un trocito de madera, un diente o un pedazo de hueso humano. Sin embargo, el propósito es el mismo; es para controlar. Aquí en Estados Unidos frecuentemente también se usa un diente o un pedazo de hueso humano. Una vez que una persona tenga un alfiler localizador, los de la brujería siempre sabrán dónde está. Y, cuando la abandonan, los demonios adheridos al alfiler se yerguen para tratar de matar a la persona físicamente.

—Bueno, ahora que finalmente sabemos cuál es el problema, ¿qué podemos hacer al respecto? —preguntó Betty.

—¡Me dan deseos de tomar un bisturí y sajarte la piel para extraerlos! —fue la exasperada respuesta de Rebecca.

—¡No, de ninguna manera! ¡A mí no me haces eso! —exclamó Annie.

Rebecca se rió.

—Primero tendrás que agarrarla, Rebecca.

Rebecca no respondió porque estaba sentada orando, preguntando qué hacer ante tal situación. Todos guardaron silencio por unos minutos, escuchando el constante golpeteo de las olas del mar en la playa y el suave susurro de las hojas de palmeras. Finalmente, Rebecca las increpó.

—El Señor nos ha sido muy fiel hasta ahora, y creo que lo será de nuevo. Este problema hay que resolverlo y hay que resolverlo inmediatamente. La vida de todas nosotras estará en peligro hasta que no hayamos eliminado esos alfileres localizadores.

—¿Pero, cómo los vas a eliminar? —preguntó Annie.

—No voy a hacerlo yo, sino el Señor —fue la respuesta de Rebecca.

—¡No sería muy prudente ir a un médico y relatarle una historia como esta! No, voy a pedirle al Padre que los queme, que los vaporice, o que haga lo necesario para eliminarlos. Creo que lo hará. Ahora, ¿dónde es que están y cuántos tienes?

A Annie no le gustaba el dolor, y especialmente no le agradaba la idea de que le "quemaran o vaporizaran" algo para extraérselo de la piel.

—¿Me dolerá? —preguntó.

—Yo no sé, eso depende del Padre. Mira, sinvergüencita, después de todas las dificultades que hemos atravesado debido a que te negaste a hablarnos de estas cosas, ¡simplemente yo debería tomar el bisturí y sajarte para extraértelos! Sin embargo, eres afortunada porque servimos a un Dios infinitamente misericordioso. Ahora, dime dónde están esos alfileres?

—Hay uno en mi pierna y uno en mi mano —señaló Annie.

Rebecca tomó el aceite y se sentó junto a Annie.

—Muy bien —le dijo—, veamos lo que el Señor habrá de hacer.

Tomó el aceite y cubrió la zona en la pierna de Annie encima del alfiler. Entonces oró: "Padre, venimos ante ti en el nombre de Jesús. Conoces nuestro problema. Te pido que hagas fluir tu poder dentro de la pierna de Annie y vaporices o quemes ese alfiler de metal, o lo que sea necesario. También te pido que eches fuera cualquier demonio asociado con el alfiler."

—¡DETENTE! ¡AY! —interrumpió Annie—. Rebecca, me siento la pierna como si estuviera ardiendo. ¡Pídele al Señor que no siga! ¡Me duele mucho!

—¡Eso sí que no lo haré! Si me lo hubieras dicho antes, pudimos habértelo hecho extraer por un médico con anestesia local. Ahora, sencillamente tendrás que soportar el dolor.

Annie continuó contorsionándose y retorciéndose, pero Rebecca se mantuvo firme. Le dio gracias al Señor por responder a su oración. El dolor ardiente continuó por unos diez minutos, y entonces cesó. Antes de pedirle al Señor que lo extrajera, Rebecca había podido palpar con facilidad el alfiler bajo la piel de Annie. Ahora había desaparecido por completo. Su piel estaba enrojecida pero no se podía sentir ningún alfiler. Se regocijaron y alabaron al Señor por su maravillosa provisión. Uno por uno, todos los demás alfileres fueron destruidos también.

Una vez más el Señor había permanecido fiel. Todos se acostaron a dormir plácidamente por primera vez en mucho tiempo.

Capítulo 3

Recuerdos

Rebecca colocó otro trozo de leña en el fuego que crujía alegremente en la chimenea. Llamas azules, verdes y anaranjadas acariciaban el nuevo tronco mientras que ella, cuidadosamente, colocaba la tela metálica protectora al frente de la chimenea.

"Ahí tienen, eso bastará por un rato", dijo mientras se acomodaba en el sofá junto a Joyce (nombre ficticio). La casa estaba tranquila ya que todos los demás se habían ido a dormir. El frío viento invernal batía afuera alrededor de la casa, y las sombras causadas por las llamas danzaban cálidamente en la habitación. Todo era acogedor y apacible mientras Joyce y Rebecca se acomodaban con sendas tazas de café para una plática tranquila. Tenían mucho que compartir. Pero no tenían idea de lo pronto que su paz se vería frustrada por lo rápido que ya se aproximaban los sucesos de la noche.

Joyce era una mujer joven de treinta y tantos años que había practicado la brujería durante doce años. Ascendió por las filas de la WICCA, llegando al rango de sacerdotiza mayor y, al cabo del tiempo, a "mensajera" entre la WICCA y una red principal de grupos de brujería. Ella había aceptado a Jesucristo como su Señor y Salvador unos seis años antes de conocer a Rebecca, quien la ayudó a echar fuera a todos sus demonios. Ahora, aproximadamente un mes después de su liberación, Joyce había venido a visitar a Rebecca y a Elaine. (Al momento de escribirse esto Joyce ya había estado fuera de la brujería por un poco más de dos años.)

—Rebecca, nunca sabrás el impacto que tuvo sobre mí la

cubierta de tu primer libro —comentó Joyce—. Yo recibí a Cristo, y entonces por poco me matan los demonios que me propinaron una tremenda golpiza. No pensé que iba a sobrevivir. Un señor en el templo me habló de Chick Publications y entonces los llamé y les pregunté si tenían algo sobre el satanismo. Me dijeron que sí tenían y pensé: "¡Seguro!" Me imaginé que se trataría de algún material superficial. ¡Pero en cuanto vi la portada de ese libro me quedé estupefacta! Supe, sin duda alguna, que alguien SÍ SABÍA la verdad sobre el satanismo. Entonces, cuando comencé a leer acerca de la Hermana Valentía, ¡apenas podía creer mis propios ojos! Me habían dicho que había muerto. No podía creer que todavía vivía.

—¿Quieres decir que conociste a Elaine cuando aún estaba en la brujería? —preguntó Rebecca sorprendida.

—Oh sí. Y también conocí a Sedona, la socia de Elaine. Sedona [nombre de brujería], era totalmente aborrecible. Parecía que me odiaba a mí en especial. ¡Muchacha, no sabes lo contenta que me sentí cuando supe que Sedona había perdido su posición no mucho antes de yo venir a Cristo!

—Yo también he tenido varios encuentros con Sedona —dijo Rebecca sonriendo—. Eso fue hace varios años cuando Elaine acababa de salirse de la brujería. De hecho, Elaine me llevó a su casa una vez. ¡Mira, ese sí que es un sitio perverso! Recientemente me enteré, por medio de alguien que abandonó la brujería, que Sedona todavía estaba furiosa conmigo.

—¿Qué quieres decir? —preguntó Joyce.

—Bueno, ves, un día Sedona se proyectó astralmente hasta mi casa para tratar de matarme. Sin embargo, la cosa terminó en que yo la obligué a inclinarse reverentemente ante Jesús con la nariz pegada al suelo. El incidente lo describí en mi primer libro, *Él vino a dar libertad a los cautivos,* sólo que en ese libro yo la llamé Sally en vez de usar su nombre de brujería.

—Lo recuerdo —dijo Joyce y rió—, ¿quieres decir que ESA era Sedona? ¡No en balde te odia tanto! ¡Inclinarse en reverencia ante Jesús sería un insulto que jamás olvidaría! Me quedé sorprendida cuando leí acerca de ese incidente. Proyectarse astralmente dentro de otra persona es sumamente raro.

—Sí, eso lo sé ahora —continuó diciendo Rebecca—. No lo sabía en aquel entonces. Las personas que desarrollan ese nivel de destreza en proyección astral pagan un alto precio en su cuerpo físico. Como resultado, Sedona ha envejecido muy rápidamente.

—Sí. Dediqué mucho tiempo a tratar de aprender la proyección astral —asintió Joyce—. Cuando apenas tenía veinte años de edad, el cabello comenzó a encanecérceme debido a eso —sonrió Joyce de nuevo—. Así que obligaste a Sedona a inclinarse ante Jesús. ¡No es para sorprenderse que te odie tanto!

—Bueno, me imagino que no le queda más remedio que irse acostumbrando, pues por cierto, al final tendrá que inclinarse ante Él Y confesar que ¡Jesús ES el Señor! —dijo Rebecca sonriendo. Entonces se puso seria—. Sabes, no tengo duda alguna de que Sedona tuvo que ver con la trama y la estratagema a que me sometieron cuando destruyeron mi práctica médica y todo cuanto poseía. Yo sé que un miembro bastante prominente de la brujería recientemente ha estado tratando de tramar otra estratagema acusándome de vender drogas o de algo semejante. Ha obtenido cierta prominencia a nivel nacional en la aplicación rigurosa de la ley, pues aparece en distintos lugares para disertar sobre crímenes relacionados con el ocultismo. Hace lo que hace a fin de proteger su red de capítulos brujería del conocimiento público y para que la gente siga pensando que los satanistas en realidad no tienen ningún poder.

—Hay otro que trabaja en la misma estratagema que se hace pasar por pastor "cristiano" —continuó—. Ese también pertenece a la CIA [siglas en inglés de la Agencia Central de

Inteligencia]. Además, sé que Sedona está aquí en California actualmente. Si ella continúa arremetiendo contra nosotros, es seguro que va a ampliar su educación en la experimentación del poder de nuestro Dios.

Joyce asintió con la cabeza en tono pensativo y dijo:

—Desafortunadamente, lo que esos satanistas no entienden es que no pueden tocarnos a no ser que el Señor lo permita.

—Sí, y a veces Él lo permite —siguió diciendo Rebecca—. Yo soy un buen ejemplo. Estoy segura de que pensaron que habían logrado una tremenda victoria cuando perdí mi consultorio médico y lograron publicar toda esa sarta de mentiras acerca de mi persona. Pero lo que no entienden es que mi Dios lo tenía todo bajo control. Lo que Satanás pretendía para mal, Él lo ha tornado para bien. En ese entonces yo me encontraba en un ministerio muy escondido y hasta cierto punto limitado, y aunque alcanzaba a muchos dentro del satanismo mientras tenía mi práctica médica, ahora literalmente estoy en un ministerio a nivel mundial y alcanzo a miles más de los que podía haber alcanzado si hubiera permanecido en una extenuante práctica médica.

—Esa fue una de las pruebas más difíciles que he tenido que atravesar —continuó tras suspirar—, pero es maravilloso poder descansar en que nuestro Padre ES todopoderoso e infinitamente sabio. Todo lo que nos sucede tiene su propósito.

—Lo que más me enfada —dijo Joyce— es que la comunidad cristiana está tan ansiosa de regar esas falsas acusaciones contra ti sin preguntarse siquiera por qué no aparecen incluidos en el expediente acusatorio ninguno de los documentos sometidos para tu defensa. ¡Sencillamente, la gente no se detiene a pensar!

—Lo sé —comentó Rebecca lentamente—, pero Dios es mi defensor. Estoy tratando de alcanzar a los que militan en el satanismo para ganarlos para Cristo. Los que forman parte del satanismo ya SABEN de esa trama y que las acusaciones contra mí eran falsas. Ellos SABEN que soy una sierva de Jesucristo. Estoy satisfecha de eso porque los satanistas son las personas a las que Dios me ha llamado a ministrar.

Las dos muchachas guardaron silencio. Tras una pausa pensativa, Rebecca volvió a hablar.

—Sabes —dijo Rebecca— que Satanás apela a la gente con tales promesas de poder y de riquezas glamorosas. Por tanto, muchas personas se tragan el anzuelo, la carnada, el cordel y hasta la plomada. Algunos obtienen, en efecto, un increíble poder y riquezas mediante su servicio a Satanás, ¡pero en realidad el precio que la gente tiene que pagar para ganar la cooperación de los demonios es tremendo! El sufrimiento, la degradación y la corrupción que los demonios traen a su vida es horrible.

—Tienes muchísima razón —comentó Joyce con un escalofrío—. Hablando de ataduras, ¡la brujería es una atadura terrible! Siempre tenía que estar preocupada de si realizaba cada sortilegio al pie de la letra. Un pequeño desliz y los demonios me propinaban tremenda paliza. Estaba totalmente atada a toda suerte de ritos, festivales y días santos. Encima de todo eso, siempre tenía que estar mirando por encima de mi hombro, pues siempre había alguien que deseaba mi puesto y estaba dispuesto a matarme para obtenerlo. También me sumían más y más en el pecado. Justamente antes de venir a Cristo me forzaron a realizar sacrificios de sangre. No lo soportaba, pero no parecía haber escapatoria. Había ritos que tenía que realizar a diario. ¡Qué distinto es ahora que sirvo a Jesús!

—Sí, en verdad puedes apreciar esa porción de Mateo 11 —comentó Rebecca—, ¿no es cierto?

En voz baja citó el bello pasaje:

"Venid a mí todos los que estáis trabajados y cargados, y yo os haré descansar. Llevad mi yugo sobre vosotros, y aprended de mí, que soy manso y humilde de corazón; y hallaréis descanso para vuestras almas;

porque mi yugo es fácil, y ligera mi carga" (Mateo 11:28-30).

Joyce asintió con la cabeza y dijo:

—Cualquiera que salga del ocultismo siente un verdadero aprecio por esa promesa. No puedo decirte el alivio que fue para mí darme cuenta de que no tenía que hacer más ningún rito, acordarme de más ningún día especial, siempre estar al tanto de si era luna llena o luna nueva o mil otras cosas. Esa es la diferencia básica entre las brujas blancas o paganas y los satanistas. Los satanistas realizan sacrificios de sangre para apaciguar a los demonios y lograr que cooperen con ellos y les den poder. Las tales llamadas brujas blancas y paganas tienen que realizar un sinfín de ritos para lograr la misma cosa. ADEMÁS, adornan a los demonios con nombres caprichosos y los llaman entidades espirituales o dioses o energías o vibraciones en vez de demonios.

—Básicamente, los satanistas no tienen la paciencia y la disciplina para dedicar tanto tiempo y esfuerzo en realizar ritos meticulosos. Es mucho más rápido y fácil para ellos realizar los sacrificios. De esa forma logran la cooperación de demonios más poderosos. Los demás tratan con los demonios menos poderosos, pero son demonios lo mismo que los otros no importa lo que quieran llamarlos. En la brujería se aprende muy pronto que no existe tal cosa como energías impersonales. Estas son MUY personales. O bien está una tratando con demonios, o con el poder de Dios, y los humanos *no pueden* controlar el poder de Dios. Por tanto, cualquiera que esté controlando una "energía" o "poder" de cualquier tipo, está lidiando con demonios. Tan sencillo como eso. Es muy diferente servir a un Maestro que te perdona en vez de sentir gran satisfacción al castigarte por cualquier minucia. Jesús da vida. Los demonios siempre traen muerte.

Rebecca miró pensativamente al suave y vacilante fuego.

—¡Qué diferencia hay entre servir a Jesús y servir a Satanás —dijo—. Si alguna vez existiera algún hombre en esta tierra que tuviera el poder de hacer todo lo que Satanás y sus demonios pueden hacer y mucho más, ese es Jesús. Él lo creó todo. Pero cuando vino a la tierra, nunca alardeó. Cuando hizo milagros, frecuentemente eran realizados de una manera tan discreta, que a veces la gente dudaba si se había realizado o no un milagro. ¡Qué ejemplo nos dejó Jesús para que lo siguiéramos!

Hubo una pausa, y entonces Rebecca continuó lentamente:

—A TODOS los satanistas les gusta hacer alardes y llamar la atención. Pero entonces, ¿a qué ser humano no le gusta eso? Naturalmente, a todos nosotros nos gustaría y todos nosotros disfrutaríamos de tener poder. Cualquiera de nosotros lo utilizaría para llamar la atención y aparentar ser un gran personaje. No dudo nada de eso. El deseo de llamar la atención y parecer grandes es la raíz misma de nuestra naturaleza pecaminosa. Satanás también tuvo ese problema, e hizo que lo expulsaran del cielo por eso. Los demonios cooperan con las personas para hacerlas lucir poderosas frente a los demás sólo para atraparlas para la destrucción eterna. Pero nuestro Dios nos conoce de pies a cabeza. Por eso es que Jesús nos dio tal ejemplo de humildad. Si vamos a servirle, TENEMOS que seguirlo. ¡En qué terribles pecados caeríamos si nos dieran la clase de poder que los demonios dan a sus siervos!

—Cuando nos convertimos en siervos de Jesús —siguió diciendo—, rápidamente reconocemos el hecho de que no somos NADA MÁS que pecadores ¡salvados por la gracia! NO tenemos poder propio, ni tampoco controlamos el poder de nuestro Maestro.

—Es una gran contraste para alguien que sale de la brujería —habló Joyce con sobriedad—. Yo estaba acostumbrada a contar con el poder para hacer lo que yo quisiera cuando se me antojase. Ahora, dependo totalmente del Señor sin ningún poder propio. Oh, me daba cuenta de que los demonios estaban cooperando conmigo, pero consideraba que el poder de ellos estaba bajo MI control. Mientras yo los obedeciera, naturalmente. Ahora que mi Maestro es Jesús en vez de Satanás, estoy aprendiendo lo que significa esperar a que se cumpla la voluntad de otro en vez de hacer lo que yo quiera.

—Sí —dijo Rebecca—, pero lamentablemente, la naturaleza pecaminosa humana siendo como es, muchos más cristianos tratan de desarrollar formas para forzar a Dios a actuar cuando ELLOS quieran. Sólo miren al número de los llamados líderes cristianos que reúnen a miles de personas para montar un espectáculo. Si el Señor en realidad sana a través de ellos, ¿por qué no van discretamente de una persona a otra en vez de congregar a tanta gente a presenciar el espectáculo? Yo me siento muy incómoda con esas largas filas de "oración para obtener sanidad" y cosas por el estilo. Ir al frente como individuos para arrodillarse ante el altar para plantearle algún asunto al Señor es una cosa, pero alinear a un grupo de personas ante una multitud y después orar por ellos y hacer que se caigan es otra cosa. A mí me parece que es demasiada exhibición. Es materia bastante fuerte para la persona que realiza la oración y la sanidad. Todo el mundo la mira con respeto como a un "poderoso hombre (o mujer) de Dios".

—Por otra parte, Jesús pasó discretamente en medio de las multitudes sanando. Muchísimas veces la persona ni siquiera supo QUIÉN la había sanado. Una y otra vez en los evangelios Jesús evadía ser visto en público, y de hecho JAMÁS montó un espectáculo. ¡Nuestro Dios sencillamente NO actuará cuando NOSOTROS lo deseemos! Cuando las personas crean que podrán controlar el poder de Dios, o al menos usarlo cuando quieran, terminarán con los demonios realizando los supuestos milagros en favor de ellos y sumiéndolos más y más en el engaño.

Después de un momento, Rebecca volvió a hablar:

—Sabes, en los diez años que llevo lidiando esta terrible batalla, ni una sola vez he estado "en control", por así decirlo. YO SÓLO soy una sierva y eso es todo. NO tengo poder, NI control. Simplemente hago lo que mi Maestro me ordena. A veces me impaciento y desearía poder tener control de una situación en particular, pero a la larga me agrada que el Señor obre de la manera en que lo hace. ¡El tremendo poder de Dios es tan superior a cualquier cosa que Satanás o los demonios o cualquiera de nosotros los seres humanos pudiéramos pensar tener! Sabes, Joyce, ¡estoy ORGULLOSA de mi Maestro! ¡Es tan totalmente maravilloso y sabio y poderoso y glorioso que no tengo palabras para describirlo! Mi corazón casi explota cuando me detengo a pensar en Él. Es tan increíblemente fuerte, y no obstante puede ser tan gentil y tierno. ¡Gran combinación! ¡Estoy tan orgullosa de Él! En Isaías 42:8 Dios dice que Él NO concederá su gloria a nadie más, y ¡eso me satisface! ¡Estoy tan contenta! Dios es tan cabalmente glorioso, que estoy agradecida desde lo más profundo de mi ser ya que Él nunca cambiará o entregará su gloria a otra persona!

—¡No puedo empezar a contarte lo privilegiada que me siento porque ese gran Dios en realidad me permita ser su sierva! —dijo Rebecca mientras las lágrimas surcaban sus mejillas—. ¡Qué agradecida estoy porque Él me haya creado con el fin de concederme el glorioso privilegio de disfrutarlo a Él! No importa que yo no sea nada. No importa que no tenga poderes. ¡Mi Maestro lo tiene todo! Puedo descansar completamente en la total seguridad de saber que Él es profundamente sabio y SIEMPRE obra en mi vida en la forma correcta, en la mejor forma. Él está en control absoluto de todas las situaciones. Tú sabes que Satanás tiene muy complicados ardides y conspiraciones. Nos es imposible comenzar a comprenderlos todos. Pero para mi Maestro todos son muy sencillos. ¡Oh, cuánto anhelo que llegue el día en que finalmente pueda irme a mi hogar celestial y verlo a Él cara a cara!

—¡Digo amén a eso! —dijo Joyce con profundo sentimiento.

Guardaron silencio por unos minutos y al cabo, Joyce habló diciendo:

—Desgraciadamente, no sólo muy pocos cristianos en verdad aprecian el maravilloso privilegio que Dios nos da de estar a su servicio, sino que también se niegan a reconocer la realidad del mundo espiritual. ¡No importa lo que diga la Biblia!

—Sí, realmente me duele el corazón por el número de cristianos que quieren enterrar la cabeza en la arena como el avestruz y negarse a creer que todo esto es cierto —comentó Rebecca—. La Biblia tiene tanto que decir acerca del mundo espiritual y de Satanás y su reino. Es asombroso cuantas personas optan por desconocerlo en vez de aprender cómo derrotarlo mediante el poder y la autoridad de Jesucristo.

—Lo sé —dijo Joyce—. Desde que abandoné la brujería he estado asombrada ante la resistencia de tantos cristianos a las cosas sencillas, como la realidad sobre la infiltración satánica de las iglesias. La Biblia tiene mucho que decir al respecto, pero ellos no quieren escucharlo. ¿Sabías que los miembros de WICCA también están adiestrados para infiltrar y destruir las iglesias cristianas?

—Sí, lo sabía. Es más, conozco a alguien que tiene acceso a una de las computadoras principales de WICCA. Ellos descubrieron una lista de víctimas bastante completa de cristianos que quieren desacreditar y destruir.

—Mary [nombre ficticio] fue una de las personas que me adiestró cómo infiltrar las iglesias. Esa era su especialidad. También asistí a uno de varios campos de adiestramiento especial para brujas sobre cómo destruir iglesias. El profesor que lo enseñaba era uno de los más conocidos "cristianos" de la televisión.

—Cierto. No me sorprende —dijo Rebecca—. Pablo escribió que los siervos de Satanás ascenderían a posiciones de liderazgo dentro de las iglesias. Les dijo a los ancianos de Éfeso que de entre ELLOS, los líderes de la iglesia, saldrían lobos feroces para destruir a las ovejas [véase Hechos 20:30]. Pero dime, ¿qué lección aprendiste con Mary?

—Jamás olvidaré —dijo Joyce riendo— la primera vez que Mary me ordenó ir a cierta ciudad de Kansas donde se estaba celebrando una gran cruzada evangelística. Sucedía que se celebraba una cruzada por una denominación particular. Mary me indicó que yo debía vestir con mangas largas, una falda larga y que tenía que llevar el pelo largo. Tuve que conseguir una peluca porque a la sazón mi cabellera estaba algo corta. Jamás en mi vida había usado semejante ropa tan seria. ¡Pensé que lucía horrorosa! Claro, mis ideas en cuanto al vestir han cambiado mucho desde que comencé a servir a Jesús.

—Como quiera que sea, tenía que reunirme con Mary en la habitación de su hotel. Ella conocía a algunos de los principales que participaban en la cruzada y estaba allí para cerciorarse de que ellos seguían sus órdenes. Cuando llegué a su habitación, pensé que lo había hecho muy bien en cuanto a mi vestuario. Jamás había estado antes en una iglesia de su denominación. Cuando Mary abrió la puerta, me echó un vistazo y me agarró por el brazo. "Entra aquí, muchacha", me dijo bruscamente. "¡Tú no puedes ir con ese aspecto! Recuerda, tú tienes que lucir y actuar igual que ellos o de lo contrario no te aceptarán." Me arrastró hasta su baño y tomó una toallita y procedió a lavar todo vestigio de maquillaje de mi cara. Estaba aterrada. "Pero Mary —protesté—, sin maquillaje me veo horrible. Jamás voy a ningún lugar sin al menos un poquito." Mary estaba muy impaciente. "¿Cuántas veces tengo que decirte que TIENES que vestirte y actuar de acuerdo a sus expectativas? Si te pareces a ellos y actúas como ellos, nadie vendrá a investigar a ver si verdaderamente eres o no cristiana."

—Y, como sabes, ella estaba en lo cierto. Podíamos movernos libremente en medio de la multitud de personas en la cruzada y todos nos aceptaban como si fuéramos cristianos sin dudar de nosotros en absoluto. Fue durante ese fin de semana que Mary me enseñó más en cuanto a eso de "ser derribados por el espíritu". Oh, ya yo podía dejar inconsciente a las personas apenas tocándolas, pero Mary me dijo que eso no era suficiente. Me dijo que debido a que ellos estaban quebrantando sus propias normas bíblicas [véase Santiago 5:14] al permitirle a cualquiera que pusiera las manos sobre ellos y orara por ellos sin siquiera verificar si eran o no verdaderos siervos de Jesús, que nosotros estábamos en libertad de hacer lo que quisiéramos. Su Dios no los protegería porque estaban en desobediencia directa a su palabra.

—Mary comprendió que cuando las personas se arrodillaba ante nosotros, o simplemente inclinaban su rostro ante nosotros, ellas estaban sometiéndose activamente a nosotros y aceptando cualquier cosa que quisiéramos darles. Claro que pensaban que estábamos orando por ellos, pero su sumisión a nosotros nos daba el derecho legal a colocar demonios en ellos. Además, abrían directamente la puerta para eso, permitiendo que su mente quedara en blanco sin analizar al espíritu que los dejaba inconscientes. Mary me mostró los sortilegios apropiados que había que hacer y cómo hacer que la gente sostuviera sus manos en alto así. [Véase la figura 3-1.]

—Entonces ella les daba un golpecito primero sobre una mano y después en la otra, entonces en la frente, haciendo la señal de una cruz invertida. [Véase la figura 3-1.]

—Todas las veces perdían el conocimiento. Entonces ella me lo hizo a mí y me caí inconsciente. Creo que estuve sin sentido más o menos durante cinco minutos. Cuando volví en mí, descubrí que había adquirido un nuevo demonio. Mary me dijo que este demonio especial pondría demonios en las personas por las que yo orara. Y así lo hizo. Estoy segura de que esa no es la única forma en que la gente coloca demonios en las personas, haciendo que sostengan las manos así, pero así es como nosotros lo hacíamos.

—Sabes. siempre he tenido curiosidad acerca de la am-

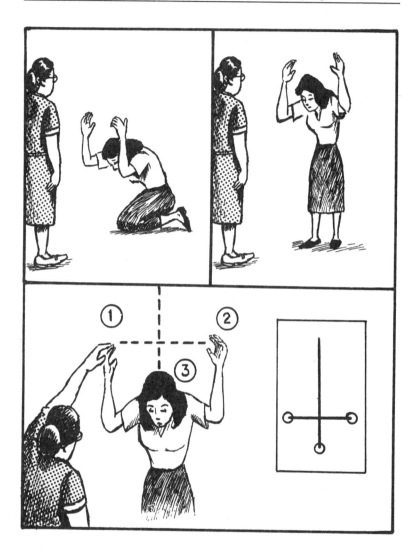

Figura 3-1.

plia aceptación de este "ser derribados por el espíritu" por parte de los cristianos. ¿No te has detenido nunca a pensar que todos caen hacia atrás? En la Biblia, invariablemente, cuando el pueblo de Dios caía ante su presencia, lo hacía

HACIA ADELANTE, postrado sobre su rostro en actitud de reverencia. Por ejemplo, Juan 18:6 dice:

> "Cuando les dijo: Yo soy, retrocedieron, y cayeron a tierra." La NVI dice: "...retrocedieron y cayeron al suelo."

—La palabra griega para "tierra" en ese versículo es *chamai* (número 5476 en la concordancia de Strong) que significa "postrado". Una definición de "postrado" en un diccionario contemporeáneo dice:

> "Yacer con el rostro hacia abajo en demostración de gran humildad o de sumisión abyecta."

—Parece que ese versículo puede estar diciendo que los hombres en realidad dieron un paso atrás y, entonces, cayeron hacia adelante sobre su rostro. Yo nunca he visto a nadie "derribado por el espíritu" caer de frente —comentó Rebecca pensativamente—. No tengo las respuestas a esta pregunta, pero puedo decirte que realmente estoy buscando e investigando. Estoy muy incómoda con esa práctica. No me extraña que los siervos de Satanás se aprovechen de ella.

—Sí, así es —dijo Joyce—. ¡Estoy aterrada ahora cuando miro atrás al número de cristianos a quienes les he puesto demonios mediante esa práctica! Tenían tantos deseos y voluntad de perder el conocimiento, que aceptaban cualquier cosa que yo quisiera introducirles. Con frecuencia les introduje demonios de falsas lenguas. Entonces se despertaban hablando en lenguas y pensaban que habían sido bautizados en el Espíritu Santo.

—Sí, es triste —dijo Rebecca asintiendo con la cabeza—. Todos los dones del Espíritu Santo SON REALES y operantes hoy. El don de lenguas es real. PERO, tantísimos cristianos tratan de limitar a Dios y exigen que obre cuándo y cómo ellos creen que Él debe hacerlo, que aceptan todo tipo de engaño demoníaco como si fuera la obra del Espíritu Santo. Naturalmente, Satanás tratará de duplicar los dones del

Espíritu Santo. Satanás conoce el poder que tienen. ¡Qué victoria gana cuando logra que los cristianos acepten falsificaciones demoníacas en vez de los dones verdaderos!

—¡Cuánta verdad! —replicó Joyce—. Además, a aquellos a quienes di demonios de adivinación, recibirían toda clase de lo que ellos consideraban "palabras de sabiduría" del Espíritu Santo. Esas tal llamadas palabras de sabiduría no eran más que información de un demonio de adivinación. Eran exactas, naturalmente, pero es que los demonios tienen gran cantidad de información sobre todo el mundo.

—Sí, lo sé dijo Rebecca—. A veces me maravillo de cuántos cristianos aceptan palabras de sabiduría falsas como si fueran de Dios sólo porque la información es correcta. Totalmente pasan por alto ese pasaje de Deuteronomio:

> "Cuando se levantare en medio de ti profeta, o soñador de sueños, y te anunciare señal o prodigios, y si se cumpliere la señal o prodigio que él te anunció, diciendo: Vamos en pos de dioses ajenos, que no conociste, y sirvámosles; no darás oído a las palabras de tal profeta, ni al tal soñador de sueños; porque Jehová vuestro Dios os está probando, para saber si amáis a Jehová vuestro Dios con todo vuestro corazón, y con toda vuestra alma. En pos de Jehová vuestro Dios andaréis; a él temeréis, guardaréis sus mandamientos y escucharéis su voz, a él serviréis, y a él seguiréis. Tal profeta o soñador de sueños ha de ser muerto, por cuanto aconsejó rebelión contra Jehová vuestro Dios que te sacó de tierra de Egipto y te rescató de casa de servidumbre, y trató de apartarte del camino por el cual Jehová tu Dios te mandó que anduvieses; y así quitarás el mal de en medio de ti" (Deuteronomio 13:1-5).

—Este pasaje bíblico muestra claramente que los siervos de Satanás pueden realizar toda clase de presagios y milagros y pronunciar profecías que se hacen realidad. Estas no los autentican como enviados de Dios. ¡Cuánto entristecerá el corazón de Dios Padre ver a sus hijos tras augurios y milagros y aceptan todo tipo de milagro demoníaco y de presagios, como si fuesen de Él! —dijo Rebecca.

—Sí, y ese pasaje muestra que Dios permitió a personas como Mary y yo a funcionar dentro de su iglesia para probar a la gente para ver dónde estaba su corazón. Literalmente ellos EXIGÍAN augurios y milagros del Señor. Y nosotros nos sentíamos muy felices de dárselos. JAMÁS nos investigaron a nosotros. Si podíamos obrar, ellos decidían que teníamos que ser de Dios. Sólo mostraba que deseaban tanto un milagro, que estaban dispuestos a aceptar uno demoníaco en vez de investigar para encontrar el verdadero origen. Nosotros SÍ servimos a un Dios de milagros, pero Él nunca los realiza cuando nosotros los exigimos. Esa es la gran diferencia entre servir a Satanás y al único Dios verdadero. Generalmente, Satanás y los demonios nos concedieron los milagros que deseábamos cuando los deseábamos para estimular nuestro egoísmo y orgullo y egocentrismo. Dios siempre obra para disciplinar nuestra carne (naturaleza pecaminosa) y nos ayuda a actuar conformes a Jesucristo.

Rebecca, con toda sobriedad, asintió afirmativamente con la cabeza:

—Lo sé, y la tragedia es que la mayoría de los cristianos está dispuesta a servir a Jesús solamente mientras eso los beneficie. Ellos se niegan totalmente a sufrir en modo alguno, en especial física o económicamente.

—Sabes —dijo Joyce—, ahí es donde Mary era tan útil a Satanás. Ella estaba dispuesta a estudiar la Biblia para descubrir los lugares en que los cristianos iban en contra de la Palabra de Dios. Era suficientemente inteligente como para saber que en el instante en qué eran los cristianos desobedientes al Señor, nosotros, con toda eficacia, podíamos ir en contra de ellos. Satanás nos enseñó que teníamos el pie o la base legal, como él la llama, de introducirles demonios o de afligirlos con demonios cuando caminaban en desobediencia a su Dios. Esa es una ocasión en que sé que él estaba diciendo la verdad. Lo vi suceder vez tras vez.

Es una cosa muy seria en la cual pienso ahora que soy cristiana. ¡Cuánto desearía que más personas escucharan los testimonios de aquellos de nosotros que nos salimos del servicio de Satanás.

—Sí —dijo Rebecca sacudiendo la cabeza—. ¡Jamás entenderé por qué tantos cristianos piensan que están protegidos automáticamente de Satanás y de sus demonios AUNQUE estén activamente pecando contra Dios! Ellos han pasado por alto completamente el pasaje de Gálatas 6:7,8 que dice que SEGAREMOS lo que sembramos. En las iglesias existe otra práctica que es muy común y sin embargo está en contra de las Escrituras. Yo la considero sumamente peligrosa. Es la práctica mediante la cual cualquier persona de la congregación puede imponer sus manos sobre los que están en el altar, y orar. No importa si uno es un visitante que asiste por primera vez, en algunas iglesias, no obstante, se le permitirá hacer lo que quiera. Eso ofrece plena libertad para la infiltración de los satanistas.

—¿Sabías que así fue como recibí ese demonio tan poderoso de adivinación que tenía? —preguntó Joyce.

—No, cuéntamelo.

—Bueno, hace poco estuve en una iglesia de esas que permite tal práctica. Pasaron totalmente por alto el pasaje de Santiago 5 que dice que llames a los ANCIANOS para que te unjan y oren por ti. En esa congregación había una mujer que era cristiana. Había heredado un demonio de adivinación muy poderoso. Naturalmente, lo reconocí de inmediato. Por lo tanto, un día se dirigió al altar en busca de oración. Pasé al frente y le dije a ella y al pastor que "dios" me había dicho que viniera a orar por esa señora y que ella estaba teniendo problema con un demonio de adivinación. La señora sabía que estaba teniendo problemas, así que estuvieron muy de acuerdo conmigo. Coloqué mis manos sobre ella y ordené al demonio que la abandonara. Lo que ellos no sabían era que yo, con mi espíritu, había invitado al demonio a que entrara en mí porque así lo quise. Inmediatamente el demonio la abandonó y entró en mí. Pensaron que yo era una cristiana verdaderamente poderosa porque al irse el demonio, esa mujer sintió un gran alivio. ¡Jamás supieron que en realidad yo era una bruja que quería su demonio de adivinación! Estoy segura de que no tenemos idea de cuántas veces suceden esas cosas diariamente dentro de las iglesias cristianas.

Ambas muchachas permanecieron en silencio por unos minutos, cada una ocupada con sus propios pensamientos. Ya el fuego se estaba agotando, quedando apenas la luz de una pequeña lámpara que había en la habitación. Repentinamente el reloj comenzó a dar campanadas: "Tan... tan... tan..."

—Oh, Dios mío, ya es medianoche y olvidé llamar a casa para hacerle saber a mi esposo que llegué bien aquí —exclamó Joyce, poniéndose de pie de un salto—. Al menos tengo que dejar un mensaje en nuestra contestadora telefónica automática. ¿Puedo usar tu teléfono?

—Desde luego —replicó Rebecca—. Usa el que está en el dormitorio. Al Joyce salir de la habitación, Sheba se levantó repentinamente y comenzó a avisar con un gruñido.

"¡Uh! ¿Me pregunto qué estará pasando?", pensó Rebecca. Al punto, Joyce regresó del dormitorio.

—Rebecca, ¿no es normal que tu teléfono tenga tono de discar? —preguntó.

—Naturalmente, usa el que está en la cocina.

Los pelos del lomo de Sheba se pararon de punta. Comenzó a caminar de la puerta a la ventana y a la otra ventana con un gruñido constante. Una presencia malvada comenzó a cubrir la habitación. Rebecca se puso de pie de un salto.

—¡Este teléfono tampoco funciona! —exclamó Joyce.

Entonces Rebecca estiró la mano hasta la lámpara, apagó la luz y sumergió la casa en total oscuridad.

—Y ahora qué sucede —murmuró Rebecca, dirigiéndose hacia las ventanas del frente de la casa—. ¡Ratas! —exclamó tranquilamente mientras miraba hacia afuera. Allí, en la grama del frente estaban cinco figuras oscuras. Dos de ellas llevaban lo que parecían ser escopetas de perdigones. Una sexta silueta vino arrastrándose alrededor del fondo de la casa.

"Ese debe ser el que cortó la línea telefónica", pensó Rebecca. "Eso significa que planean entrar a visitarnos y apostaría que el propósito de la visita no es muy amistoso."

Elaine se levantó de donde dormía en el sofá de la sala.

—¿Qué pasa? —susurró.

—No enciendan ninguna luz —advirtió Rebecca—. Están armados.

Elaine se puso junto a ella en la ventana.

—¿Qué sucede? —su pregunta se desvaneció.

—Cortaron la línea telefónica —dijo Rebecca calmadamente.

—¡Fantástico! ¿Y ahora qué?

Rebecca oró rápida y silenciosamente: "Oh, Señor, ¿Cuál es tu voluntad? ¿Es tu voluntad que sacrifiquemos nuestra vida ahora?"

"¡No! —fue la respuesta inmediata—. Manténganse firmes." Rebecca exhaló un gran suspiro de alivio.

—Escucha, Elaine, sé que estás enferma. Vuelve a acostarte que yo vigilaré. Nuestro Padre dice que Él nos protegerá. Elaine movió su cabeza asintiendo y, tambaleándose, regresó al sofá.

En ese momento, las siluetas afuera tenían encendidos cinco cirios negros en el césped del frente en forma de pentagrama. Mientras recitaban suaves encantamientos, los demonios invadieron la casa. Rebecca percibió su malvada presencia. De pronto pensó en Joyce y en las otras dos muchachas. "Es mejor que vaya a ver cómo están."

A tientas atravesó la obscuridad hasta llegar a la cocina.

—Joyce —susurró—, ¿dónde estás? —oyó un pequeño quejido y tropezó con Joyce que estaba clavada al piso de la cocina por un demonio. Rebecca se arrodilló a su lado y puso sus manos sobre los hombros de Joyce.

"Demonios, yo los reprendo en el nombre de Jesucristo nuestro Señor", dijo ella con firmeza. "No tienen NINGÚN derecho de atacar a Joyce. Quítense de encima de ella AHORA, les ordeno en el nombre de Jesús."

Joyce comenzó a moverse y se esforzó para ponerse de pie.

—¡Esa gente está disparando con cañones de gran calibre! —murmuró.

—Lo sé —replicó Rebecca—, pero nuestro Padre ha prometido protegernos. Ve a la sala y espera allí, tengo que averiguar lo que les está sucediendo a las demás muchachas.

Rebecca encontró a Sue (nombre ficticio) clavada al piso en el pasillo, y a Rita (nombre ficticio) clavada al piso en el otro dormitorio. Ambas estaban extremadamente asustadas. Ella las ayudó a reprender a los demonios que las habían inmovilizado y las trajo a la sala. Todas se reunieron en oración, pidiendo al Padre que las protegiera. Cayó el silencio. La presencia malvada continuó en aumento. Rita y Sue temblaban de miedo.

—Escuchen, esto no tiene sentido —exclamó Rebecca—. No hay razón para que estemos aquí sentadas con miedo. Nuestro Padre ha prometido protegernos, por lo tanto, NOSOTROS tenemos mucho más poder disponible del que tienen ellos. ¡Usémoslo!

—Suena bien, ¿pero cómo? —preguntó Sue. Ella y Rita habían estado hospedándose con Rebecca y Elaine durante dos meses.

—Nuestra fortaleza es la Palabra de Dios —replicó Rebecca—. Veamos cuántos versículos bíblicos podemos citar entre nosotras. No nos arriesgaremos a encender ninguna luz para leer, así que tendremos que hacerlo de memoria.

Joyce cayó en cuenta rápidamente.

—Buena idea —dijo—. Hemos reprendido a los demonios y les hemos ordenado que se vayan, pero no lo han hecho. Si se van a quedar merodeando, entonces van a tener que oír la Palabra de Dios.

—Sólo una cosa, Joyce, no te atrevas a citar ningún versículo sobre "descender al abismo". Si lo haces te retuerzo el pescuezo —dijo Rebecca riéndose.

Así que empezaron a citar versículo tras versículo de la Biblia. Rita y Sue no se sabían ninguno de memoria, pero Joyce había comenzado en un intensivo programa de memorizar las Escrituras por indicaciones de Rebecca y había aprendido muchos. Mientras las dos muchachas se sentaron a citar las bellas palabras de la Biblia en voz alta, todas podían sentir que la densa presencia del mal comenzaba a retirarse. Retrocedió y retrocedió hacia las ventanas del frente, y finalmente, completamente fuera de la casa.

De pronto el Espíritu Santo le habló a Rebecca: "Ve a las ventanas ahora, quiero que veas mi poder."

Se lo dijo a las demás y todas saltaron y fueron a atisbar por las ventanas frontales. Las seis siluetas estaban paradas al lado de sus cirios. ¡De repente, las cinco velas se apagaron al mismo tiempo! Los personajes trataron de volver a encenderlas, sin lograrlo. NADA les funcionó. No pudieron volver a encender las velas. Comenzaron a mirar en derredor y de repente todos comenzaron a salir corriendo de la propiedad. Corrieron calle abajo y desaparecieron en la esquina. Las muchachas gritaron de alegría, alabando y agradeciendo al Señor por su maravillosa obra.

Entonces todas se fueron a acostar y durmieron en paz el resto de la noche.

Rita y Sue habían aprendido una lección bastante severa. Habían rehusado memorizar las porciones bíblicas. Cuando más las necesitaban, no las tenían a mano. No podían encender la luz para leer la Biblia.

La Palabra de Dios es una espada. Es muy poderosa. La ÚNICA forma de tenerla disponible constantemente, es MEMORIZARLA.

Si hubiera estado allí, ¿habría USTED tenido en la memoria la Palabra de Dios?

Capítulo 4

Jaulas y maldiciones

"Ring...Ring...Ring..."

El sonido del timbre hizo que Rebecca buscara a tientas el teléfono en el oscuro cuarto del hotel...

—Ya voy. Ya voy —decía entre dientes.

—Siento mucho tener que molestarte pero creo que debes saber lo que está pasando.

—¿Qué hora es? —preguntó Rebecca mientras extendía la mano hacia la lámpara.

—Bueno, aquí es las diez de la noche —fue la respuesta de Betty.

—Sí, pues aquí es la una de la mañana —dijo Rebecca tras encender la luz y mirar su reloj—. ¿Qué sucede?

Rebecca y Elaine se encontraban en la parte oriental de Estados Unidos dando conferencias. Hacía solamente una hora que se habían acostado. Justo el tiempo para que se les hiciera muy difícil tener que despertarse. Ambas se hallaban exhaustas debido a que estaban casi terminando una intensa semana de cursillos.

—Esther y yo fuimos a tu casa esta tarde —continuó diciendo Betty—. Estoy muy preocupada con respecto a la pareja que Sara [nombre ficticio] tiene quedándose allí.

—¿Qué quieres decir? —dijo Rebecca, pues se hallaba aún algo molesta por causa del sueño—. Sara sabe que cuando está al cuidado de la casa en nuestra ausencia no se supone que permita que nadie se quede allí sin nuestro permiso personal.

—Lo sé, pero creo que está muy engañada y dominada —explicó Betty—. Ella piensa que esa pareja son siervos de

Jesucristo. El hombre dice ser un "profeta de Dios", pero yo realmente me pregunto cuál será el dios al que sirve.

Rebeca se sentó, ahora totalmente alerta, en la cama. Lo que había escuchado hizo que le prestara toda su atención a la conversación.

—¿De dónde salió ese individuo, y cuánto tiempo hace que está ahí? —preguntó.

—Bueno, no sé exactamente de dónde viene, pero ya lleva un par de días allí. Él y su esposa viajan en una casa móvil. Parece ser que Sara los conoció hace dos o tres años. El tal "profeta" dice haber sido enviado por "dios" a tu casa.

—Y ¿qué es lo que te hace suponer que no sea un genuino siervo de Jesucristo? —le preguntó Rebecca.

—Varias cosas. En primer lugar, su esposa se sienta en el sofá y pone los ojos en blanco mientras balbucea en voz baja algo que parecen letanías, meciéndose hacia delante y hacia atrás cada vez que su marido expone algún tema. Traté de hablar con ella un par de veces, pero no me respondió. Parecía hallarse en algún tipo de trance. Lo que de veras me llamó la atención fue cuando él comenzó a contarnos acerca de un perro al cual quería mucho. Nos dijo que "dios" le había dicho que él amaba demasiado al perro. Debido a ello, tuvo que sacrificarlo como Abraham había tenido que sacrificar a Isaac. ¡Nos dijo que había sacado al perro, lo había matado y lo había sacrificado! Además, nos dijo que podía ver el mundo espiritual TODO el tiempo. Hablaba mucho de que veía hombres lobo. Dice que ve demonios constantemente y que ve a los hombres lobo en el mundo espiritual. Los cristianos NO VEN el mundo espiritual todo el tiempo como él dice. Tampoco me fue posible obtener ninguna declaración de su parte en cuanto a quién servía él. Siempre cambiaba la conversación cuando yo le hacía alguna pregunta y seguía diciendo que el era "un profeta de dios".

—¡Oh no! —gimió Rebecca—. ¿Y no pensó Sara que todo

eso sonaba bastante extraño? ¡Especialmente la parte en que decía haber sacrificado a su perro!

—No. Y ese es el problema —fue la sobria respuesta de Betty—. Incluso, no me sorprendería que ella ni siquiera la haya oído. Parece estar totalmente dominada por ese tío. Cree que todo lo que él dice es maravilloso. Ellos intercalan un "Gloria a Dios" y un "Aleluya" cada vez que dicen algo. Con todo, puedo afirmarte que existe una terrible opresión demoníaca en tu casa.

—¿Qué pasa? —preguntó Elaine, que para ese entonces también se había despertado. Rebecca le contó con rapidez todo lo que Betty le había estado diciendo.

—Bueno, sabemos que Sara SÍ ES una verdadera sierva de Jesucristo —comentó Elaine—. El tal autodenominado "profeta" debe haberla metido en una "jaula".

—¡Uf!, no tan de prisa, ¿qué es ese asunto de meter en una "jaula" a alguien? —preguntó Rebecca—. Nunca me habías dicho nada acerca de eso antes.

—Lo sé, lo sé —dijo Elaine—. Pero es que no había tenido ningún motivo para pensar en eso antes.

Rebecca volvió a prestarle atención al teléfono, pues Betty le volvió a hablar.

—Jack también lo conoció hoy en su trabajo y no sintió ninguna paz con respecto a él. Tampoco pudo lograr que le diera ningún tipo de testimonio en cuanto a quién servía él. Le dijo también a Jack que él era un "profeta de dios". Jack opina que bien pudiera tratarse de un siervo de Satanás.

—Eso nos trae confirmación. Me alegra que Jack haya conocido a ese hombre —dijo Rebecca pensativamente.

—También —continuó Betty— le dijo varias veces que "dios" le había dicho que NO trabajara. ¡Eso contradice plenamente lo que dice en 2 Tesalonicenses 3:10!

—Está Esther ahí contigo? —le preguntó Rebecca.

—Por supuesto que sí. No podía haberla dejado allá después de sentir tanta desconfianza con respecto a ese individuo.

—¡Estupendo! —dijo Rebecca con alivio—. Mantenla ahí
contigo en tu casa hasta que lleguemos. Voy a llamar a Sara
para decirle que esa pareja debe irse de inmediato. No
sabemos qué habrá en casa a nuestro regreso.

¡Rebecca no podía imaginarse todo a lo que tendrían que
hacer frente al regresar a casa!

Después de colgar el teléfono Rebecca se volvió hacia
Elaine y le dijo:

—Ahora explícame algo más sobre eso del "encantamiento de jaulas" que mencionaste.

—Se trata de una poderosa arte mágica que es empleada
comúnmente por los siervos de Satanás. La persona termina literalmente metida en una jaula, espiritualmente hablando, a fin de que no pueda ver las malas acciones de
alguien. Es algo como ponerle anteojeras mentales a alguien. Tú sabes, como las anteojeras que les ponían a los
caballos antiguamente para que sólo pudieran ver hacia
delante. Los satanistas las usan MUY comúnmente en los
cristianos para que estos no puedan discernir que aquellos
no son verdaderos siervos de Jesús. Una vez que la persona
se encuentre "enjaulada" les resultará muy fácil a los satanistas implantar todo tipo de malos pensamientos en su
mente y estos no se percatarán de que los pensamientos son
incongruentes con la Palabra de Dios. Esa es una forma en
que muchas de las doctrinas de demonios logran aceptación
en las iglesias cristianas.

—Eso suena como un encantamiento muy peligroso... es
decir, para los cristianos —dijo Rebecca con seriedad, y
preguntó—. ¿Cómo podemos protegernos para no terminar
metidos en una "jaula"?

—No lo sé con seguridad —contestó Elaine—. Sólo aprendí a emplearlas, no cómo prevenirlas. Cuando yo estaba en
la brujería, siempre estaba alerta hacia los que intentaban
influir en mí o dominarme. Siempre les echaba un encantamiento de "jaula" antes a ellos para evitar que ellos me
"enjaularan" a mí.

—¡Uf, qué tremendo lío! —exclamó Rebecca.

—Sí que lo era. Toda mi vida estaba regida por el miedo. Tenía que estar vigilante siempre, pues muchas personas querían tumbarme de mi posición. ¡No hay NINGUNA paz cuando uno sirve a Satanás!

Las dos permanecieron sentadas en silencio durante varios minutos pensando y orando. A la postre dijo Rebeca:

—Bueno, todo encantamiento puede ser desbaratado en el nombre de Jesús, aunque me temo que la persona que está "enjaulada" tendrá que ser la que lo deshaga. No será nada fácil lograr que alguien que esté "enjaulado" reconozca que tiene que deshacer tal encantamiento. No creerán que están bajo ningún tipo de influencia demoníaca debido a que se hallan "enjaulados".

—Exactamente —dijo Elaine—. Pero, sabes, cuando estaba en la brujería descubrí que no me era posible "enjaular" a cristianos que rehusaban aceptar nada o a nadie por su apariencia, sino que lo probaban todo mediante la Palabra de Dios. Éstos eran los que no simpatizaban con alguien sencillamente por su *carisma*. Creo que podríamos decir que eran como los hermanos de Berea que habían sido tan altamente elogiados por Pablo debido a que escudriñaron las Escrituras para ver si lo que Pablo predicaba era cierto. "Enjaulaba" yo con mucha facilidad a la gente que en realidad no pensaba por sí misma y que era susceptible a seguir a quienes tuviesen mucho carisma.

—Sí —asintió Rebeca—, eso es precisamente uno de los más grandes problemas dentro de la iglesia cristiana en la actualidad. Demasiada gente obtiene puestos de liderazgo sencillamente por tener una personalidad muy carismática; lo cual, naturalmente, atrae a muchas personas. Muchas veces me he preguntado cuánto de lo que se conoce como "carisma" pudiera ser en realidad poder demoníaco. Estoy segura de que un poco de carisma sea algo natural, pero apuesto a que cuando existe mucho de éste tal vez sea algo demoníaco.

—Estoy segura de que tienes razón. Un satanista que sabe cómo utilizar sus demonios puede conseguir con facilidad que muchas personas acudan a él pensando que es el individuo más bondadoso y amoroso que conocen. Parecido a lo que sucede con las abejas y la miel.

—Bueno, las Escrituras son claras al respecto. Satanás siempre se ha valido del engaño y lo seguirá haciendo. De igual modo sus servidores. Con todo, estoy muy preocupada. Voy a orar regularmente para contrarrestar cualquier encantamiento de "jaula" que envíen en mi contra —dijo Rebecca mientras se volvía a acostar. Dos días más y estarían de nuevo en casa. Se preguntaba a qué tendrían que hacerle frente a su llegada.

El "profeta" y su esposa ya se habían marchado cuando Elaine y Rebecca regresaron a casa. Sara se fue casi inmediatamente también. Betty y Esther vinieron a cenar esa noche. La opresión demoníaca dentro de la casa era muy intensa. Rebecca y Elaine estaban exhaustas.

—¡Uf! —exclamó Betty al entrar por la puerta—. ¡Esta casa está plagada de demonios!

—Sí, lo sé —dijo Rebeca con voz de cansancio—. El problema es que estoy tan cansada que sencillamente no tengo el vigor que se necesita para examinar la casa por completo.

—Hice planes para pasarme la noche con ustedes —dijo Betty—. Creo que pueden usar los refuerzos. Comenzaré a ir por la casa ungiéndola mientras ustedes terminan de preparar la cena —y, al decirlo, tomó un frasco de aceite y empezó a ungir la casa.

—Dudo que ungirla sea suficiente —dijo Esther—. Cuando estuve aquí un día, de visita, vi a ese "profeta" que iba ungiendo y "bendiciendo" todas las habitaciones de la casa. Además, dijo que saldría a caminar por el perímetro del terreno a "bendecirlo" también.

—¡Oh no! ¡Eso era todo lo que necesitábamos! —gimió Rebecca—. Ello significa que vamos a tener que lavar todos los lugares en los que puso aceite para poder quitar las maldiciones.

Ya era bastante tarde cuando terminaron de cenar. Al ponerse el sol la opresión demoníaca comenzó a aumentar dentro de la casa. Todos se sentían débiles, enfermos y exhaustos. Decidieron intentar sobrevivir la noche y comenzar una limpieza general de la casa el sábado, que era el día siguiente. Joyce llegaría por la mañana para quedarse todo el fin de semana. Ella también ayudaría en la limpieza.

Decidieron dormir en el piso, en la sala, a fin de que pudieran estar todas en la misma habitación durante la noche, pues esperaban que habría lucha. Habían comenzado a quedarse dormidas cuando Esther se incorporó de repente. "Miren", apuntó con el dedo.

Rebecca se sentó. Un destello de luz azul entró flotando a través de la puerta del patio. "Te reprendo en el nombre de Jesucristo. ¡En el nombre de Jesús te mando que desaparezcas! ¡Tienes que salir de mi casa inmediatamente!" La luz azul se extinguió. "Puedo decirles que ésta va a ser una mala noche", dijo Rebecca molesta y se volvió a acostar.

Lograron dormir un par de horas. Entonces de nuevo una luz azul entró en la habitación. Rebecca fue la primera en despertarse; luego lo hicieron las demás. Se extinguió tan pronto como Rebecca la reprendió. Trascurrió el resto de la noche, pero nadie pudo dormir bien.

Joyce llegó la mañana siguiente. Todas se sentaron a discutir lo que debían hacer.

—Primero que todo, quiero saber más acerca de los encantamientos de "jaulas" —comenzó a decir Betty.

—¡Oh! Son muy comunes en la brujería —dijo Joyce—. Se hacen con bastante facilidad pero son difíciles de deshacer. O sea, resulta difícil reconocer cuando uno está afectado por uno de ellos.

Elaine tomó un pedazo de papel.

—Miren —dijo—. Permítanme mostrarles algunos de los símbolos que deben ponerse a buscar. Quizás encuentren un trozo de papel que tenga dibujados símbolos como estos. [Véase la figura 4-1.]

—Así es —convino Joyce—. Sin embargo, muchas veces colocarán los encantamientos en el terreno del individuo. Apuesto a que encontraríamos algunos en el de ustedes si los buscáramos con suficiente intensidad. Se los puede hacer sencillamente con cuatro varas o ramas o cañas. Se colocan en el suelo, así. Tienen la apariencia de ser pedazos de madera que han caído a tierra naturalmente. [Véase la figura 4-2.]

—Correcto —exclamó Elaine—. En el centro del cuadrado o del rectángulo colocan determinado objeto, tales como un cabello, un botón, o hasta puede ser algo tan diminuto como una hilacha desprendida de la ropa. También pueden escribir el nombre de la persona o sus iniciales en el suelo en lugar de colocar un objeto allí.

Joyce asintió.

—¿Se requiere que el trozo de papel sea colocado en la casa o en la persona misma para que el encantamiento surta efecto? —preguntó Rebecca.

—No —dijeron a la vez Elaine y Joyce—. Esas son sencillamente cosas a las que se debe prestar atención. Si se las ve entonces se sabrá que en efecto se ha llevado a cabo un encantamiento.

—También se debe prestar atención a las "líneas surcadas" —dijo Joyce.

—¿Qué son esas? —preguntó Rebecca.

—Para hacer líneas surcadas le echan un encantamiento a una vara, la cual utilizan entonces como varita mágica. Luego la arrastran a su lado por la tierra. Parece como si sólo estuvieran jugando ociosamente con la vara. No obstante, dondequiera que la vara surque dejará un trazo. Si se mira con atención en ocasiones se podrá ver una línea muy fina en la tierra por donde se arrastró la vara. [Véase la figura 4-3.]

—Cuando se camina alrededor de un terreno y se ponen

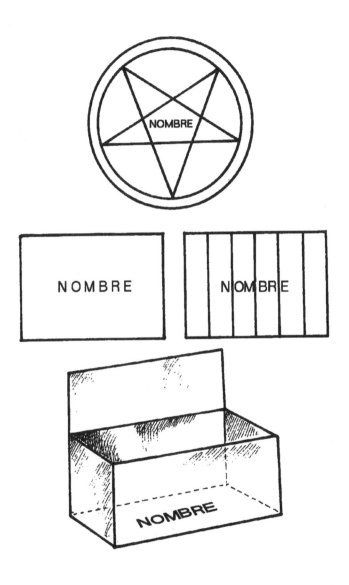

Figura 4-1. Símbolos comunes de encantamiento de "jaulas".

líneas surcadas por todos sus contornos —continuó diciendo Joyce—, es como si todo el terreno se tornara en una gigantesca jaula. Se usa por las razones que siguen:

1. Para reclamar la propiedad para ellos y para Satanás.
2. Para poner demonios alrededor de los límites de la propiedad para que la defiendan.

Figura 4-2. Varas utilizadas en encantamientos de "jaulas".

Figura 4-3. Líneas de surcos.

3. Para colocar "demonios puertas" o "abridores" especiales, como se los conoce a veces, con la finalidad de que el satanista pueda proyectarse astralmente con facilidad hacia el terreno. Entiendan que cuando uno se proyecta astralmente no resulta tan fácil orientarse. Por lo que si se dejan demonios específicos en los sitios a los que se quiere ir, entonces puede uno proyectarse astralmente hacia los referidos demonios.

4. Colocar sentinelas específicos. Se trata de demonios que sirven de vigías. Estos le comunican al satanista quién entra en el terreno y todo lo que sucede allí.

5. Y, por último, los demonios que se colocan allí deberán atar y cegar a todo el que entre en el terreno. Dicho de otra manera: habrán de "enjaularlos".

—Ya veo —comentó Rebecca—. Los cristianos recorremos el terreno para declararlo santo para el Señor y pedirle que sitúe a sus ángeles en su contorno. Los satanistas hacen esencialmente lo mismo, sólo que ellos sitúan demonios y reclaman el terreno para ellos mismos y para Satanás.

—Sí —dijo Joyce—. Así es exactamente.

—Muy bien —dijo Rebecca—. Lo primero que vamos a hacer es examinar con mucho cuidado todo el terreno y quitar todas las maldiciones. Quiero asegurarme de echar fuera a todos esos demonios "abridores" para que esa gente no se pueda proyectar astralmente con facilidad hasta nuestra propiedad. Apuesto que esa es la razón por la que hemos tenido tantas dificultades con espíritus humanos que se proyectan astralmente durante los últimos meses. No sabía cómo deshacerme de esos demonios abridores. Una vez que hayamos limpiado el terreno procederemos a limpiar la casa.

Todas estuvieron de acuerdo y salieron afuera. Les llevó cerca de una hora recorrer con cuidado toda la propiedad. Hallaron varios lugares en los que había cera de velas negras derretida y, tal como se esperaba, encontraron varas delgadas, como se ilustró antes, en las cuatro esquinas de la propiedad. Quitaron las varas y desactivaron los encantamientos. Además, les ordenaron a los demonios que se fueran.

Las muchachas concentraron después su atención en el interior de la casa. No resultaba ésta una tarea sencilla, pues había una multitud de lugares en que pudieran hallarse escondidos los objetos cúlticos. Según progresaba el día, la opresión demoníaca se tornó cada vez más fuerte en la casa. Un horrible hedor sulfúrico a podrido comenzó a saturar cada habitación. ¡Los demonios hieden! Esa es la razón por la cual se quema incienso en las librerías de ocultismo. Lo hacen para disfrazar la fetidez de los demonios.

Al seguir buscando las muchachas, encontraron que el pomo de la puerta del cuarto de Elaine era de vidrio.

—No había visto uno de esos desde que era niña —comentó Rebecca—. Sé con toda seguridad que nunca hemos tenido entre nuestras posesiones nada que se le parezca. ¡Qué cosa tan extraña la que nos han dejado!

—En realidad no —dijo Joyce—. Cualquier objeto de vidrio puede emplearse para la comunicación con los demonios. ¿Quién hubiera podido imaginarse que el pomo de una puerta pudiera utilizarse para eso? Es por ello que las gemas son tan populares en el movimiento de la Nueva Era. Antes que el movimiento de la Nueva Era las popularizara se conocían como "piedras de brujería". Se emplea con frecuencia esa clase de pomo de puerta en las casas de los satanistas de alto nivel. Es como un símbolo de abolengo.

Destruyeron el pomo de la puerta. Al atardecer todas se sintieron mal, siendo Esther la que peor estaba. Entonces se congregaron en la sala para orar. Elaine fue a buscar aceite para ungirla. Betty, Joyce y Rebecca se pusieron de pie para reunirse en torno a Esther. Al venir Elaine de la cocina fue empujada de pronto por la espalda por una fuerza invisible y salió volando por el aire yendo a caer en el sofá, gritando durante toda la trayectoria. Allí se quedó trabada, con la cabeza en los almohadones, y pateando salvajemente el aire. ¡Todas rompieron a reír! Elaine es tan bajita que cupo perfectamente en la esquina del sofá.

—¡Oigan, dejen de reírse y ayúdenme a levantarme! —gritó.

Joyce y Betty la ayudaron a ponerse de pie.

—Bueno, es indudable que a estos demonios no les hace ninguna gracia nuestra pequeña reunión de oración —dijo Rebecca riéndose aún.

La risa las ayudó a relajarse y comenzaron a sentirse algo más animadas. Después de orar, las muchachas cenaron y se acostaron a dormir. Todas estaban exhaustas. De nuevo una luz azul volvió a flotar por toda la casa e hizo que se despertaran. En ocasiones se encendía y se apagaba como la luz intermitente de un coche de policía. Se extinguía cuando la reprendían, pero luego volvía a brillar enseguida.

Cerca de medianoche Esther se levantó para ir al baño.

Se oyó un estruendo.

—¡Eh, no vuelvan a hacer eso! —gritó, y de nuevo se escuchó un fuerte ruido—. ¡Les ordeno dejar de hacerlo en el nombre de Jesús!

Betty y Rebecca salieron como una flecha hacia la puerta, pero no la podían abrir.

—Esther —dijo Betty—, abre la puerta.

Se oyó el ruido del picaporte y a Esther decir:

—No puedo. A pesar de que no está pasado el cerrojo me es imposible abrirla. Esos malditos demonios me hicieron caer en la bañera.

Rebecca trajo aceite. Sólo después de ungir el pomo de la puerta y de ordenar a los demonios que lo soltaran pudieron abrirla. Esther estaba magullada, pero aparte de eso no había resultado herida de gravedad.

Muy temprano al amanecer Joyce se levantó para ir al baño y tropezó al caminar con algo blando en la sala.

—¡Asco! —exclamó y de inmediato encendió la luz.

La casa había permanecido completamente cerrada durante toda la noche, pero allí en el piso en medio de la sala había un pájaro muerto. Sus alas estaban extendidas y había plumas cuidadosamente colocadas debajo de él en forma de pentagrama. Esa experiencia puso fin al sueño de la madrugada.

La fetidez en la casa empeoró. Las muchachas lavaron las paredes, cepillaron las alfombras, miraron debajo de los muebles, safaron las camas, pero aún no podían encontrar las puertas de entrada específicas que los demonios usaban para tener un acceso tan fácil a la casa.

Tomar un baño llegó a ser un verdadero desafío ya que los demonios hacían girar el cabezal de las regadera, lo cual hacía que chorreara agua en las paredes y en el techo. El agua salía fría y luego caliente, y de nuevo fría y después caliente. Aprendieron a bañarse con una mano sosteniendo el cabezal de la regadera.

Al cabo de varios días habían llegado casi al desespero. Habían orado intensamente, pidiéndole al Espíritu Santo que les mostrara todo lo que no habían encontrado aún. A la postre, Betty encontró el último problema.

—¡Eh, miren lo que he encontrado! —gritó desde el cuarto de Esther. Todas fueron a ver. Los cielos rasos de todas las habitaciones de la casa eran de yeso blanco. Allí en el yeso había clavitos incrustados en el cielo raso en forma de pentagrama. Miraron los demás dormitorios y, efectivamente, había un pentagrama hecho de puntillas en el cielo raso de cada dormitorio. Esa fue la clave final. Una vez que se extrajeron y se echaron a la basura las puntillas, y se desactivaron las maldiciones asociadas con ellas, quedó limpia la casa al fin.

Les llevó casi dos semanas examinar la casa de Rebecca hasta limpiarla totalmente. Encontraron símbolos de aceite en los cuadros que tenían un marco y vidrio encima. No resultaba fácil verlos a menos que se miraran en cierto ángulo para que la luz pudiera hacer que se viera el aceite transparente.

Les habían echado maldiciones a los espejos para utilizarlos como puertas para que los demonios pudieran entrar en la casa. Esa parecía ser la puerta de acceso principal para que pudiera entrar y salir el demonio que se manifestaba como luz azul. Una vez que quedaron limpios todos los espejos ya no volvió a aparecerse la luz azul. Los espejos son, por cierto, una puerta de acceso común, pues las brujas que se inician con frecuencia emplean espejos para establecer comunicación con el mundo espiritual.

El hogar de Rebecca quedó limpio y la paz volvió a reinar en él. Pero todo el daño ocasionado por los encantamientos de jaulas que la pareja hizo en su relacionamiento con varias otras personas probablemente jamás será subsanado en este lado de la eternidad.

Todos los cristianos debemos estar alerta con respecto a esta fuente de problemas, especialmente los pastores y los líderes cristianos. NUNCA subestimen la posibilidad de haber sido afectados por un encantamiento de jaulas. Esos encantamientos pueden cegarnos para que no veamos las malas acciones de alguien, o ponernos en contra de otra persona que no nos ha hecho nada malo, haciendo que creamos que son ciertas toda una ensarta de mentiras en cuanto a ella.

Si estima que alguien le pueda estar echando a usted el referido encantamiento, todo lo que tiene que hacer es ordenar que todos los encantamientos de jaulas sean desactivados en el nombre de Jesucristo. Ordéneles a todos los demonios asociados con tales encantamientos que lo dejen a usted de inmediato en el nombre de Jesús. Las iglesias cristianas y las relaciones interpersonales están siendo grandemente afectadas por esos encantamientos. Debemos estar siempre alerta y ser sensibles a la orientación del Espíritu Santo.

¡NADIE ES INMUNE A ESE TIPO DE ATAQUE!

Capítulo 5

La armadura de Dios

El sonido del interruptor indicó que la última secadora se había apagado y un manto de silencio cayó sobre la lavandería. Joyce se sacudió de su ensimismamiento sobresaltada por el silencio. Se encontraba doblando el último lote de ropa limpia. Levantó la vista y miró en derredor sólo para descubrir que era la última persona que quedaba en el edificio. Su inquietud iba en aumento. Agarró rápidamente las últimas piezas de ropa que le quedaban y sin doblarlas las dejó caer de golpe en la canasta. Mientras hacía eso, oyó abrirse la puerta del fondo.

Levantó la vista y se paralizó.

Allí, justo en el lado interior de la puerta estaban parados dos jóvenes bien altos. Estaban uno junto al otro mirándola en silencio. ¡Irradiaban maldad!

"¡Oh, Señor, AYÚDAME!", imploró Joyce. Agarró su canasta de ropa y las llaves de su auto y se dirigió hacia la puerta del frente. Los dos hombres que estaban próximos a la puerta del fondo permanecieron inmóviles.

Mientras se apresuraba hacia la puerta principal, una lujosa limusina blanca se detuvo frente a la lavandería. Otros dos hombres altos se dirigieron hacia la puerta principal y tomaron posiciones, uno a cada lado del exterior de la puerta.

"¡Señor, permíteme pasar!", gritó Joyce en su mente. Oleadas de miedo la fueron envolviendo.

Al momento en que alcanzaba la puerta del frente y salía hacia la acera, la puerta trasera de la limusina se abrió y salió de ella una mujer. A simple vista no tenía nada de extraordinario.

Estaba vestida bastante descuidadamente con pantalones negros apretados que revelaban que estaba un poco gordita. El cabello que le caía sobre los hombros estaba mayormente canoso. PERO ella irradiaba demonios poderosos y malvados.

Joyce se detuvo instantáneamente, tambaleándose al ser golpeada por la fuerza demoníaca del señor demonio Dantalión. La mujer era Sedona, enemiga mortal de Joyce desde que ella se encontraba aún en la brujería.

Oleadas de miedo envolvieron repentinamente a Joyce. Recuerdos del pasado acudieron a su mente en rápida sucesión. Escenas aterradoras de torturas y tormentos. Ella luchó para pensar, luchó para respirar. Era como si se estuviera sumergiendo en un mar de tormento mental.

Reuniendo toda su fuerza y voluntad contra la violenta embestida forzó sus pies para dar un par de pasos hacia adelante, asida a la canasta de ropa y las llaves de su auto como para salvar su propia vida. Sedona caminó hacia adelante, bloqueándole el paso.

—¿Exactamente A DÓNDE te crees que vas? —le dijo bruscamente.

Joyce sacudió su cabeza tratando de aclararla.

—Voy a mi casa —balbuceó.

—¡Oh NO, ni lo pienses! Tú eres mía.

Con el último ápice de fuerza que le quedaba, Joyce habló tan firmemente como podía:

—¡Oh no, de eso nada. Te reprendo en el nombre del Señor Jesucristo. Yo pertenezco a Jesús!

Sedona vaciló un momento, pero sólo un momento. Ella estiró la mano y tomó a Joyce por el brazo a la altura del codo agarrándola con crueldad. Joyce tiró hacia atrás y trató de zafarse, pero no pudo liberarse. El dolor se le disparó hacia arriba por el brazo y la envolvió en punzadas. Un dolor ardiente. Instantáneamente, el tormento mental se multiplicó por cien. Las escenas revoloteaban en su mente. Terribles cuadros de demonios y torturas de otros seres humanos. Se sacudió hacia atrás de nuevo, pero no pudo pronunciar ni una palabra.

—¡Ya te tengo! —dijo Sedona luego de dejar caer su brazo—. La luna llena vendrá en cuatro días... ahora eres MI trofeo, MI sacrificio al señor Satanás.

Joyce volvió a sacudir su cabeza, pero no tuvo fuerzas para hablar. Sedona continuó; sus palabras venían en rápidas ráfagas como si fueran disparos.

—Conozco todos tus movimientos —entonces procedió listando con cien por ciento de exactitud todo lo que Joyce había hecho durante la semana anterior—. Puedo echarte mano cuando quiera —dijo jactanciosamente.

Algo le movió los pies a Joyce. Comenzó a caminar, aunque ella no sabía cómo. Estaba como indiferente, incapaz de controlarse. Interiormente, clamaba al Señor por ayuda. ¡Simplemente no podía pensar! Esas terribles escenas continuaban llenando su mente.

Sedona estaba furiosa, pero extrañamente parecía incapaz de hacer nada más.

—¡Eres mía! —dijo siseando—. ¡Te echaré mano en cualquier momento que quiera! ¡Te haré pagar por esta humillación que me has hecho! ¡Ya te atraparé... pronto!

Y mientras escupía esas últimas palabras, se volvió a subir dentro de la limusina.

Súbitamente Joyce iba corriendo. Corrió atravesando la zona de estacionamiento. Su auto estaba estacionado al lado opuesto del terreno. Parecían kilómetros, pero al fin llegó a su coche. Mientras abría su puerta con manos temblorosas, la limusina salía rugiendo del estacionamiento. Joyce se montó en su auto y empujó la llave en la ignición. Entonces se desmayó y no recordó nada más.

¿Cuánto tiempo pasó? Joyce no sabía. De repente abrió los ojos. ¡Sorprendida pestañeó al darse cuenta de que estaba conduciendo el auto hacia la entrada de su casa! No se acordaba de nada en absoluto de la trayectoria hasta su casa. Condujo el auto dentro del garaje y de alguna manera salió de este y entró en su apartamento. Allí se desplomó sobre el piso anegada en llanto.

"¡Gracias, mi Señor Jesucristo!", sollozó. "Gracias por haberme permitido llegar a la casa." Y hasta ahí fue que pudo llegar. Dantalión la atacó con redoblada furia. El dolor le hacía explotar la cabeza, y le bajaba por el brazo y el estómago. Se dobló del dolor. Las terriblemente horripilantes escenas continuaban entrando una tras otra en su mente... escenas demasiado horribles para describirlas.

"Yo los reprendo y los ato a ustedes, demonios, en el nombre de Jesús", murmuró Joyce débilmente. El ataque disminuyó ligeramente. Se arrastró hasta el teléfono. Los demonios atacaron de nuevo. Ella comenzó a golpearse la cabeza contra el piso.

"¡NO! en el nombre de Jesús. ¡NO!", gritó. Se sujetó la cabeza con ambas manos y la forzó a detenerse.

"Te ordeno que te detengas en el nombre de Jesús", dijo de nuevo, esta vez con un poco más de fuerza. Una vez más se arrastró hasta el teléfono. "Tengo que llamar a Rebecca y Elaine para que me ayuden", pensó.

Al fin llegó al teléfono, pero estaba muy débil para sostenerse de pie. A tientas trató de alcanzar el teléfono sobre la repisa de la cocina. Ah, al fin su mano lo encontró. De un golpe tumbó el teléfono sobre ella en el piso. Junto con el teléfono cayó una botella de aceite que estaba en la repisa a su lado.

"Gracias, Jesús", suspiró al cerrarse su mano alrededor de la botella de aceite, sólo para que se le cayera de ésta cuando los demonios volvieron a atacarla, dejándola sin aire de un golpe. Sintió como si una enorme mano con garras le estuviera desgarrando las entrañas en pedazos.

"El aceite, busca el aceite. Ata a los demonios que te puso Sedona en el brazo." El pensamiento del Espíritu Santo atravesó el caos de las tormentosas escenas que explotaban en el cerebro de Joyce.

"Sí, Señor —sollozó—. ¡Por favor, Jesús, ayúdame!"

Se arrastró hacia adelante y tomó de nuevo la botella de aceite.

"¡Detente en el nombre de Jesús!", ordenó otra vez. Esta vez le quitó la tapa a la botella de aceite y lo vertió sobre su brazo donde Sedona lo había agarrado.

"¡Ay!", gritó. Un dolor ardiente se disparó por su brazo.

"¡En el nombre de Jesús les ordeno a todos los demonios colocados en mí por Sedona que queden atados! ¡Váyanse en el nombre de Jesús!"

El dolor se alivió y su mente comenzó a aclararse un poco. Levantó el teléfono y marcó los números.

Elaine contestó. Rebecca no estaba en casa, pero Elaine se unió a Joyce en oración. Los demonios se vieron forzados a retroceder algo, pero no se fueron.

—Llamaré a Rebecca —le dijo Elaine—. Ella está en el trabajo, pero yo le diré que te llame.

Joyce colgó el teléfono y esperó, orando por fortaleza. Orar con Elaine había ayudado. Ahora por lo menos era capaz de pensar. Estaba recobrando fuerzas. Se levantó del piso y se sentó en el sofá.

"Bueno, al menos estoy progresando", pensó con una sonrisa irónica.

"¡Ring!..."

Era Rebecca. Brevemente, Joyce le describió lo que había sucedido.

—Dime, Joyce, ¿te introdujo Sedona un inserto, o alfiler embrujado en el brazo? —le preguntó Rebecca.

Joyce no había pensado en eso. Cuidadosamente se palpó el brazo. ¡Ahí estaba!

—Sí —dijo lentamente—. Puedo sentirlo, ahora veo por dónde entró. Se siente como si estuviera tratando de penetrar más profundamente.

—Sí, me imagino que así es. A los demonios les gusta

hacer eso. Tiene que salir de ahí inmediatamente. ¿Tienes algún aceite ahí? —le dijo Rebecca.

—Sí, ya lo ungí —le respondió Joyce.

—Bien —siguió diciendo Rebecca—, pero tendrás que hacerlo otra vez. Tenemos que pedir al Señor que le impida a esa cosa que siga profundizándose en tu cuerpo. También le voy a pedir que lo vuelva a empujar hacia la superficie. Tú úngete el brazo y yo te respaldaré en oración.

—Está bien —asintió Joyce.

Joyce volvió a esparcir el aceite en su brazo sobre la región en que estaba el alfiler embrujado. Rebecca comenzó a orar.

"Padre, en el nombre de Jesús acudimos ante tu trono. Yo presento una demanda·contraria a la de Satanás en favor de mi hermana Joyce. Te pertenece a ti, Señor. Satanás no tiene derecho a ella. En el nombre de Jesús te pido que detengas ese alfiler embrujado y lo saques a la superficie."

"¡En el nombre de Jesús, ordeno a todos los demonios vinculados con ese alfiler que queden atados!"

Joyce se quejó. Su brazo comenzaba a arderle de nuevo y los demonios estaban desgarrándole el estómago. Entonces el dolor comenzó a aliviarse.

—Ahora me siento mejor —le dijo a Rebecca—. Puedo ver un punto oscuro. Me parece que es el extremo del alfiler.

—Magnífico, aguanta ahí, llegaré a casa tan pronto como pueda. Demoraré alrededor de una hora.

—Está bien —le dijo Joyce—. En realidad me estoy sintiendo mejor ahora.

Cuando Rebecca llegó a la casa Joyce había mejorado lo suficiente como para conducir hasta su casa. Ella se encontraba allí esperándola. Todavía estaba atormentada con escenas del pasado, pero no tan severamente. El alfiler embrujado era fácilmente visible bajo la superficie de la piel y pudo ser extraído con facilidad.

Era un diminuto alfiler de metal, como de casi dos centímetros de largo, el tamaño de una espina bastante larga, pero MUY dañina. Tan pronto como extrajeron el alfiler,

Joyce les ordenó a Dantalión y todos los demonios vinculados al alfiler embrujado que se fueran inmediatamente en
el nombre de Jesús. Así lo hicieron y al fin estaba libre.
[Véase la figura 5-1.]

—No estoy segura de que este sea el final de todo esto
—habló Rebecca pensativamente.

—Bien, si esta es la clase de encantamiento que yo creo
que es, probablemente no lo sea —convino Joyce—.

Sedona sabía utilizar a Dantalión porque él es un señor
demoníaco en particular que en realidad me odiaba. Lo
reconocí inmediatamente. Posee una habilidad peculiar
para perturbar mi mente. Este alfiler parece un alfiler de
efigies como los que se usan en vudú. Creo que conozco el
encantamiento que hizo Sedona.

—Tengo miedo, pues he tenido que atravesar por varios
ritos anteriormente que me acondicionaron para este encantamiento. Tenía alambres colocados en ese brazo que se
podían usar. Nunca pensé que alguien pudiera usarlos, pero
Sedona sabía de ellos.

—¿Por qué haría uno semejante cosa sabiendo las posibles consecuencias?

—Por el poder.

—¡Naturalmente! —suspiró Rebecca—. Los siervos de
Satanás harán cualquier cosa por lograr más poder. Bueno,
no tengo dudas de que Sedona podía haber realizado este
encantamiento de muerte —comentó Rebecca. Veamos, después de esta noche faltan tres días más hasta la primera
noche de luna llena. Supongo que este encantamiento habría de completarse para ese entonces. Eso se ajustaba a su
amenaza de tenerte como un sacrificio esta luna llena.

—Sí, tienes razón. Este tipo de encantamiento se activa
al cabo de tres o cuatro días. Se obtiene una vela negra
grande con la forma de un hombre o de una mujer. Entonces
se hace el encantamiento que incluye un sacrificio de sangre
de algún tipo. Parte del encantamiento incluye encender la
vela y clavar en ella de seis a nueve alfileres de efigie en

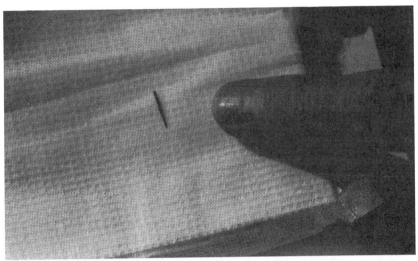

Figura 5-1. Foto de un alfiler embrujado.

posiciones específicas dependiendo de lo que se quiera hacer. En la vela se insertan todos los alfileres menos uno. El último alfiler hay que insertarlo dentro de la persona contra quien se realiza el encantamiento. Entonces, en este encantamiento de muerte en particular, mientras se va quemando la vela continuamente durante los tres o cuatro días, el alfiler que está dentro de la persona es manipulado por los demonios. Literalmente, el alfiler germina otras piezas de metal que corresponden al número total de alfileres. Las piezas de alambre colocadas previamente en mi brazo fueron controladas demoníacamente después de la introducción del alfiler embrujado. Al irse derritiendo la vela, las piezas de metal se van uniendo en la persona tomando la forma de una cruz invertida. En la primera noche de luna llena queda completado en encantamiento y se termina también la cruz invertida en la persona. Al apagarse la vela, la persona muere. Es un conjuro de vudú muy antiguo y poderoso.

—Bien, te hemos sacado el alfiler principal, pero aún estoy preocupada por los demás alambres y los alfileres —dijo Rebecca—. ¿Supones que los demonios tuvieron tiempo para introducírtelos?

—Yo no sé, pero no me sorprendería —dijo Joyce lentamente—. ¿Qué podemos hacer al respecto?

—Lo mismo de siempre —dijo Rebecca—, le pediremos al Padre que se encargue de eso. Te ungiremos el brazo completo y le pediremos a Él que saque a la superficie cualquier otro alfiler o metal antes de la última noche.

Por tanto, le ungieron todo el brazo a Joyce y oraron al respecto. (De hecho, tres días más tarde, en la primera noche de luna llena, en el brazo de Joyce comenzó a formarse una cruz invertida como una ampolla roja levantada sobre la piel. Se sacaron tres piezas más de alambre de su brazo a lo largo de las líneas de la cruz invertida. ¡Al removerse los alambres y Rebecca volver a ungir su brazo de nuevo, las líneas rojas desaparecieron y el hechizo quedó totalmente desactivado! Joyce está viva y saludable. ¡ÚNICAMENTE el poder de Jesucristo puede destruir un hechizo tan poderoso!)

Después de orar y ungir el brazo de Joyce, se sentaron

tranquilamente por unos minutos. Entonces Rebecca volvió a hablar:

—Escucha Joyce —dijo serenamente—, aquí hay una lección que debemos aprender. La cosa estuvo bastante peliaguda.

—Sí, lo sé —dijo Joyce sentimentalmente—. ¡Fue SÓLO la mano del Señor lo que me salvó! El Padre ha cumplido su pacto contigo una vez más. Me salvó la vida. Únicamente Dios impidió que Sedona me secuestrara allí mismo. Extrañamente parecía incapaz de hacer ninguna otra cosa sino amenazar.

—Sí, lo sé —asintió Rebecca—. ¡Pero, Joyce, ella nunca te debió haber podido tocar!

—¿Y cómo pude haberlo evitado? —preguntó Joyce—. Me encontraba restringida por todos lados por esos hombres.

—Debiste comenzar a luchar inmediatamente. ¿Recuerdas cómo te he estado diciendo que la armadura de Dios es real? Es real en el mundo espiritual, pero afecta el reino físico también.

—Sí, pero no puedo entender cómo pude haberla usado. Yo la reprendí en el nombre de Jesús.

—Eso no fue suficiente. Tomaste una actitud puramente defensiva. Simplemente te quedaste ahí parada. Como no luchaste, te sometiste a Sedona. Por eso fue que pudo hacer lo que hizo. Permitiste que el temor te dominara. Debiste llevar a cabo una acción agresiva ofensiva desde el principio. Si lo hubieras hecho, ella jamás hubiera podido ponerte una mano encima en absoluto. Ella jamás pudiera haberte colocado ese alfiler embrujado en el brazo.

Joyce se frotó la frente cansadamente y dijo:

—Lo siento, pero no acabo de entenderlo.

Rebecca se puso de pie y le pasó el brazo alrededor, dándole un apretón.

—Está bien —le dijo—. Estás cansada para analizarlo esta noche. Es tarde y tienes que ir a trabajar por la mañana. Acuéstate y hablaremos de eso mañana cuando hayas tenido algún descanso. Mientras tanto, oremos y pidámosle al Padre que te ayude a comprender. Quédate aquí esta noche donde estarás segura.

Agotada, Joyce asintió y, tambaleándose, se fue a dormir.

Al día siguiente, Joyce regresó del trabajo a la casa de Rebecca a media mañana. Estaba emocionada.

—Rebecca —dijo—, escucha esto. Anoche, en sueños, el Señor me mostró la armadura y me enseñó cómo usarla. Finalmente, entendí. Entonces hoy me dio la oportunidad de usarla.

—¡Fantástico! Cuéntamelo.

—Llegué al trabajo esta mañana y encontré que tenían exceso de personal. En vista de eso, me ofrecí de voluntaria para tomarme el día de descanso. Cuando iba caminando por el corredor hacia el vestuario de las enfermeras para cambiarme de ropa, vi a un hombre vestido con el uniforme del personal de mantenimiento que venía hacia mí. No había nadie más en el corredor. Cuando me vio, aceleró el paso. Inmediatamente lo reconocí como uno de los hombres que había estado con Sedona ayer. Tenía algo en su mano que parecía ser un cuchillo. ¡Yo no estaba dispuesta a volver a pasar los apuros que pasé ayer!

—¿Y entonces qué hiciste? —preguntó Rebecca.

—Cuando se me acercó, dije: "¡NO, DETÉNGASE en el nombre de Jesús! ¡Usted no me va a tocar! El Padre me ha enseñado como ponerme el escudo en el brazo." [Véase la figura 5-2.] Levanté el antebrazo delante de mí y me encaminé directamente hacia él. Se quedó estupefacto. Yo no vi el escudo, pero no dudo de que él sí lo vio. Literalmente lo arrinconé contra la pared sin siquiera tocarlo físicamente. Se quedó boquiabierto parado de plano contra la pared. Ordené a todos sus demonios que fuesen atados en el nombre de Jesús y le dije otra vez que no me podía tocar. Se quedó ahí parado, contra la pared. Entonces di media vuelta y salí disparada y entré en el vestuario. Cuando salí ya se había ido. No lo volví a ver.

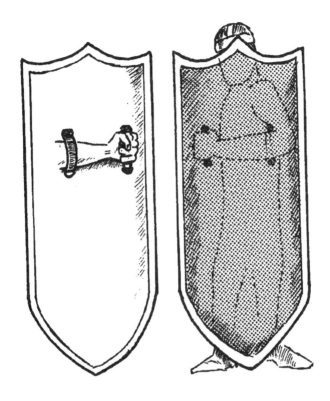

Figura 5-2. El escudo de la fe.

—¡Maravilloso! —exclamó Rebecca—. Eso es exactamente lo que estaba tratando de decirte anoche. Aunque no
vemos la armadura de Dios, ES una verdadera armadura
en el mundo espiritual. Podemos usarla en el mundo físico
si así nos dirige el Espíritu Santo.

—Sí, eso es exactamente lo que el Padre me mostró en ese
sueño. Me mostró cómo el yelmo de la salvación desciende
sobre nuestra cabeza para protegerla. Me dijo que cuando
esos demonios de temor me atacaron por primera vez lo que
debí de haber hecho instantáneamente fue reprenderlos en

el nombre de Jesús, ordenando que huyeran, rehusando aceptarlos debido a que estaba protegida por el yelmo. Se me acercaron porque acepté el ataque en vez de repelerlo. Entonces Él me mostró la coraza pectoral de justicia y cómo ésta protege nuestro pecho. El cinturón de la verdad es como una faja y es la única pieza blindada que nos cubre la espalda. Tú sabes, igual que la armadura que usaban los soldados romanos. El escudo es grande, casi tan alto como nosotras. Y la espada es exactamente igual a la que dibujaron en la portada de tus dos libros. Es una luz puramente blanca con un pomo dorado.

—Sí —asintió Rebecca—, ¿cómo crees que sabía cómo hacer que el artista dibujara la espada?

—Nunca me llegaste a decir que la habías visto —dijo Joyce—. Pero, pensándolo bien, sospecho que existen bastantes cosas que no me has contado aún.

—Sí —rió Rebecca—, supongo que sí. Recuerdo muy bien varias ocasiones en que tuve que utilizar la armadura de Dios en el mundo físico. La primera vez que supe cuán real era, fue cuando el Señor permitió que algunos demonios se manifestaran físicamente y trataran de matarme. Entonces el Espíritu Santo me mostró que tenemos la armadura por la fe y que podremos usarla cuando Él nos ordene que lo hagamos.

—Entonces, ¿cuándo la usaste? —preguntó Joyce.

—Bueno —le contestó Rebecca—, esa vez fue hace varios años cuando todavía estaba ejerciendo la medicina. Había regresado al hospital para ver a un paciente en medio de la noche. La zona de estacionamiento de los médicos estaba a corta distancia del hospital y esta no estaba en una sección muy buena de la ciudad. Tenía que caminar sola esa noche hasta mi auto. Era alrededor de las tres de la madrugada. Estaba inquieta. Todo estaba demasiado tranquilo y apenas faltaban dos noches para la luna llena. Los satanistas se habían enojado mucho conmigo porque estaba llevando a muchas personas a Cristo.

—Esa noche en particular, llegué hasta el coche y me detuve a mirar en derredor porque presentía que había alguien en el estacionamiento, aunque no podía ver a nadie. Traté de meter la llave en el cerrojo, pero no entraba. ¡Algo la estaba bloqueando! Ordené a cualquier demonio que estuviera interfiriendo con mi cerradura que se fuera inmediatamente, pero nada funcionó. Escuché un ruido, di media vuelta y pude ver a cuatro tipos grandes y rudos que venían en mi dirección. Sus demonios resplandecían. No me cabía la menor duda de que planeaban servirme en bandeja de plata como plato principal para su sacrificio a Satanás esa próxima luna llena. ¡Es increíble que no me diera un ataque al corazón allí mismo; ¡estaba tan asustada! Estoy segura de que me estaban lanzando cuanto demonio podían para provocarme miedo.

—¿Qué hiciste? —preguntó Joyce impacientemente.

—Ordené que se detuvieran y ordené que sus demonios fuesen atados en el nombre de Jesús, pero eso no pareció perturbarlos. Simplemente siguieron caminando. Continué reprendiéndolos y comenzaron a reírse de mí.

"Estás tristemente equivocada si crees que tu Jesús te puede proteger de nosotros", dijo el líder burlonamente. En ese momento estaban como a tres metros de distancia de mí.

—De repente, el Espíritu Santo me habló. "No olvides la armadura", me dijo. Por tanto, llena de fe, sólo le pedí al Señor que me pusiera su espada en la mano y que hiciera que esos tipos la vieran. Entonces atravesé mi brazo frente a mí como si estuviera blandiendo una espada. De inmediato los hombres, sorprendidos, se detuvieron instantáneamente. Se protegieron los ojos como si estuviesen frente a una luz brillante. Me sentí complacida. "Bien, muchachos —dije—. ¡Si quieren pelear, vengan! Lucharé contra ustedes con esto."

—Se quedaron inmóviles por un minuto y entonces el

líder habló y dijo: "¿Sí? Apostaría a que no sabes cómo usarla."

"¿Quieres apostar? —le dije—. Entonces ven y te lo demostraré. No lucho con mis propias fuerzas, sino con el poder de mi Maestro Jesucristo. ¡Tú y tus demonios no se pueden comparar con Él!"

—En ese momento lucían desconcertados. Aproveché mi ventaja y di unos pasos hacia ellos, reprendiéndolos de nuevo en el nombre de Jesús. Dieron un paso atrás, por lo que continué caminando hacia ellos, aún sosteniendo mi brazo frente a mí. ¡Fue una suerte que no se enteraran cómo me estaban temblando las rodillas! Desde muy temprano ya había aprendido que NUNCA se puede mostrar temor o dolor.

—Arrastraron sus pies con intranquilidad. Entonces, súbitamente, se sintieron abatidos y corrieron. Me apresuré en llegar al auto y esta vez la llave funcionó en la cerradura perfectamente. ¡Óyeme, no puedo describir cómo salí de allí lo más rápido que pude!

—¿Viste la espada? —preguntó Joyce.

—No, no la vi. Tuve que mantener la fe de que estaba ahí, porque el Espíritu Santo me había dicho que usara la armadura. Pero ellos obviamente la vieron. Después de todo, los satanistas pueden ver en el mundo espiritual la mayor parte de las veces, aun cuando los demonios discriminan lo que ven. Por eso es que le pedí al Padre que permitiera que vieran la espada. De lo contrario, temía que los demonios podrían haber impedido que ellos la vieran. Hubiera deseado haberla podido ver, pero no pude. Supongo que si la hubiese visto entonces no habría sido necesaria la fe. Siempre tenemos que andar por este camino de fe.

—Sí, y algunas veces eso es sumamente difícil —comentó Joyce—. Cuéntame acerca de algunas de las otras veces.

—Bueno, en vez de hablar sobre mí misma, déjame contarte acerca de una experiencia que recientemente tuvo otra persona que también salió de la brujería. ¿Recuerdas a

Annie [nombre ficticio]? Creo que la conociste una vez mientras ella se encontraba aquí, ¿no es así?

—Sí, la recuerdo.

—Ella estuvo con nosotros cerca de cinco meses. En la brujería la maltrataron horriblemente. Cuando tenía unos siete años de edad su madre trató de tomarla y huir. Fueron capturadas y obligadas a regresar. Entonces como castigo, obligaron a Annie a observar cómo sacrificaban a su madre. La utilizaron como procreadora y en todo tipo de pornografía, tanto de niña como de adulta. Una vez intentó salirse de esa vida, aproximadamente tres años antes de yo conocerla. Dos grandes matones de la brujería la volvieron a capturar y, como castigo, en una forma horrible abusaron sexualmente de ella. Sin embargo, esta vez ella aceptó a Jesús como Señor y Salvador. ¡Eso hace que todo sea diferente!

—¡Lo sé por experiencia propia! —dijo Joyce sentimentalmente—. Es imposible salirse de la brujería y vivir de ninguna otra manera. ¡ÚNICAMENTE el poder de Jesús puede mantenerla a una libre!

—Cerca de un mes después de que Annie fue totalmente liberada —siguió diciendo Rebecca—, llegó un día en que ella tenía que salir al centro comercial y yo no podía acompañarla. No puedo proteger a todo el mundo todo el tiempo. Son momentos como ésos los que verdaderamente ponen a prueba mi fe. Pero sé que la gente tiene que aprender a valerse por sí misma con la ayuda del Señor. Dejé que Annie fuera sola, aunque me quedé muy preocupada. Esther fue con ella.

—Más tarde esa noche, el Espíritu Santo me habló diciéndome que orara, que Annie tenía dificultades. Yo tenía visita en mi casa, así que les pedí que me acompañaran y todos hicimos un alto para orar por la seguridad de Annie.

—Una hora más tarde, Annie y Esther regresaron a la casa. Annie apenas pudo entrar caminando desde el automóvil. He aquí lo que aconteció según me lo contaron ella y Esther.

—Esa misma mañana del día en que Annie salió sola por primera vez, yo había estado hablando con ella sobre la armadura de Dios tal como nos fue dada en Efesios 6. Le hablé sobre la realidad de ella. Recuerdo haberle dicho que a veces, si te encuentras en aprietos, es útil pasar tu brazo de arriba a abajo al frente tuyo y decir algo como: "SÉ que tengo un escudo aquí al frente mío, un escudo de mi fe en Jesucristo." Naturalmente, no es necesario hacer esto, pero ayuda a mantener la fe ante una situación difícil. ¡No me podía imaginar que Annie iba a tener que usar ese escudo más tarde ese mismo día!

—Mientras Annie y Esther caminaban por el centro comercial, repentinamente Annie se detuvo bruscamente al ser confrontada por tres hombres enormes. Annie es diminuta, bajita de estatura, y pesa escasamente unos cuarenta kilos. Los tres hombres medían más de un metro ochenta. Dos de ellos eran los mismos dos satanistas que la habían capturado cuando ella trató de huir. Eran los mismos que habían abusado sexualmente de ella con suma crueldad como castigo por intentar huir del conventículo.

—Como de costumbre, el centro comercial estaba aglomerado y cientos de personas fluían de un lado a otro sin percatarse de la increíble escena que se desarrollaba allí. Esther dio un par de pasos atrás atemorizada, sin saber exactamente qué hacer. Annie se quedó allí paralizada en silencio mirando hacia arriba a esos tres hombres. "¡TÚ vendrás con nosotros!", le dijo el líder con tono amenazador.

—Annie temblaba de miedo, pero logró hablar: "¡No, de ninguna manera! Esta vez las cosas son diferentes. Ahora sirvo a Jesús. Ya dejé de servir a Satanás." "¿Y a mí qué me importa?", se burló el hombre. "Tú vienes con nosotros. Esta vez no te escaparás con tanta facilidad."

—Annie tenía tanto miedo que no sabía qué hacer. Súbitamente el Espíritu Santo fulguró en su mente lo que yo le había dicho ese mismo día más temprano acerca del escudo de fe. Hizo una respiración profunda y pasó su brazo de arriba a abajo delante de ella diciendo: "¡NO! No puedes llevarme. ¿Ves? Tengo el escudo frente a mí. El escudo del poder de Jesucristo, mi Señor."

—Los tres hombres rieron. "¿Qué escudo? No veo ningún escudo —dijo el líder—. Pero te diré una cosa, si quieres una pelea, yo me encargaré de ti. ¡Mi poder contra tu poder!"

—Aun cuando estaba dentro de la brujería, Annie nunca pudo salir airosa contra este hombre. Nunca tuvo demonios tan poderosos como los de él. Estaba temblando tan fuerte que apenas podía hablar, pero dijo: "¡Está bien, pero ya yo no tengo poderes, así que tendrá que ser mi Dios contra tu dios!"

—Los hombres rieron y volvieron a burlarse. Annie permaneció ahí resistiendo. Mientras los hombres comenzaron a enviar demonios contra ella, se sintió agobiada con terribles recuerdos del pasado. Dijo que el único texto bíblico que podía recordar era Lucas 10:19, el cual siguió repitiendo en silencio una y otra vez.

"He aquí os doy potestad de hollar serpientes y escorpiones, y sobre toda fuerza del enemigo, y nada os dañará" (Lucas 10:19).

—La batalla continuó enfurecida en el mundo espiritual —siguió contando Rebecca— mientras Annie permanecía resistiendo. Los demonios la afligían horriblemente. La atormentaban tanto mental como corporalmente. Ella se tambaleaba ante el furioso ataque, pero siguió resistiendo.

—Los hombres comenzaron a quedarse perplejos y entonces comenzaron a mostrar incertidumbre. Al cabo de un par de minutos dieron un paso hacia atrás, entonces otro. Annie continuaba resistiendo. ¡De repente, los tres hombres dieron media vuelta y literalmente salieron corriendo del centro comercial!

—¡Alabado sea el Señor! —exclamó Joyce.

—¡Amén! ¡Qué tremenda victoria! —afirmó Rebecca—. ¡Annie estaba abatida, pero resistió! El escudo de su fe en Jesucristo la protegió. Nuestro Señor se mantuvo fiel como siempre. ¡Ella tenía en su cuello marcas de mordidas de los demonios y se encontraba muy débil y adolorida, pero estaba viva, y NO pudieron llevársela! Ungimos sus heridas con aceite y ordenamos a todos los demonios que la afligían que se fueran en el nombre de Jesús. Al cabo de una hora todas las marcas habían desaparecido y ella se recuperó.

—Conozco otro incidente que sucedió muy recientemente con T. G. —dijo Rebecca—. [T. G. es un joven que recientemente salió de la brujería donde ocupaba un alto cargo.] Después de su liberación, yo hablaba con él acerca de la realidad de la armadura de Dios. Le dije que no me sorprendería si los demonios lo atacaran en manifestaciones físicas, así como también desde el reino espiritual. Pocos días más tarde él compartió este incidente conmigo.

—T. G. dormía en la parte trasera de una vagoneta. Adentrada la noche lo despertaron de un tirón cuando las puertas traseras de la vagoneta se abrieron bruscamente con tremenda fuerza y él fue succionado como por un vendaval fuera de esta y fue a caer en la tierra como a cinco metros de distancia. Mientras luchaba por erguirse de nuevo, fue confrontado por uno de los demonios que había sido uno de sus guías espirituales. El demonio se estaba manifestando físicamente y le dijo a T. G. que lo iba a matar. T. G. dijo que de alguna manera quedó aferrado a su almohada cuando el viento lo lanzó fuera de la vagoneta. Tenía tanto miedo que escasamente podía pensar en algo que decir. Reprendió al demonio en el nombre de Jesús, pero éste siguió viniendo hacia él. Dijo que entonces se acordó de la armadura de Dios.

—T. G. me dijo que carecía de la fe para quedarse parado ahí sin nada delante de él, por eso fue que siguió agarrando la almohada diciendo: "Mira esto, es el escudo del Señor. No me puedes tocar porque estoy protegido por Jesús."

—El demonio simplemente se rió y dijo: "¿Crees tú que esa almohadita te va a proteger de mí? ¡Te lo mostraré!"

—Entonces el demonio procedió a avanzar y tirar zarpazos contra la almohada viciosamente. La almohada se hizo trizas, pero el demonio no logró alcanzar más allá de la almohada. ¡Aunque T. G. no podía verlo, obviamente había un escudo delante de él! ¡Por más que trató el demonio, este no pudo atravesar ese escudo invisible! A los pocos minutos se dio por vencido y desapareció. T. G. vino a casa a la mañana siguiente y me mostró la almohada hecha trizas. ¡Me dijo que en todos estos años que estuvo en la brujería, él jamás hubiera intentado rechazar a un demonio nada menos que con una almohada! Pero, ¡alabado sea el Señor, detrás de esa almohada había un escudo muy real! ¡El precioso escudo de su fe en su nuevo Maestro, Jesucristo! Si sólo los cristianos se dieran cuenta de la realidad del mundo espiritual y de la armadura de Dios, habrían muchísimas más victorias contra el reino de Satanás.

—Sí —asintió Joyce con serenidad—, y estamos entrando apresuradamente en una época en que vamos a estar viendo más y más confrontaciones directas entre los satanistas y el pueblo de Dios.

(**Nota de la autora:** Es mi ruego que los cristianos en todas partes comiencen a despertar y se den cuenta de los maravillosos recursos que ha puesto nuestro Señor a nuestra disposición. Nosotros no tenemos nada que temer de Satanás y sus servidores. No obstante, nunca debemos subestimarlos ya que son poderosos y el poder que tienen ES REAL. Pero, ¡gloria a Dios!, ellos no tienen ningún poder en absoluto comparado con el tremendo poder de nuestro Señor Jesucristo.)

Capítulo 6

Heridas demoníacas

Cuanto más trabajo en este ministerio para ayudar a que las personas abandonen el satanismo, tanto más aprendo acerca de las heridas demoníacas. Con esto quiero decir, lesiones causadas directamente por demonios. El Señor, misericordiosamente, ha hecho provisión para la curación de esas heridas, pero nuestro deber es ser capaces de reconocerlas y saber cómo tratarlas.

Aquellos de nosotros que nunca hemos practicado el satanismo debemos entender que esos hermanos y hermanas en Cristo que una vez estuvieron al servicio de Satanás son peculiarmente vulnerables a las lesiones demoníacas. No sé por qué, a menos que forme parte del proceso de siega por el cual deben atravesar.

La primera característica de cualquier herida demoníaca es la incapacidad de la persona herida de reconocer la causa demoníaca de la herida. La primera cosa que los demonios hacen es intentar cegar a la persona ante el hecho de que están confrontando demonios. Mientras que la persona herida no reconozca que los demonios son la causa principal de la herida, ellos no reprenderán a los demonios ni los echarán fuera. Eso dejará vía libre a los demonios para que continúen causando daño.

> "Respondiendo Jesús, dijo: Un hombre descendía de Jerusalén a Jericó, y cayó en manos de ladrones, los cuales le despojaron, e hiriéndole, se fueron, dejándole medio muerto[...]. Pero un samaritano, que iba de camino, vino cerca de él, y viéndole, fue movido a misericordia; y acercándose, vendó sus heridas, echán-

doles aceite y vino; y poniéndole en su cabalgadura, lo llevó al mesón, y cuidó de él" (Lucas 10:30-34).

"¿Está alguno enfermo entre vosotros? Llame a los ancianos de la iglesia, y oren por él, ungiéndole con aceite en el nombre del Señor. Y la oración de fe salvará al enfermo, y el Señor lo levantará; y si hubiese cometido pecados, le serán perdonados" (Santiago 5:14,15).

Las claves para lidiar con las heridas creadas por los demonios se encuentran en estos dos pasajes bíblicos. En ellos el Señor ha indicado claramente que es necesario la unción con aceite y la oración de fe en el nombre de Jesús. Sin embargo, lo que muchas personas pasan por alto es esto: SI la persona, que ha sido herida o está enferma, tiene en su vida pecados sin confesar o activos, hay que encargarse del pecado al mismo tiempo, o de lo contrario no serán sanados.

Mi experiencia ha sido muchas, muchas veces, que *si algunos que se han salido de la brujería están siendo heridos con frecuencia, existe en la vida de ellos el derecho legal para que los demonios los aflijan.* Quizás ellos no siempre sepan de qué se trata, pero si le piden al Señor que se los revele, Él siempre es fiel y lo hará. Algunas veces las personas reciben heridas simplemente porque se olvidan de pedirle al Señor que ponga toda su armadura sobre ellas todos los días. Se me hace imposible resaltar con suficiente énfasis la importancia de la armadura de Dios.

Existen cuatro tipos básicos de heridas demoníacas:

- daño físico directo
- envenenamiento
- inserciones de alfileres embrujados
- enfermedad

Daño físico directo

La herida más común en esta categoría ocurre en lo que

parece ser un accidente, pero en realidad es un demonio el
que la ocasiona. Permítanme darles un ejemplo. Hace un
par de años, me apresuraba en prepararme para ir a una
boda. Terminé de planchar mi vestido y me incliné para
sacar el enchufe de la plancha del tomacorriente de la
pared. Repentinamente sentí que me tomaban el brazo y lo
sostenían pegado a la plancha. Mi reflejo instintivo no fue
suficiente para retirar mi brazo y apartarlo de la plancha
caliente. Tuve que usar mi otra mano para hacerlo. Como
es natural, el resultado fue que sufrí una profunda quemadura en el costado del brazo izquierdo.

Debido a que mi reflejo instintivo no bastó para retirar
mi brazo y apartarlo de la plancha caliente, me debí perca-
tar inmediatamente de que la lesión era demoníaca además
de ser una quemadura física. Había sido mucho más que un
mero accidente. No obstante, yo me encontraba terriblemente de prisa, y los demonios hicieron lo indecible para
bloquear mi mente e impedir que reconociera que habían
tenido que ver con la lesión. Rápidamente coloqué un ven-
daje sobre la quemadura y salí corriendo hacia la boda. Esa
noche tenía un compromiso de dar una conferencia y tenía
otro para el día siguiente. Mi brazo estaba extremadamente
adolorido, pero no me detuve a pensar lo suficiente acerca
del incidente como para darme cuenta del componente
demoníaco de la lesión.

Finalmente, dos días después cuando tuve la oportunidad
de aminorar la marcha, comencé a pensar acerca de la
quemadura. Me había aplicado sávila, lo cual casi siempre
alivia el dolor de las quemaduras. En mi caso, ¡me aumentó
el dolor! Y lo mismo sucedió con todos los demás ungüentos
que probé. Además, noté que el área de la quemadura se
estaba agrandando y para entonces me dolía tanto que casi
no lo podía soportar. Esto no es normal para una quemadura
de segundo grado. Llegado el tercer día el dolor éste debía
de haber comenzado a disminuir en el caso de una curación
normal. Pero, esta no era una quemadura normal. Mientras

miraba la quemadura y comenzaba a orar por ella, el Espíritu Santo me trajo a la mente de nuevo las circunstancias del "accidente". Especialmente el hecho de que mis reflejos instintivos no habían sido suficientes para retirar mi brazo y apartarlo de la plancha. Inmediatamente me di cuenta de que se trataba de una lesión demoníaca.

Saqué mi botella de aceite y literalmente la vertí sobre la quemada completa diciendo: "En el nombre de Jesucristo ordeno a todo demonio asociado con esta quemadura que me abandone inmediatamente. Les ordeno que dejen de afligir y aumentar esta quemadura, y en el nombre de Jesús ordeno al dolor que se vaya ¡AHORA MISMO! Padre, en el nombre de Jesús te pido que me envíes sanidad y alivio del dolor de esta quemadura. Te doy gracias por todo esto en el nombre de Jesús." Inmediatamente el dolor disminuyó, y la quemada comenzó su proceso normal de curación. No obstante, debido a que yo la había abandonado por tanto tiempo, se había extendido a un área el doble en tamaño de la quemada original y tomó casi tres semanas para curarse, y dejó una cicatriz. No tengo la menor duda de que si me hubiera detenido a ungir la quemadura inmediatamente, no hubiese tenido una herida tan severa.

He descubierto que el aceite puro de oliva no es dañino en las cortaduras abiertas ni en las quemaduras. Lo he usado repetidamente en tales casos. En la parábola del buen samaritano se usó el alcohol del vino para limpiar la herida y se usó el aceite para sanar. Yo siempre unjo primero con aceite y después limpio la herida con algún tipo de antiséptico, añado cualquier ungüento curativo que tenga disponible, y vendo la herida.

He aquí otro ejemplo. Sam (nombre ficticio) era un experto en artes marciales antes de aceptar a Cristo. Después de venir al Señor, una tarde estaba cortando la grama de la casa de su pastor. El demonio que solía ser su guía espiritual se le apareció y amenazó con matarlo si no renunciaba a Cristo y volvía a servir a Satanás.

Sam, siendo un cristiano muy joven, en vez de limitarse simplemente a reprender al demonio y ordenar que lo abandonara en el nombre de Jesús, dijo algo así: "¡De eso nada, sigue tu camino y no me fastidies!" El demonio lo atacó ferozmente dándole un zarpazo a Sam en la cabeza, el cual le ocasionó tres profundas cortaduras que le llegaron al cráneo extendiéndose a todo lo largo de su cuero cabelludo. Sam perdió el conocimiento y cayó al piso. El Espíritu Santo alertó al pastor y le dijo que Sam confrontaba dificultades. El pastor salió y encontró a Sam inconsciente en un charco de sangre en el suelo.

Levantó a Sam y lo llevó a un hospital cercano donde le dieron puntos de sutura para cerrarle las tres laceraciones en el cuero cabelludo. Sin embargo, el dolor no mermó. Por el contrario, continuó aumentando durante los dos días siguientes. Fue entonces cuando Sam vino a verme. El pastor había ungido a Sam con aceite, pero tanto él como el pastor habían tenido miedo de poner aceite sobre las laceraciones debido a las suturas. En el momento en que vi a Sam estaba sufriendo un dolor extremadamente intenso. No había evidencia de inflamación alrededor de los puntos, aunque la herida no mostraba la cicatrización normal que debía al cabo de tres días. Tomé aceite de oliva y lo vertí sobre las tres laceraciones cubriéndolas por completo. Al mismo tiempo, reprendí a los demonios y oré como hice en el ejemplo anterior con mi quemadura. Al cabo de unos pocos minutos a Sam se le alivió el dolor de la cabeza. Sencillamente usamos gaza limpia para absorber el aceite de encima de los puntos y dejamos las laceraciones a la intemperie como habían hecho en el hospital. La herida continuó cicatrizando normalmente.

Existe otro tipo común de lesión física directa causada por lo que en brujería se conoce como el ROCÍO ÁCIDO. Aquellos que son diestros en proyección astral usan extensamente esta preparación. No es más que una mezcla de ácido clorhídrico (ocasionalmente se usa otra clase de ácido) mezclado con agar-agar. El ácido clorhídrico quema la piel exactamente igual que una llama. Es fácilmente obtenible de cualquier casa de suministros de materiales de laboratorio. Agar-agar es una sustancia mucilaginosa, que se usa de ingrediente básico como agente de cultivo de bacterias en cualquier laboratorio clínico. Es barato y fácilmente obtenible. El agar-agar da viscosidad a cualquier solución similar a la gelatina. La mezcla ácida de agar tiene aproximadamente la consistencia de la gelatina blanda. Es transparente y fácil de aplicar a cualquier superficie. Cualquiera que roce contra el ácido, o que meta las manos en él, puede sufrir una severa quemadura de ácido.

Los satanistas se proyectan astralmente y colocan este rocío ácido en cosas tales como cerraduras de puertas de automóviles, picaportes de puertas de casas, superficies de mostradores, etc. Aquéllos extremadamente diestros en proyección astral pueden llevar el rocío ácido y colocarlo directamente o rociarlo sobre una persona en el reino físico.

La persona física no puede ver al espíritu que lleva el ácido, ni el ácido puede quemar a un espíritu. (Es cierto que sé que esto le suena absurdo a los que nunca han estado en la brujería, pero los que han servido a Satanás saben que lo que describo es cierto.)

Desde luego, las personas lo usan en el reino físico también. Con más frecuencia lo hemos encontrado en las cerraduras de las puertas de nuestros automóviles. Es fácil quitarlo enjuagándolo con agua, pero NO SE PUEDE tocar directamente con la piel. Usualmente enjuagamos el área con agua en abundancia y después la lavamos con agua y jabón y entonces la ungimos con aceite. Si usted sufre una quemadura de tal índole, debe enjuagarse inmediatamente la parte afectada con copiosas cantidades de agua y después ungirla con aceite, como he descrito. Después la quemada resultante debe tratarla en la misma forma que trataría cualquiera otra quemadura.

Una vez sufrí una terrible quemadura en la boca provocada por la pasta de dientes. Íbamos viajando para cumplir un compromiso para dar una charla. Aparentemente alguien entró en la habitación de nuestro hotel e inyectó ácido en mi tubo de pasta de dientes. Desde ese momento jamás he vuelto a dejar medicinas o dentífrico en la habitación de un hotel durante mi ausencia.

Tengan cuidado también de cualquier picada de insectos fuera de lo común. Los demonios pueden usar arañas y otros insectos, aunque no lo hacen ordinariamente. Si usted sospecha de alguna conexión demoníaca en una picada de insecto, simplemente cubra la picada con aceite y ordene a los demonios que se vayan. Las picadas de insecto demoníacas siempre causarán una reacción e inflamación mucho más severas que las picadas de insecto normales.

Las mordidas de los demonios también son una realidad. Éstas aparecen en la piel como una marca física de una mordida, o algunas veces como un patrón de pequeñas manchitas rojas, llamadas petequias, en un patrón circular. Sencillamente, también se tratan éstas ungiéndolas con aceite.

Otro tipo de herida demoníaca que es muy común, es una lesión física de la cual no nos acordamos de su origen. No es poco común que uno de nosotros se sienta muy débil o enfermo. Cuando eso ocurre, usualmente comenzamos a buscar algún tipo de herida. Con frecuencia es una cortada significativa en algún lugar y no recordamos cuándo ocurrió la cortadura. Normalmente, una herida de esa índole nos causaría suficiente dolor y claramente haría que nos acordáramos de cuándo la obtuvimos. Éstas también tienen que ser ungidas con aceite.

Envenenamiento

Casi desde el principio de los tiempos, el envenenamiento ha sido un método muy popular para hacerle daño al enemigo. Esto también es muy cierto de los que están en la brujería. Sin embargo, sus venenos están TODOS mezclados con demonios y poderes demoníacos. Por lo tanto, hay dos cosas con las que hay que lidiar: el veneno físico y los demonios. Algunas sustancias comunes que están disponibles en la mayoría de casi cualquier librería ocultista, no son, de por sí, muy tóxicas. Pero, cuando se combinan con encantamientos especiales, pueden ser mortales. Otras son muy mortales y tienen que obtenerse ilícitamente en librerías ocultistas o mediante comercios de suministros ocultistas.

Algunas de las sustancias comunes usadas en pociones venenosas son:

- Aceite de *Ova Ursi*
- Aceite de verbena
- Mandrágora
- Azogue (mercurio)
- Raíz de espigelia
- Cicuta
- Raíz de ginsén
- Raíz de valeriana
- Raíz de *muck*
- Raíz de sanguinaria
- Raíz de tanis
- Cianuro
- Curare
- Polvo traicionero (cianuro)

Desafortunadamente, según va progresando la tecnología científica moderna, la brujería se aprovecha de todos los adelantos. Uno de los más significativos es el uso del DMSO. [Las siglas DMSO —en inglés— significan "sulfóxido dimetílico".] Esto es un producto químico que fue desarrollado originalmente para usarse en caballos. Es un estupendo agente desinflamatorio. Se frota en los ligamentos distendidos, coyunturas inflamadas, etc. En 1988 fue finalmente aprobado para uso en seres humanos por la Administración de Drogas y Alimentos (FDA) del gobierno federal estadounidense. El DMSO tiene una propiedad que lo hace especialmente valioso a los ocultistas y a los usuarios de estupefacientes. Se absorbe a través de la piel y pasa al torrente sanguíneo en veinte segundos. Por tanto, casi cualquier cosa que se mezcle con DMSO se absorbe a través de la piel TAMBIÉN y pasa al torrente sanguíneo en veinte segundos. A los ocultistas les encanta mezclar sus diversos venenos con DMSO. La infortunada persona que reciba la solución en su piel se verá afectado con mucha rapidez. El DMSO se puede conseguir fácilmente en la mayoría de las distribuidoras de productos de veterinaria. Frecuentemente los venenos y el DMSO se mezclan con goma arábiga para hacerlos más pegajosos y más difíciles de quitar de la piel.

¡Tenga cuidado! Si usted sospecha que hayan colocado algún veneno en cualquier sitio al que usted tenga acceso, use guantes de goma para tocar cualquier artículo y para lavar la sustancia. Si usted ha metido sus manos en algo que contenga DMSO, lávese el área suavemente con cantidades abundantes de agua y después con agua y jabón. Si usted se frota fuertemente la piel con DMSO, se le levantarán ampollas en la piel y se acelerará el ritmo de absorción. Usted puede darse cuenta de que ha recibido DMSO por el hecho de que al ser absorbido a través de la piel y al pasar al torrente sanguíneo, experimentará un olor peculiar similar al de ostiones o pescado mientras el DMSO circula en la sangre a través de su nariz. Además, muchas veces experimentará también sabor a pescado.

Algunos venenos también vienen en forma de polvos y se pueden poner sobre etiquetas (o marbetes) engomados. Los venenos se pueden absorber a través de la piel directamente del marbete o llevado al interior del cuerpo al pasarle la lengua al marbete, etc. Ha habido casos de niños envenenados con LSD mediante marbetes engomados o estrellas que humedecen con la lengua para pegarlos en sus hojas de papel, o mediante estampillas de correo.

Aquellos de nosotros que estamos activos en ministerios como este, tenemos que estar SIEMPRE alerta a la orientación del Espíritu Santo. Sólo Él puede advertirnos de esos peligros. Una característica común a casi todos los envenenamientos de los ocultistas es que los síntomas del mal frecuentemente se manifiestan todos los días a la misma hora en que ocurrió el envenenamiento. Cosas como dolores de cabeza intensos, dolores musculares, fiebre, debilidad, etc. Además, frecuentemente empeorarán a la puesta del sol, ya que los demonios se hacen más activos a la hora del crepúsculo y durante la noche.

Algunos de los más poderosos encantamientos venenosos salen en escritos llamados *The Grimories*. Estos son libros muy antiguos que fueron escritos por los alquimistas de la edad media en Europa. Ellos eran los "científicos" que trataban de convertir sustancias comunes en oro, y darles vida a sustancias inanimadas. En realidad eran hechiceros muy poderosos. Esos volúmenes siguen disponibles hoy en día, por un precio, desde luego, pero se trata de literatura estrictamente ilícita.

Me han dicho que tres de los demonios comunes que se usan en los diversos encantamientos de envenenamiento sacados de *The Grimories* son:

- VALEFOR, rey de toda la medicina oculta y de la muerte. A Valefor no se lo puede invocar sin que se realice un sacrificio humano.
- ALLOCES, rey del tormento.
- ANDRÉS, señor de la destrucción rápida, especialmente mental.

Los envenenamientos ocultistas que son casi todos diabólicos tienen intervalos de tiempo limitados durante los cuales surten efecto. Estos están regidos por los signos astrológicos y la astronomía. La mayoría de los encantamientos venenosos se preparan durante el ascenso de un planeta en particular, por ejemplo, Saturno, y pierden su eficacia cuando el planeta se pone. Esto es usualmente un período de uno a tres meses. Si es durante una época mala del año para las estrellas, usarán un veneno físico más mortal. La porción diabólica de un envenenamiento puede reprenderse y echarse fuera mediante la oración y una simple unción con aceite. Pero los efectos de los venenos físicos pueden ser duraderos. Lo sé. He estado muy próxima a la muerte cuatro veces durante el pasado año debido a envenenamientos físicos. Sin embargo, creo que estoy viva hoy, porque JAMÁS me pongo hasta el más mínimo sorbo de agua en la boca sin antes orar y pedir al Señor que lo purifique y santifique de acuerdo a 1 Timoteo 4:5. Marcos 16:17,18 se ha cumplido en mi propia vida numerosas veces.

En los envenenamientos puramente diabólicos, muchas veces la persona puede en realidad sentir una sensación de quemazón u hormigueo que le sube por el brazo inmediatamente después de haber metido los dedos en un veneno, o si se entierran algo como una astilla en la mano. HAY que ungir con aceite inmediatamente para impedir que se esparza el poder diabólico por el resto del organismo. Aprendí esa lección en carne propia. Se debe aplicar el aceite como si se tratara de un torniquete por encima del nivel donde se esparció el poder demoníaco, y entonces llevar a los demonios hacia abajo y hacia afuera de la extremidad de que se trate. (Véase la figura 6-1.)

Si la persona se encuentra sola y no tiene a nadie que la ayude, deben aplicarse el "torniquete de aceite" primero, después lavarse el área completamente para quitar cualquier veneno físico, o extraer la astilla o inserción, y entonces llevar a los demonios hacia abajo y fuera de la extremidad, usando el aceite como se ve en la ilustración.

Además, tenga cuidado. Si usted forma parte de un ministerio similar al nuestro, la brujería colocará a su gente como empleados en todos los restaurantes en su área. Nosotros hemos sido envenenados severamente más de una vez en restaurantes. ¡NUNCA desarrollen una rutina! Los restaurantes más seguros para comer son los de comidas variadas o los de mesa sueca [en los cuales uno mismo se sirve del buffet]. Es imposible que los empleados que practican la brujería envenenen todos los alimentos en el buffet

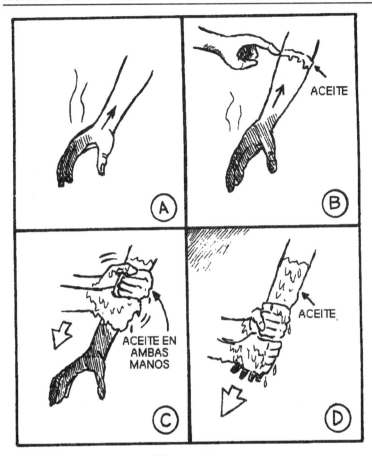

Figura 6-1.

o en la sección de ensaladas. Rara vez comemos fuera excepto cuando estamos de viaje. Acostumbro a cocinarlo todo en casa. Es más seguro de esa forma.

Inserciones

Las inserciones son cualquier objeto que pueda insertarse bajo la piel, o dentro del cuerpo, que tenga un demonio y, a veces, venenos físicos (los más comunes son el cianuro y el mercurio) vinculados a este.

No sólo es imposible limpiar completamente a una persona mientras esas inserciones permanezcan en su sitio, sino que los demonios asociados con las inserciones frecuentemente causan amnesia. Algunas veces las personas se verán imposibilitadas de recordar todas las inserciones que tienen, y (o) los rituales importantes en que han participado.

Al fijarnos en otras culturas alrededor del mundo, encontrarán el uso de inserciones en casi todas partes. Por ejemplo, en la India, las mujeres hindúes frecuentemente usan una gema o piedra en particular que se incrusta en la piel en el centro de la frente. Esta es la posición del "tercer ojo" (véase el Capítulo 10). Eso los une con su dios y supuestamente les da una visión especial dentro del mundo espiritual. Varias tribus africanas son bien conocidas por los pedazos de huesos que se introducen a través de la nariz, de las orejas o de los labios.

Yo no creo que haya sido por pura casualidad que el movimiento homosexual haya popularizado el uso de aretes para hombres. ¿Qué efecto puede tener el colocar tales aretes en las orejas de un joven que no sea homosexual? Si yo fuera un joven estaría extremadamente preocupado por eso. No quiero decir que todas las joyas sean diabólicas. Sin embargo, algunas sí lo son. Nosotros, como cristianos, necesitamos estar orando constantemente por todo lo que hacemos.

Existen por lo menos siete categorías de inserciones:

- Marcadores o alfileres de metal (véase el Capítulo 2)
- Alfileres embrujados (véase el Capítulo 5)
- Clavos
- Red de Satanás
- Cristales
- Dispositivos intrauterinos demoníacos (I.U.D, en inglés)
- Inserciones dentales
- Astillas

Los clavos son básicamente lo mismo que los alfileres localizadores. Se introducen en la cuenca de las uñas de los dedos de las manos o de los pies. Más comúnmente, en la de los dedos de las manos. Tienen la misma función que los localizadores.

La red de Satanás es un pedazo de fina tela sedosa de aproximadamente cinco por ocho centímetros en tamaño. Se traga en un rito. La red se coloca como si fuera una bomba de tiempo que explota si alguna vez la persona se vuelve en contra de Satanás. Produce una intensa acidez en el estómago y a la larga destruye el estómago totalmente. Causa toda clase de dolores de estómago severos y hasta sangramientos, pero poco se detecta a través de exámenes físicos porque el proceso es puramente diabólico. Para eliminar la red de Satanás la persona tiene que renunciar a ella específicamente y pedirle al Señor que la elimine completamente. Una vez hecho esto, los síntomas desaparecen rápidamente.

Los cristales son extremadamente pequeños y en realidad son parásitos demoníacos. Aunque son de naturaleza cristalina, son un parásito viviente. Yo los he visto bajo un microscopio. Usualmente, se insertan detrás del tímpano del oído, dentro de la circulación sanguínea, o simplemente debajo de la piel. Son casi del tamaño de uno a tres granos de sal. Algunos son rojos, otros son blancos. Dentro de la brujería a los cristales rojos frecuentemente se los llama "los cristales rojos del diablo". Si una mujer da a luz un bebé sobre un altar satánico, o en presencia de otros satanistas, frecuentemente estos cristales se introducen en la arteria y las venas del cordón umbilical del bebé al momento de cortarse el cordón. Tanto el bebé como la madre quedan afectados demoníacamente por los cristales. No es posible liberar a alguien completamente de los demonios hasta que específicamente se haya renunciado a esos cristales y se haya pedido al Señor que los saque. De ser posible, se deben remover físicamente. Los mismos son capaces de crear enfermedades devastadoras, y aun la muerte, dentro de un lapso de cuatro a seis meses a partir del momento de su colocación.

Los D.I.U. (dispositivos intrauterinos [I.U.D., en inglés]) demoníacos se colocan frecuentemente mediante diversos procedimientos. Estos pueden estar hechos de metal, pero siempre tienen un componente diabólico. Hay que remover tanto el metal como los demonios. Es más, a mí me ha dicho más de un satanista de alto rango que se ha convertido a Jesús, que todo el concepto de los diafragmas intrauterinos fue diseñado originalmente por médicos que también son brujos. (Uno de estos fue un hombre que era médico que había participado en extensas investigaciones en los diversos procedimientos médicos satánicos. Él me dijo también que actualmente se está llevando a cabo tanta investigación, que hace que lo que aconteció en los campos de concentración de Hitler parezca un cuento de hadas.) Un D.I.U. no evita la concepción. Lo que evita es la implantación del embrión inicial en el útero. En esencia, lo que hace es provocar un aborto. Los médicos que también eran hechiceros consideraban que estos abortos provocados por los D.I.U. constituían sacrificios a Satanás. Al principio, estos dispositivos intrauterinos fueron muy populares, pero rápidamente un gran número de mujeres comenzaron a tener muchos problemas con ellos. Sangramiento abundante, cáncer, etc. Finalmente, el gobierno les retiró su aprobación debido a esos problemas. ¿Por qué tantos problemas? ¿Fue únicamente debido a la presencia física del D.I.U.? Yo lo dudo. Pienso que muy bien pudo haber sido también por causa del componente demoníaco. ¿Cuántas mujeres inocentes tuvieron un D.I.U. colocado únicamente para control de la natalidad, sin jamás darse cuenta del propósito original para el cual fue creado? Por favor, comprendan que yo NO ESTOY insinuando que las compañías que fabricaban los D.I.U. se encontraban trabajando para Satanás. Ellos pueden muy bien no haber tenido ni la más mínima idea del propósito original de su diseño. Recuerden que Satanás SIEMPRE opera por medio del engaño.

Cualquier mujer cristiana que tenga un dispositivo intrauterino debe sacárselo físicamente y después cerrar la puerta de entrada. Recuerden que todos los abortos son sacrificios humanos a Satanás. Si usted ha tenido un D.I.U. debe pedirle perdón y liberación al Señor y después, ordenar a todos los demonios que hayan venido a usted mediante el D.I.U. y que hayan causado los abortos inducidos por los dispositivos intrauterinos, que se vayan inmediatamente en el nombre de Jesús.

Las inserciones dentales son comunes entre los satanistas de alto rango. Estos usualmente son cápsulas [*chips*] de computadoras que literalmente se pueden rastrear mediante satélite. Por tanto, mientras no se extraigan, la persona puede ser rastreada en cualquier lugar del mundo en que se encuentre. Se conoce su ubicación en todo momento. Actualmente se está introduciendo una variante de estas cápsulas de computadora entre la población general de Estados Unidos y de otros países. Ya han sido usadas en animales desde hace varios años. Durante el invierno de 1989 y 1990, la brujería comenzó a abogar por la implantación de microcápsulas de computadora en los niños debajo de la piel de la mano derecha o en la frente. El propósito declarado es prevenir los innumerables secuestros que suceden en Estados Unidos. La microcápsula contiene información respecto a la identidad del niño y su historial médico. Por medio de satélites se puede rastrear la ubicación del niño rápidamente en caso de que sean secuestrados. Las diversas organizaciones de "Búsqueda de niños" están comenzando ya a abogar por esto en algunos estados de la Unión Americana.

Además, he oído de algunos miembros de alto rango de la brujería que recientemente han venido a Jesús, que en un futuro cercano, estas microcápsulas serán instaladas en las licencias de conducir y en las tarjetas de crédito. De este

modo, la persona poseedora de la licencia de conducir o de
la tarjeta de crédito podrá ser localizada en cualquier momento. Me han dicho que la única cosa que puede proteger
estas microcápsulas de que sean detectadas por los diversos
artefactos de detección es el plomo. El plomo también es
eficaz en protegerlos de los artefactos de detección infrarro-
jos que pueden localizar cualquier criatura viviente mediante el calor emitido por su cuerpo. ¿Es por eso que existe
recientemente un movimiento tendiente a retirar todo el
plomo y a declarar ilegal el uso de plomo en Estados Unidos?

¿Serán esas microcápsulas la "marca de la bestia"? Creo
que muy bien lo podrían ser. Una persona con semejante
microcápsula debidamente colocada no se puede esconder
en ningún lugar del mundo debido al acceso mediante
satélite. La tecnología científica está tan avanzada que la
tierra se puede fotografiar y se pueden trazar mapas mediante satélite con una resolución de unos cuántos centímetros cuadrados o menos. Con el rápido viraje hacia una
sociedad totalmente sin dinero en efectivo, ¿qué sería más
lógico que la implantación de semejante sistema de registro
y marca de identificación? Después de todo, las tarjetas de
crédito pueden perderse o ser robadas con facilidad. A partir
de 1990, Nueva Zelanda está yendo rápidamente hacia una
sociedad sin dinero en efectivo. Todo el mundo usará una
tarjeta bancaria o tarjeta de crédito. Nadie volverá a usar
dinero en efectivo. Los periódicos populares en Australia y
Nueva Zelanda actualmente están publicando artículos y
caricaturas mostrando el cambio de la tarjeta de crédito por
una especie de marca de algún tipo en la mano o en la frente
de las personas. La Escritura SE CUMPLE en nuestros días:

> "[...] y vi subir del mar una bestia[...]. También se
> le dio boca que hablaba grandes cosas y blasfemias; y
> se le dio autoridad para actuar cuarenta y dos me-
> ses[...]. Y se le permitió hacer guerra contra los santos,
> y vencerlos. También se le dio autoridad sobre toda
> tribu, pueblo, lengua y nación. Y la adoraron todos los

moradores de la tierra cuyos nombres no estaban escritos en el libro de la vida del Cordero que fue inmolado desde el principio del mundo[...]. Y hacía que a todos, pequeños y grandes, ricos y pobres, libres y esclavos, se les pusiese una marca en la mano derecha, o en la frente; y que ninguno pudiese comprar ni vender, sino el que tuviese la marca o el nombre de la bestia, o el número de su nombre" (Apocalipsis 13:1-17).

Tengan a bien observar que la Escritura dice que la marca se recibirá EN la mano o frente, no SOBRE. ¿Podría ser esto porque el Señor sabía que se usaría una inserción en vez de una simple marca superficial? Supongo que se podría decir que la "marca de la bestia" es la inserción satánica final.

Mediante el "sexo ritual" se implantan en las personas muchas cosas demoníacas diferentes. Durante el sexo ritual, generalmente se coloca una mujer sobre un altar y (o) se usa como si fuera el altar. Entonces esa persona se utiliza sexualmente por humanos, demonios o animales. He encontrado que la liberación completa no es posible hasta que se renuncie a los episodios de sexo ritual y que se eche fuera a todo demonio que haya sido colocado dentro de la persona durante los ritos. Muchas veces se colocan alfileres localizadores en diversas áreas del sistema reproductivo durante esos ritos. Comúnmente, los niños maltratados en ritos satánicos describen que les colocaron "agujas calientes" en diversas áreas de sus sistemas genitales y reproductivos. Están describiendo las inserciones.

La manera más sencilla de lidiar con estos es pidiéndole al Señor que queme o extraiga esos alfileres o implantes, y ordenando que todos los demonios asociados con los implantes se vayan en el nombre de Jesucristo. Sé que los recuerdos de tales ritos son extremadamente dolorosos para la persona que participó en ellos. Usualmente le explico a la persona que tienen que soportar el dolor de recordarlo durante suficiente tiempo para nosotros poder lidiar con el problema. Después, según se va confesando cada episodio de sexo ritual y se echan fuera los demonios, siempre oro y simplemente le pido al Señor que limpie la memoria del recuerdo del rito de la mente de la persona para siempre. Nuestro Señor es tan misericordioso que ha sido fiel respondiendo a mis oraciones en ese campo.

Los niños que son víctimas de maltrato en una forma ritual siempre son sometidos a alguna forma de rito sexual. Comúnmente se colocan inserciones en esos niños. Frecuentemente se colocan alfileres localizadores en los sistemas reproductivos y urinarios. Estos son difíciles de radiografiar debido al componente diabólico. Los demonios pueden ocultar y, de hecho, ocultan cosas en las radiografías. Esta es una fuente de problemas infantiles que muchas veces se nos escapa en los niños que han sido maltratados. Una vez más he encontrado que el Señor es sumamente misericordioso y que removerá los alfileres directamente. Nuestro Señor tiene ese amor especial por los niños. Él lidia con estos pequeñuelos con mucha bondad y ternura.

Las astillas que más comúnmente se usan son las de madera o metal. Los demonios son expertos en el manejo de estas. Repito, muy a menudo las heridas parecen ser "apenas un accidente". No obstante, las consecuencias pueden ser muy graves.

En el caso de inserciones, los demonios NO PUEDEN echarse fuera de las personas hasta que la sustancia física colocada debajo de la piel sea removida.

Enfermedades demoníacas

Estas son enfermedades físicas causadas por demonios. A veces los demonios simplemente ponen en movimiento un problema físico que después continúa por sí solo. En ocasiones permanecen y continúan el problema ellas mismas. En el primer caso, reprender y echar fuera al demonio NO detendrá la enfermedad física. Un método muy común de disciplina demoníaca dentro de la brujería es mediante cálculos renales. Los demonios pueden crear piedras en los riñones con suma facilidad. Estas son extremadamente dolorosas cuando se eliminan. Sin embargo, una vez que el cálculo renal ha sido creado, echar fuera al demonio no tendrá efecto alguno en el curso de la enfermedad. La piedra se eliminará a menos que el Señor decida intervenir directamente y disuelva el cálculo de manera sobrenatural.

Frecuentemente he visto cruces invertidas en forma de ampollas, como resultado de un hechizo, en la piel de alguien que ha salido de la brujería. El resultado de una herida de esa índole usualmente es un problema con el órgano localizado debajo de la cruz, como el riñón o el estómago. Tales cosas siempre se deben cubrir COMPLETAMENTE con aceite y ordenar que los demonios se vayan en el nombre de Jesús. También yo siempre ordeno que todos los hechizos sean destruidos en el nombre de Jesús.

RECUERDEN que los demonios pueden causar y, de hecho, causan enfermedades. Pero NO TODAS las enfermedades son demoníacas. Debemos recordar que la muerte, tanto física como espiritual, fue el resultado del pecado de Adán. La alteración en nuestro cuerpo físico causada por el pecado nos hace vulnerables a una amplia gama de enfermedades físicas. Siempre debemos buscar una causa puramente física para cualquier enfermedad, Y buscar el discernimiento del Espíritu Santo para alertarnos cuando también exista un componente diabólico.

A lo largo de los años me he dado cuenta que una de las primeras cosas que los demonios afectan es la rápida reproducción de las células. Estas se encuentran en lugares tales como la médula ósea y la membrana que cubre el revestimiento interior de los intestinos. Es muy común que las personas que se encuentran severamente atacados por enfermedades demoníacas son totalmente incapaces de descomponer o absorber las proteínas complejas o los lípidos. Esto se debe a que los demonios pueden fácilmente afectar y dañar las células de las membranas que cubren el revestimiento interior del estómago y el tracto intestinal. Es casi un chiste entre mis amistades (algunas de ellas son médicos también) que cualquiera que tome parte en una guerra espiritual, usualmente está tratándose con Tagamet o Zantac, medicinas que ayudan a reducir la hiperacidez y las úlceras que son tan comunes debido a la habilidad peculiar de los demonios de afectar esa área.

TODAS las enfermedades demoníacas crean un enorme drenaje de proteínas. Las defensas naturales del cuerpo se afectan rápidamente por la deficiencia de proteínas. Los glóbulos blancos de la sangre, que luchan contra la infección, rápidamente se vuelven incapaces de funcionar, como lo harían normalmente, ante la presencia de una deficiencia proteica.

He encontrado dos artículos que son muy eficaces para manejar este tipo de problema. Los mismos requieren receta médica, pero espero que algunos facultativos cristianos pongan atención a mi experiencia. Hay dos productos llamados Vivonex HN y aceite MCT. Vivonex es una preparación de aminoácidos puros, los componentes básicos de las proteínas. Se absorben directamente a través de la mucosa gástrica y duodenal sin requerir ningún proceso digestivo. Viene en una preparación oral. ¡PERO tiene un sabor espantoso! La forma de hacerlo más aceptable al paladar es mezclarlo con gelatina y añadir refresco de Kool-Aid sin endulzar para darle sabor. El aceite MCT se usa con más frecuencia para los bebés prematuros. Es un triglicérido de cadena media que viene a ser un lípido esencial. También se absorbe directamente sin necesidad de digestión. Cuando yo ejercía la medicina les salvé la vida a muchos pacientes usando esos dos sencillos remedios.

También he descubierto que a los demonios les encanta crear parestesias sumamente dolorosas. Las parestesias son severos dolores de quemazón en varias zonas de la piel, a veces acompañados de un intenso hormigueo. Usualmente no hay nada anormal respecto de la apariencia de la piel, pero resultará muy sensible al tacto y extremadamente dolorosa. En estos casos, si la unción con aceite no detiene el dolor, he encontrado que a menudo la vitamina B-12 inyectable en grandes dosis durante siete a diez días es útil. (Uno de los pocos usos que jamás he llegado a encontrar para la B-12.) Usualmente en dosis de 1.000 mcg. por inyección diaria. Cuando se unge con aceite es importante que todo el área del dolor quede cubierta con el aceite.

También es común el herpes con aflicción demoníaca. En cualquier momento que alguien tenga repetidos ataques de herpes, debe acudir inmediatamente al Señor para ver si el origen es demoníaco.

Otro problema demoníaco común son las articulaciones dolorosas. Algunas veces la coyuntura estará hinchada o aparecerá estar inflamada, pero usualmente aparentará estar completamente normal. De nuevo repito, cubrir la articulación completa con aceite y ordenar que se vayan los demonios es todo lo que se necesita. No obstante, si eso no elimina el problema por completo, y no hay presente ningún problema como una infección, problema de cartílago, etc., entonces resultará muy eficaz una mezcla de DMSO con diez por ciento de hidrocortisona. El DMSO fue finalmente aprobado por la Administración de Drogas y Alimentos federal (FDA) en 1988. Se puede adquirir con receta médica. Use un pedazo de algodón y apliquese la solución suavemente tres o cuatro veces al día. Usualmente el dolor y (o) la inflamación disminuirá al cabo de uno o dos días. Sin embargo, no deberá usar la solución por más de una semana.

Sé que la mayoría de estas cosas necesitan receta médica, pero las incluyo aquí con la esperanza de que las personas que las necesiten puedan encontrar un médico en algún lugar que los ayude a obtener lo que necesitan. Esencialmente no existen efectos secundarios a ninguno de estos medicamentos, así que no es peligroso el uso de ninguno de ellos.

Una última palabra a los médicos. Tenemos que darnos cuenta de que los demonios son expertos en manipular virus y bacterias. Estas infecciones son difíciles de tratar. El error de tratamiento más común con que yo me tropecé mientras ejercía la medicina fue el uso de dosis demasiado pequeñas de antibióticos. Háblele a sus pacientes y ore con ellos. Si usted presiente que un paciente está afligido por la brujería, trate su infección agresivamente. Cualquier cosa inferior a 500 mg por dosis de la mayoría de los antibióticos orales en los adultos resulta demasiado poco en estos casos. Frecuentemente yo usaría un gramo por dosis durante las primeras veinticuatro a cuarenta y ocho horas. A través de la experiencia práctica he encontrado que esto constituía la diferencia entre controlar una infección rápida y eficazmente y tener que lidiar con un procedimiento prolongado y complicado o una infección escondida que permanece latente que resulta sumamente tediosa. Asegúrese SIEMPRE de ungir con aceite y ordenar a los demonios que están obstaculizado, que se vayan en el nombre de Jesús. Los demonios son expertos en obstaculizar los esfuerzos del cuerpo por luchar contra la infección.

Si una persona tiene una debilidad preexistente o una tendencia a una enfermedad en particular, los demonios siempre atacarán en esa área. Por ejemplo, si una persona padece de ataques, entonces los demonios tratarán de provocarle ataques. Si han tenido cálculos renales, ahí es donde atacarán los demonios. Es más fácil para los demonios crear enfermedades donde ya antes han existido tales enfermedades. Los mismo sucede con los que abandonan la brujería. Usualmente los demonios atacarán en la misma forma que lo hicieron para disciplinar a la persona mientras esta se encontraba dentro de la brujería. Necesitamos tener cuidado de orar pidiendo protección especial en tales áreas.

Un último aspecto que necesitamos cubrir es el problema del cáncer. Los demonios son expertos en ocasionar cáncer. Sin embargo, he visto a demasiadas personas terriblemente decepcionadas cuando les han prometido curación del cáncer por medio de la liberación. Eso NO es así. Quiero enfatizar otra vez que cuando los demonios comienzan un proceso físico tal como el cáncer, el echar fuera al demonio NO detendrá el cáncer. El proceso ya ha sido puesto en marcha. La única forma en que el cáncer puede sanarse es si se puede extirpar quirúrgicamente, tratarse mediante radiación o quimioterapia (aunque pocos procedimientos de quimioterapia son verdaderamente eficaces en lograr la curación) o si el Señor prefiere hacer un milagro y sanar a la persona directamente.

Todas éstas son cosas que nos han sido reveladas por el Espíritu Santo a mí y a otros. Todos los médicos debían orar mucho en busca de orientación sobre cómo tratar a sus pacientes, especialmente los afectados con enfermedades demoníacas.

Nuestro Señor es extremadamente misericordioso. Yo he tenido el privilegio de presenciar muchas, pero muchas curaciones milagrosas. Pero el problema de las lesiones y enfermedades creadas por los demonios es uno muy real, el cual, considero, que se hará más y más común según nos vayamos aproximando al final.

La maldad está aumentando en proporciones asombrosas. Jesús mismo profetizó que la maldad durante los últimos tiempos anteriores a su segunda venida sería peor que lo que jamás había sido en la tierra excepto en los tiempos de Noé. Yo firmemente creo que ya estamos viviendo en esos días. Nosotros como cristianos, y especialmente como médicos cristianos, vamos a ver cosas "más extrañas que la ficción" según el reino de Satanás crezca en poder y fuerza.

TENEMOS que caminar cerca del Señor, porque estamos aproximándonos a los días en que ÚNICAMENTE la orientación del Espíritu Santo nos mantendrá vivos.

Capítulo 7

El Espíritu Santo frente a los guías espirituales demoníacos

Creo que es muy importante para los que salen del ocultismo que adquieran una buena comprensión de la operación del Espíritu Santo en la vida de ellos. Están habituados a tener uno o más guías espirituales demoníacos. Una vez que han aceptado a Jesucristo como su Señor y Salvador, les es otorgado el Espíritu Santo con la finalidad de ayudarlos y guiarlos. No obstante, el Espíritu Santo opera de manera muy diferente a como lo hace un guía espiritual demoníaco.

Los cristianos que nunca han practicado el ocultismo necesitan saber cómo los espíritus demoníacos actúan como guías espirituales. ¿Por qué? Por cuanto resulta una triste verdad que muchos creyentes en la actualidad aceptan un guía espiritual demoníaco pensando que se trata del Espíritu Santo. La mayor parte de esos errores podrían evitarse si los cristianos tuvieran una buena comprensión básica de cómo la Biblia describe las operaciones del Espíritu Santo en nuestra vida.

Lo que sigue muestra comparaciones entre el Espíritu Santo y los guías espirituales demoníacos.

1. El Espíritu Santo ES Dios todopoderoso y tiene poder y conocimiento ilimitados. Él posee todos los atributos de la divinidad.

Los espíritus demoníacos son seres creados limitados. No tienen ninguno de los atributos de la divinidad. Su conocimiento e inteligencia, aunque superiores al conocimiento y a la inteligencia humanos, SON LIMITADOS.

2. El Espíritu Santo valora nuestra individualidad. Él no trata de usurpar nuestra personalidad individual en manera alguna.

¡Los demonios ABORRECEN *a los humanos! Ellos tratan de usurpar la personalidad del individuo reemplazándola con la suya.*

3. El Espíritu Santo quiere que NOSOTROS **tengamos el control y que nos hagamos responsables de nuestras acciones. "Dios es el que en [nosotros] produce así el querer como el hacer, por su buena voluntad" (Filipenses 2:13).**

Los demonios desean tener el control total. Con frecuencia harán que la persona pierda el sentido con objeto de utilizarla de la manera que más les plazca.

4. El Espíritu Santo es gentil. Cuando Él viene a morar en nosotros es tan caballeroso que cuando nos contemplamos interiormente no podemos distinguir cuál es el Espíritu Santo y cuál somos nosotros mismos.

Los demonios son rudos. Debido a que desean dominarnos, siempre podremos sentir determinada diferencia entre el espíritu demoníaco y nosotros mismos. Es ello cierto aun cuando creamos que el demonio sea el "consejero" de una porción de nuestra mente subconsciente. Siempre constituirá un "ente" separado de nuestra mente consciente.

5. El Espíritu Santo es santo y puro. Trae pureza a nuestra vida. Él nos da PODER **para vencer el pecado.**

Los demonios son completamente corrompidos. SIEMPRE *harán que la persona se hunda cada vez más en el pecado. Incluso los demonios del movimiento de la Nueva Era, que tratan de presentarse como "buenos", conducen con rapidez a la persona al pecado. Dentro del movimiento de la Nueva Era, las esferas de pecado que se manifiestan con más rapidez son los de la inmoralidad sexual y una tendencia de la persona a interesarse en el ocultismo y a incrementar su contacto con el mundo espiritual.*

6. El Espíritu Santo siempre pone en alto a Jesús y lo

glorifica y, debido a ello, trae humildad a la vida de la persona en la cual Él habita.

¡Los demonios aborrecen a Jesús! Ellos glorifican a la persona en la cual habitan, siempre atrayendo la atención al individuo mismo en lugar de a Jesús. El ORGULLO es la marca distintiva de los demonios Y TAMBIÉN de las personas en las cuales habitan estos.

7. El Espíritu Santo NUNCA hace que nuestra mente quede en blanco. Él pone pensamientos en nuestra mente, mas NO hace que se quede en blanco. Él quiere que nosotros "[llevemos] cautivo todo pensamiento a la obediencia de Cristo" (2 Corintios 10:5) y que en "[nosotros Dios produzca] así el querer como el hacer, por su buena voluntad" (Filipenses 2:13). El Señor quiere que colaboremos ACTIVAMENTE con Él siempre. No tenemos que poner nuestra mente en blanco para que el Espíritu Santo pueda hablarnos. Él es tan poderoso que puede supeditar nuestra mente activa en cualquier momento. Es ESTE el aspecto en el que la mayoría de los creyentes cometen errores y caen víctimas del engaño, pues piensan que tienen que poner su mente en blanco para que el Espíritu Santo obre a través de ellos o para que les hable.

Los demonios con frecuencia hacen que la mente del individuo quede en blanco. Ellos operan mejor cuando la persona de manera pasiva los deja tomar control de su mente. Es por eso que la meditación orientalista y ocultista SIEMPRE incluye técnicas de relajamiento para poner la mente en blanco. A los demonios se les hace difícil supeditar una mente activa y vigorosa. Ellos siempre estimulan a las personas a que tengan lapsos de pasividad mental.

8. El Espíritu Santo nos convence de nuestros pecados. PERO su convicción no es destructiva. Él siempre conduce a la persona al arrepentimiento, al perdón, a la redención y a la paz.

Los demonios harán una de dos cosas. Ayudarán a la persona para que ésta justifique sus pecados, o harán que ella desarrolle un sentimiento de culpa destructivo y aplastante, y que NO tenga esperanza de perdón ni de redención.

El sentimiento de culpa demoníaco siempre viene acompañado del mensaje siguiente: "No podrás ser perdonado."

9. El Espíritu Santo JAMÁS nos dará ningún mensaje que contradiga la Palabra de Dios.

Los demonios tuercen y cambian la Palabra de Dios y la sacan de su contexto con la finalidad de justificar el pecado.

10. ¡NUNCA podremos controlar al Espíritu Santo! Él obra cuándo y cómo desea. Nosotros somos sus siervos. ÉL es el Amo. Ejemplo: Nosotros NO podemos controlar CUÁNDO el Espíritu Santo nos hablará, o nos dará una vislumbre del mundo espiritual, o nos hará conscientes de la presencia de Dios, o nos sanará o nos dará discernimiento. El Espíritu Santo nunca hace lo mismo dos veces. Él rehúsa permitir que dependamos de ninguna rutina o rito. "Y hay diversidad de operaciones, pero Dios que hace todas las cosas en todos, es el mismo. Pero a cada uno le es dada la manifestación del Espíritu para provecho [...] [aparece una lista de varios dones]. Pero todas estas cosas las hace uno y el mismo Espíritu, repartiendo a cada uno en particular como él quiere" (1 Corintios 12:6-11). "Testificando Dios juntamente con ellos, con señales y prodigios y diversos milagros y repartimientos del Espíritu Santo SEGÚN SU VOLUNTAD" (Hebreos 2:4).

Los espíritus demoníacos embaucan a los individuos en los que habitan para que piensen que los pueden controlar. Aquellos se harán presentes cada vez que la persona los invoque, curarán cuando la persona lo desee, y así por el estilo. A esos espíritus les gustan los ritos y las acciones rutinarias. Capacitan a las personas para que puedan ver cada vez más el mundo espiritual. Las falsificaciones demoníacas de los dones del Espíritu Santo estarán generalmente bajo el control del individuo; esto es, podrá sanar, profetizar, tener "palabra de sabiduría", etc., siempre que este lo desee.

11. El Espíritu Santo requiere que andemos por fe y NO por vista NI tampoco por emociones. Por tanto, Él no nos proporciona visiones o emociones con frecuencia o de manera rutinaria. El Espíritu Santo no satisfará nuestros deseos carnales de obtener recompensas emocionales. Ya que debemos caminar por fe y no por vista, el Espíritu Santo RARAS VECES nos permitirá ver el mundo espiritual, y con toda seguridad no de manera rutinaria, o cada vez que deseemos hacerlo.

A los demonios les agrada mucho manipular las emociones humanas. A MUCHOS los controlan al darles altos niveles de euforia o recompensas emocionales. A los demonios también les gusta proporcionarles a los humanos extremos emocionales. Los demonios CON FRECUENCIA ayudan a las personas a ver el mundo espiritual y, de ese modo, disminuyen la necesidad de estos de utilizar la fe. Las personas que tienen un guía espiritual demoníaco tienen frecuentes visiones y experiencias sobrenaturales.

12. Podemos contristar al Espíritu Santo si lo desobedecemos. Cuando lo hacemos, Él se retrae y no opera en nuestra vida. El Espíritu Santo JAMÁS irá en contra de nuestro libre albedrío. Dios no desea títeres o autómatas.

Los demonios castigan con rapidez a cualquiera que los desobedezca. Ellos son raudos en conquistar y controlar, y SIEMPRE intentarán usurpar el libre albedrío del individuo. A los demonios les encantan los títeres y los autómatas.

13. El Espíritu Santo nos ama y nos lleva a la vida eterna en la presencia de Dios.

Los demonios nos aborrecen y llevan a las personas a la destrucción eterna separadas de Dios para siempre en el infierno.

14. Jesús nos amó lo suficiente como para morir por nosotros, derramando su PROPIA sangre, pagando Él mismo el precio de la purificación de nuestros pecados.

Los demonios nunca han vertido ninguna cantidad de SU propia sangre por la gente. Siempre demandan que las personas derramen sangre por ellos, enseñándoles que tienen que hacerlo con la finalidad de purificarse para que Satanás y los demonios las puedan "bendecir". O, en el caso de cristianos, los demonios suscitan todo tipo de castigos autoimpuestos y (o) la adopción de normas legalistas a fin de que "Dios" pueda bendecirlos.

15. Jesús pagó el precio por nuestros pecados UNA SOLA VEZ **y para siempre (véase 1 Pedro 3:18).**

Los demonios siempre demandan cada vez más sacrificios. NUNCA se dan por satisfechos.

16. El Espíritu Santo nos da deseos de leer la Biblia.

Los demonios tratan de evitar que la gente lea la Biblia.

17. El Espíritu Santo nos ayuda a entender las Escrituras (véase Juan 14:26).

Los demonios traen confusión. Bloquean a las personas para que no entiendan las Escrituras. "Dios NO es Dios de confusión" (1 Corintios 14:33; mayúsculas de la autora).

18. El Espíritu Santo nos estimula a orar.

Los demonios entorpecen todas las oraciones genuinas.

19. El Espíritu Santo NO **es exhibicionista.**

A los demonios LES AGRADA MUCHO dar espectáculos.

20. Cuando el Espíritu Santo "transporta en espíritu" a un creyente, Él se ocupa muy bien de su cuerpo físico (véanse Apocalipsis 4:1,2; 2 Corintios 12:2,3, etc.).

Cuando un individuo se proyecta de forma astral, al espíritu demoníaco que es dejado en su cuerpo físico para mantenerlo no le importa en absoluto el cuerpo de esa persona. Es por eso que la proyección astral ocasiona un deterioro físico tan fuerte en la persona que la realiza. El cabello de la mayoría de la gente que lleva a cabo proyecciones astrales se torna canoso con gran rapidez.

21. El Espíritu Santo es un espíritu de veracidad. Él JAMÁS **miente.**

Todos los demonios son embusteros, y también lo son los individuos en los que habitan.

22. El Espíritu Santo requiere que utilicemos activamente nuestra mente para aprender. Nunca estará Él dispuesto a servir de "banco de información independiente" de nuestra mente.

Los guías espirituales demoníacos están muy dispuestos a servir de banco de información para que la persona en la que habitan no necesite en realidad aprender la información con su mente. Por ello, cuando alguien acepta a Jesús y saca a puntapiés a su guía espiritual, cualquier información que ellos permitían residir en su guía espiritual se perderá inmediatamente y para siempre.

23. Demasiados cristianos cometen el fatal error de pensar que el Espíritu Santo vendrá y "tomará control de ellos", de modo que no sepan lo que hacen o que no se controlen a sí mismos. ÚNICAMENTE los demonios hacen tal cosa. El Espíritu Santo siempre exige nuestra colaboración activa y consciente con su voluntad. Cada vez que rindamos el control de nosotros mismos, les habremos abierto la puerta a los demonios para que entren a dominarnos.

A los demonios LES AGRADA MUCHO controlar a las personas en las que habitan.

24. El Espíritu Santo NO desempeña el papel de adivino. Tampoco nos otorga a nosotros la facultad de adivinar (véase Mateo 6:34).

Uno de los engaños más comunes de los guías espirituales demoníacos es darles a ciertas personas muchas falsas "palabras de sabiduría", las cuales constituyen en realidad meras adivinaciones. Los demonios también proporcionan muchas "profecías" individuales que son en realidad adivinaciones. Las profecías en la Biblia son generalmente para todo el cuerpo de Cristo; raras veces son para individuos y, de hecho, no ocurren con frecuencia.

Capítulo 8

La naturaleza pecaminosa

Al viajar por la nación y por el mundo, descubro que los cristianos en todas partes parecen carecer de una buena comprensión de lo que llamo nuestra "naturaleza pecaminosa". Esta lucha espiritual en la que tomamos parte es muy real, pero, tenemos que hacer frente a nuestra propia responsabilidad ante Dios. No podemos echarles la culpa de todos nuestros pecados a Satanás ni a los demonios. Somos totalmente responsables delante de Dios de controlarnos a nosotros mismos y de dejar de pecar.

Creo que cuando Adán cayó en pecado toda su descendencia heredó de él esa naturaleza caída.

> "Por tanto, como el pecado entró en el mundo por un hombre, y por el pecado la muerte, así la muerte pasó a todos los hombres, por cuanto todos pecaron" (Romanos 5:12).

> "Así que, como por la transgresión de uno vino la condenación a todos los hombres, de la misma manera por la justicia de uno vino a todos los hombres la justificación de vida. Porque así como por la desobediencia de un hombre los muchos fueron constituidos pecadores, así también por la obediencia de uno, los muchos serán constituidos justos" (Romanos 5:18,19).

Mas, ¿qué es exactamente esa "naturaleza pecaminosa"? Constituye el deseo casi continuo de pecar que satura cada parte de nosotros. Andrew Murray la describe así:

> "Todo el poder del pecado que opera en nosotros no es otra cosa que esta: que de la misma manera que hemos heredado la naturaleza caída de Adán, hemos

heredado su tendencia a la desobediencia. Por nuestra propia decisión nos convertimos en 'hijos de desobediencia'. Resulta claro que una de las obras por la que se necesitaba a Cristo era para que nos quitara esa desobediencia... su maldición, su dominio, su naturaleza y operaciones perversas. La desobediencia ha sido la raíz de todo pecado y miseria. El primer objetivo de su salvación fue cortar la raíz del mal y restaurar al hombre a su destino original: una vida de obediencia a su Dios" (*The Believer's Secret of Obedience* ["El secreto de la obediencia del creyente"], por Andrew Murray, Bethany House Publishers, p. 25).

El apóstol Pablo lo describió como sigue:

"Porque no hago el bien que quiero, sino el mal que no quiero, eso hago. Y si hago lo que no quiero, ya no lo hago yo, sino el pecado que mora en mí. Así que, queriendo yo hacer el bien, hallo esta ley: que el mal está en mí. Porque según el hombre interior, me deleito en la ley de Dios; pero veo otra ley en mis miembros, que se rebela contra la ley de mi mente, y que me lleva cautivo a la ley del pecado que está en mis miembros" (Romanos 7:19-23).

Resulta claro que el deseo de pecar está presente incluso al mismo tiempo que la mente desea obedecer a Dios. El pecado forma parte integral de nosotros. Es por ello que me refiero a éste como nuestra "naturaleza pecaminosa". La Biblia se refiere a esta naturaleza pecaminosa de varias maneras. A veces la denomina nuestro "viejo hombre".

"Sabiendo esto, que nuestro viejo hombre fue crucificado juntamente con él, para que el cuerpo del pecado sea destruido, a fin de que no sirvamos más al pecado" (Romanos 6:6).

"Pero ahora dejad también vosotros todas estas cosas: ira, enojo, malicia, blasfemia, palabras deshonestas de vuestra boca. No mintáis los unos a los otros, habiéndoos despojado del viejo hombre con sus hechos, y revestido del nuevo, el cual conforme a la imagen del que lo creó se va renovando hasta el conocimiento pleno" (Colosenses 3:8-10).

A veces la Escritura llama a esa naturaleza pecaminosa nuestra "carne", o nuestra "naturaleza carnal".

"Porque la ley del Espíritu de vida en Cristo Jesús me ha librado de la ley del pecado y de la muerte. Porque lo que era imposible para la ley, por cuanto era débil por la carne, Dios, enviando a su Hijo en semejanza de carne de pecado y a causa del pecado, condenó al pecado en la carne; para que la justicia de la ley se cumpliese en nosotros, que no andamos conforme a la carne, sino conforme al Espíritu. Porque los que son de la carne piensan en las cosas de la carne; pero los que son del Espíritu, en las cosas del Espíritu. Porque el ocuparse de la carne es muerte, pero el ocuparse del Espíritu es vida y paz. Por cuanto los designios de la carne son enemistad contra Dios; porque no se sujetan a la ley de Dios, ni tampoco pueden; y los que viven según la carne no pueden agradar a Dios" (Romanos 8:2-8).

El pecado se halla entrelazado en todo nuestro ser: cuerpo, alma y espíritu. He aquí algunos pasajes bíblicos que nos muestran con claridad hasta qué punto nos ha afectado el pecado.

CUERPO

"¡Miserable de mí! ¿quién me librará de este cuerpo de muerte?" (Romanos 7:24).

ALMA

"Engañoso es el corazón más que todas las cosas, y perverso; ¿quién lo conocerá? Yo Jehová, que escudriño la mente, que pruebo el corazón, para dar a cada uno según su camino, según el fruto de sus obras" (Jeremías 17:9,10).

"Por cuanto los designios de la carne son enemistad contra Dios; porque no se sujetan a la ley de Dios, ni tampoco pueden" (Romanos 8:7).

ESPÍRITU

"¿O pensáis que la Escritura dice en vano: El espíritu que él ha hecho morar en nosotros nos anhela celosamente?" (Santiago 4:5).

"Así que, amados, puesto que tenemos tales promesas, limpiémonos de toda contaminación de carne y de espíritu, perfeccionando la santidad en el temor de Dios" (2 Corintios 7:1).

Y finalmente:

"Y el mismo Dios de paz os santifique por completo; y todo vuestro ser, espíritu, alma y cuerpo, sea guardado irreprensible para la venida de nuestro Señor Jesucristo" (1 Tesalonicenses 5:23).

Estos pasajes bíblicos nos muestran con claridad que todas las tres esferas de nosotros: cuerpo, alma y espíritu, se ven afectadas por el pecado. Las tres deben ser limpias por nuestro Señor Jesucristo. No obstante, lidiamos con el pecado día a día mayormente con nuestra mente consciente. ¡No creo que entenderemos cabalmente el pesado impedimento que esta naturaleza pecaminosa nos ha sido hasta que recibamos nuestro cuerpo glorificado y seamos libertados del pecado para siempre!

Sí, los demonios nos tientan a que pequemos; pero, en definitiva, la decisión es nuestra. ¡Somos nosotros los que ESCOGEMOS pecar! Por tanto, bien se trate de que los demonios estén dentro de nosotros o que nos ataquen desde el exterior, somos totalmente responsables delante de Dios de todo lo que hacemos. Puede usted estar seguro de que los demonios entienden nuestra naturaleza pecaminosa totalmente. Es por eso que nos pueden manipular tan bien. Toda la Biblia está llena de versículos que nos urgen con vehemencia a que batallemos contra nuestros deseos naturales de hacer las cosas que no debemos.

"Por tanto, nosotros también, teniendo en derredor nuestro tan grande nube de testigos, despojémonos de todo peso y del pecado que nos asedia, y corramos con paciencia la carrera que tenemos por delante" (Hebreos 12:1).

"Considerad a aquel que sufrió tal contradicción de pecadores contra sí mismo, para que vuestro ánimo no se canse hasta desmayar. Porque aún no habéis resistido hasta la sangre, combatiendo contra el pecado" (Hebreos 12:3,4).

¿Se ha detenido alguna vez a preguntarse por qué la Escritura dedica tanto espacio a mandarnos a dejar de pecar? Bueno, por una cosa: Dios es totalmente santo y justo. Él no puede permitir que el pecado permanezca. Es por eso que Jesús murió en la cruz: para pagar el precio por nuestros pecados para que Dios no tuviera que darnos el justo castigo y la destrucción que merecemos por nuestros pecados. El postrer castigo por el pecado es ser desterrados de la presencia de Dios para siempre.

No obstante, muchos caen en la trampa de pensar que una vez que hayamos sido salvos nuestros pecados ya no serán importantes. El apóstol Pablo abordó ese tema muy directamente:

"¿Qué, pues, diremos? ¿Perseveraremos en el pecado para que la gracia abunde? En ninguna manera. Porque los que hemos muerto al pecado, ¿cómo viviremos aún en él" (Romanos 6:1,2).

La razón real por la que nos resulta tan importante sacar el pecado de nuestra vida es porque éste nos separa de Dios. ¿Quiere usted más abundancia en su vida? Entonces ¡SAQUE el pecado de su vida!

"Por lo demás, hermanos, os rogamos y exhortamos en el Señor Jesús, que de la manera que aprendisteis de nosotros de cómo os conviene conduciros y agradar a Dios, así abundéis más y más" (1 Tesalonicenses 4:1).

"Pues la voluntad de Dios es vuestra santificación; que os apartéis de fornicación; que cada uno de vosotros sepa tener su propia esposa en santidad y honor;

no en pasión de concupiscencia, como los gentiles que no conocen a Dios" (1 Tesalonicenses 4:3-5).

La Biblia es clara. La ÚNICA manera de tener una relación estrecha con Dios y de vivir una vida de abundancia en Cristo Jesús es DEJAR DE PECAR!

Existe, por cierto, un concepto muy poco popular con respecto al cual debemos pensar con mucha seriedad. TENEMOS que probarnos a nosotros mismos ante Dios. Tenemos que demostrarle obediencia y fe. Jesús aprendió la obediencia por medio del sufrimiento. ¿Podremos nosotros hacer menos que lo que Él hizo?

> "Y aunque era Hijo, por lo que padeció aprendió la obediencia; y habiendo sido perfeccionado, vino a ser autor de eterna salvación para todos los que le obedecen " (Hebreos 5:8,9).

El hecho concreto es este: NO PODREMOS progresar en nuestro crecimiento en el Señor hasta que primero no nos probemos a nosotros mismos obedientes y fieles mediante la eliminación del pecado de nuestra vida. Es este uno de los errores más graves de las enseñanzas actuales acerca del Espíritu Santo. A muchos se les promete un acceso instantáneo al gran poder de Cristo. Recibiremos esa clase de poder SÓLO cuando nos probemos a nosotros mismos fieles. Hallo asombroso, en realidad, la cantidad de poder que Dios les da a los nuevos creyentes. CON TODO, no podemos evadir el proceso de crecimiento y de refinamiento. El referido proceso continuará a lo largo de nuestra vida, aunque alcanzaremos un punto en el que la mayor parte de éste ya la habremos dejado atrás. La parábola del hombre que se marchó a un país lejano para ser coronado rey se aplica aquí. Démosle un vistazo a esa parábola.

> "[...]Un hombre noble se fue a un país lejano, para recibir un reino y volver. Y llamando a diez siervos suyos, les dio diez minas, y les dijo: Negociad entre tanto que vengo. Pero sus conciudadanos le aborrecían, y enviaron tras él una embajada, diciendo: No quere-

mos que éste reine sobre nosotros. Aconteció que vuelto él, después de recibir el reino, mandó llamar ante él a aquellos siervos a los cuales había dado el dinero, para saber lo que había negociado cada uno. Vino el primero, diciendo: Señor tu mina ha ganado diez minas. Él le dijo: Está bien, buen siervo; por cuanto en lo poco has sido fiel, tendrás autoridad sobre diez ciudades. Vino otro, diciendo: Señor, tu mina ha producido cinco minas. Y también a éste dijo: Tú también sé sobre cinco ciudades. Vino otro, diciendo: Señor, aquí está tu mina, la cual he tenido guardada en un pañuelo; porque tuve miedo de ti, por cuanto eres hombre severo, que tomas lo que no pusiste, y siegas lo que no sembraste. Entonces él le dijo: Mal siervo, por tu propia boca te juzgo. Sabías que yo era hombre severo, que tomo lo que no puse, y que siego lo que no sembré; ¿por qué, pues, no pusiste mi dinero en el banco, para que al volver yo, lo hubiera recibido con los intereses? Y dijo a los que estaban presentes: Quitadle la mina, y dadla al que tiene las diez minas. Ellos le dijeron: Señor, tiene diez minas. Pues yo os digo que a todo el que tiene, se le dará; mas al que no tiene, aun lo que tiene se le quitará. Y también a aquellos de mis enemigos que no querían que yo reinase sobre ellos, traedlos acá, y decapitadlos delante de mí" (Lucas 19:12-27).

En esta parábola, el hombre que viajó a ser coronado rey es Jesús. Nosotros somos sus siervos, que hemos quedado atrás a esperar su retorno. Ahora surge la siguiente pregunta: ¿Seremos siervos fieles y productivos de nuestro rey? Es únicamente según nos probemos a nosotros mismos fieles que se nos dará más poder y autoridad en Cristo. Demasiados creyentes piensan sólo en los beneficios que ellos pueden OBTENER de Dios. Jamás se detienen a considerar que están aquí para ser SIERVOS. El Señor Jesús dice muy claramente que los siervos tienen que PROBAR lo que son antes de que les sean dados más poder y autoridad. Lo mismo ocurre hoy día.

Desafortunadamente, demasiadas de las enseñanzas mo-

dernas intentan evadir el referido tiempo de prueba y
crecimiento. ¡No DEBEMOS tratar de evitar el doloroso proceso de aprendizaje! Todos los siervos de Dios en las páginas
de la Biblia pasaron por ese proceso. Estoy convencida de
que esa es la razón por la cual un número tan considerable
de los líderes caen. Fueron propulsados a puestos de liderazgo con demasiada rapidez. Es por ello que el apóstol
Pablo le escribió a Timoteo de la manera en que lo hizo.

"No impongas con ligereza las manos a ninguno, ni
participes en pecados ajenos. Consérvate puro" (1 Timoteo 5:22).

"Pero es necesario que el obispo sea irreprensible,
marido de una sola mujer, sobrio, prudente, decoroso,
hospedador[...]; no un neófito [nuevo creyente], no sea
que envaneciéndose caiga en la condenación del diablo"
(1 Timoteo 3:2-6).

"Los diáconos asimismo deben ser honestos[...]. Y
éstos también sean sometidos a prueba primero, y
entonces ejerzan el diaconado, si son irreprensibles"
(1 Timoteo 3:8-10).

La Escritura no podría ser más clara. Todo el que quiera
alcanzar una posición de autoridad en el reino de Dios
TIENE antes que probarse a sí mismo (o a sí misma) fiel en
obedecer a Dios y en sacar el pecado de su vida. Eso toma
TIEMPO. La Biblia no especifica cuánto tiempo. Es diferente
con cada individuo, pero no deja de tomar cierto tiempo. En
mi propia experiencia pasé cinco años de candentes pruebas
antes de que el Señor me llamara a comenzar este ministerio, y luego pase otros cinco años de pruebas aun más
intensas antes de ver publicado mi primer libro. Eso hace
un total de diez años de intensa preparación y pruebas.
Tuve que probarme a mí misma fiel y obediente. Doy gracias
por esa época de pruebas, por cuanto me dieron una mayor
estabilidad en el Señor, la cual no hubiera podido obtener
de ninguna otra manera.

Nuestra autoridad sobre el reino de Satanás aumenta

según nos probamos a nosotros mismos firmes y fieles. Debemos ser fieles en lo poco antes de que podamos ser fieles en lo mucho. Creo que a cada nuevo creyente se le da autoridad en Cristo sobre los demonios que hay dentro de él; NO OBSTANTE, no debe comenzar de inmediato a tratar de lidiar con los demonios que haya en otros. Aún no ha tenido tiempo para crecer o probarse a sí mismo.

Me duele el corazón cuando veo cómo eso le sucede a los que se salen del satanismo. Demasiado a menudo se ven empujados a una posición de dar su testimonio en público, etc. ¡El ORGULLO enseguida se hará presente! Se verán atacados tan terriblemente que no podrán permanecer firmes.

He aquí mi consejo: "Humillaos delante del Señor, y él os exaltará" (Santiago 4:10). Que la persona en cuestión camine quedamente delante del Señor y aprenda las lecciones que Él quiere enseñarle. Que se pruebe a sí misma fiel y obediente. No importa cuán grande sea la tentación, NUNCA permita que un nuevo creyente sea puesto en un sitio de prominencia pública. Si lo hace estará usted contribuyendo a su destrucción.

El Señor es muy bondadoso. Nos permite hacer algunas obras para Él, especialmente en cuanto a compartir el evangelio con otros, incluso cuando todavía somos bebés en Cristo que estamos en la etapa de aprender a caminar. Lo hace para animarnos. Con todo, debemos estar dispuestos a pasar por el proceso de adiestramiento y prueba. Si no lo estamos, entonces nunca nos podrá usar como Él desee hacerlo. ¡SÓLO podremos enseñar eficientemente las lecciones que nosotros mismos hayamos aprendido antes!

No le será posible crecer o probarse a sí mismo mientras continúe permitiendo el pecado activo en su vida. Dios deseó con tanta intensidad que fuéramos limpios del PECADO que dio su propia vida para proporcionarnos pureza. ¡NOSOTROS también debemos anhelar tan intensamente vernos libres del pecado que estemos dispuestos a poner sobre el altar

CUALQUIER COSA, sin que nos importe lo doloroso que nos resulte el proceso, con la finalidad de eliminar el pecado de nuestra vida!

Así que sabemos que tenemos que dejar de pecar; sin embargo, aún hemos de hacer frente a la terrible lucha descrita por Pablo (que citamos anteriormente en este mismo capítulo) en Romanos 7. ¿Cómo, pues, podremos tener victoria en esta batalla contra nuestra propia naturaleza pecaminosa? La respuesta es sencilla. Necesitamos poseer más poder que el que tiene nuestra naturaleza pecaminosa o jamás podremos vencerla. ¿Dónde obtendremos ese poder? Creo que la respuesta se halla en el pasaje bíblico siguiente:

> "Ahora, pues, ninguna condenación hay para los que están en Cristo Jesús, los que no andan conforme a la carne, sino conforme al Espíritu. Porque la ley del Espíritu de vida en Cristo Jesús me ha librado de la ley del pecado y de la muerte" (Romanos 8:1,2).

Jesús nos libertó del poder del pecado cuando murió en la cruz. Una vez que lo recibimos a Él como nuestro Señor, Salvador y Amo, ese poder está a nuestra disposición. Todavía no hemos recibido todo lo que Dios ha prometido darnos. En el futuro, después de la venida de Cristo, cada uno de nosotros recibirá el resto de lo que Dios nos prometió en nuestra redención. Recibiremos un cuerpo físico nuevo y glorificado con exactamente las mismas características del que tiene ahora Jesús. Y TAMBIÉN, lo cual resulta lo mejor de todo, ¡nuestra naturaleza pecaminosa será eliminada a fin de que jamás tengamos que luchar de nuevo con ella!

> "Mas nuestra ciudadanía está en los cielos, de donde también esperamos al Salvador, al Señor Jesucristo; el cual transformará el cuerpo de la humillación nuestra, para que sea semejante al cuerpo de la gloria suya, por el poder con el cual puede también sujetar a sí mismo todas las cosas" (Filipenses 3:20,21).

Es esa nuestra luminosa esperanza. ¡Un día ya nunca

más tendremos deseos de pecar, y habremos de estar perennemente en la presencia del Señor y lo conoceremos cara a cara! ¡Cuánto anhelo que llegue ese día! No obstante, hasta que llegue, debemos pelear la batalla contra el pecado. El camino que lleva a la victoria sobre el pecado en nuestra vida en realidad tiene dos aspectos. La primera y más importante forma de obtener la victoria es mediante la obra del Espíritu Santo en nuestra vida. La segunda nos es dada en la Epístola a los Romanos. Deseo abordar la segunda parte de nuestra respuesta primero.

> "Porque los que son de la carne piensan en las cosas de la carne; pero los que son del Espíritu [Santo], en las cosas del Espíritu" (Romanos 8:5).

Dicho con sencillez, cuanto más tiempo empleemos diariamente leyendo la Biblia, meditando en la Palabra de Dios y pensando acerca de Dios, tanto más victoria tendremos sobre nuestra naturaleza pecaminosa. El rey David aprendió su lección al igual que lo hizo Josué con anterioridad a él.

> "¿Con qué limpiará el joven su camino? Con guardar tu palabra. Con todo mi corazón te he buscado; no me dejes desviarme de tus mandamientos" (Salmo 119:9-11).

Dios le ordenó a Josué:

> "Nunca se apartará de tu boca este libro de la ley, sino que de día y de noche meditarás en él, para que guardes y hagas conforme a todo lo que en él está escrito; porque entonces harás prosperar tu camino, y todo te saldrá bien" (Josué 1:8).

¿Saben? Sólo hay una cosa que hace que la Biblia sea diferente a cualquier otro libro del mundo. ¡Ella está, literalmente, viva! Está viva porque es Dios mismo hablándonos.

> "Porque la palabra de Dios es viva y eficaz, y más

cortante que toda espada de dos filos[...]" (Hebreos 4:12).

Ningún otro libro o página impresa en todo el mundo tiene el poder único en su género de la Biblia. Cuanto más saturemos nuestra mente y vida entera con las Escrituras, tanto más poder tendremos para vivir en obediencia a ella, logrando con ello sacar el pecado de nuestra vida. Por tanto, necesitamos estudiar la Biblia para OBEDECERLA.

> "Si creamos el hábito de estudiar la Biblia sin un serio y muy definido propósito de obedecerla, nos estaremos endureciendo en la desobediencia. Nunca leamos la Palabra de Dios concerniente a nosotros mismos sin sinceramente rendirnos y disponernos a obedecerla en el acto, luego de pedir gracia para hacerlo. Dios nos ha dado su Palabra para decirnos lo que Él quiere que hagamos, y para mostrarnos la gracia que Él ha provisto para facultarnos a hacerlo. ¡Qué triste que se piense que sea un acto piadoso solamente leer esa Palabra sin hacer un serio esfuerzo para obedecerla! ¡Que Dios nos libre de ese horrible pecado! Hagamos que sea un hábito sagrado decirle a Dios: 'Señor, obedeceré al instante todo lo que yo sepa que sea tu voluntad.' Lea usted siempre con un corazón rendido en obediencia dispuesta" (*The Believer's Secret of Obedience* ["El secreto de la obediencia del creyente"], por Andrew Murray, Bethany House Publishers, p. 46).

¿Ha notado cuán difícil se nos hace tomar la Biblia en nuestras manos para leerla cuando sólo hemos dejado pasar algunos días sin hacerlo? ¡Oh, con cuánta rapidez cobra fuerzas nuestra naturaleza pecaminosa si no la mantenemos bajo control! El apóstol Pablo hizo una profunda declaración con respecto a ello después de haber estado muchos años en el ministerio:

> "Sino que golpeo mi cuerpo, y lo pongo en servidumbre, no sea que habiendo sido heraldo para otros, yo mismo venga a ser eliminado" (1 Corintios 9:27).

Estoy tan agradecida a Dios que el Espíritu Santo haya hecho que Pablo escribiera esa declaración. Me ha sido muy beneficioso saber que hasta el propio apóstol Pablo tuvo una lucha contra su naturaleza pecaminosa durante toda su vida.

He aquí un breve examen para usted. ¿Cuántas veces al día piensa acerca de Dios o de la Biblia o habla con Dios? ¿Con cuánta frecuencia se detiene a comparar lo que le está sucediendo o el acto que está llevando a cabo con las Escrituras? Debe hacerlo casi constantemente. Si lo hace descubrirá que su vida entera cambiará.

Existe tal PUREZA en las Escrituras. Según trabajo con las personas que se salen del satanismo escucho y veo cosas tan horribles. El pecado y las perversiones en la vida de esos individuos son increíbles. Descubro que constantemente tengo que poner mi mente de nuevo en las Escrituras, y que al hacerlo, la Palabra de Dios trae una pureza maravillosa a mi mente. Aquellos de nosotros que hemos sido llamados por Dios a laborar en campos en los que tenemos que lidiar con gente que practica perversiones horribles HEMOS de tener mucho cuidado de continuamente lavar nuestra mente con la Palabra de Dios. De no hacerlo así, podríamos caer rápidamente.

Tomar control de nuestra mente es una "clave" real para lograr tener victoria sobre el pecado. Ese es el significado de ese pasaje de Romanos 8:5. Cuanto más tengamos nuestra mente en las cosas de Dios, tanto menos habremos de pecar.

"No os conforméis a este siglo, sino transformaos por medio de la renovación de vuestro entendimiento[...]" (Romanos 12:2).

"Llevando cautivo todo pensamiento a la obediencia a Cristo[...]" (2 Corintios 10:5).

¡Debía ser algo normal que un creyente viviera de manera

que pecase MUY RARAS VECES! es por eso que el apóstol Juan escribió de la manera que lo hizo.

> "Hijitos míos, estas cosas os escribo para que no pequéis[...]" (1 Juan 2:1).

Si aún no lo ha hecho, permítame recomendarle que lea cuidadosamente el capítulo intitulado "El hombre de doble ánimo" de mi segundo libro, *Preparémonos para la guerra*, el cual se relaciona con este tema de llevar cautivo todo pensamiento. NO PODREMOS tener victoria sobre el pecado en nuestra vida a menos que disciplinemos nuestra mente y llevemos cautivo todo pensamiento y lo hagamos obediente a Cristo.

No obstante, saturar nuestra vida con la Palabra de Dios, aunque sea algo tan útil y necesario, no es en sí mismo la respuesta completa. Necesitamos también tener PODER. Ese poder nos viene del Espíritu Santo.

> "Pero yo os digo la verdad: Os conviene que yo me vaya; porque si no me fuere, el Consolador no vendría a vosotros; mas si me fuere, os lo enviaré" (Juan 16:7).

> "Porque Dios es el que en vosotros produce así el querer como el hacer, por su buena voluntad" (Filipenses 2:13).

Es únicamente con el auxilio del Espíritu Santo que podemos vencer nuestra naturaleza pecaminosa y dejar de pecar. Recuerden que les dije hace poco que habían dos aspectos en la respuesta de cómo controlar nuestra naturaleza pecaminosa. Dominar nuestros pensamientos y saturar nuestra mente con la Palabra de Dios es la primera parte, y el poder interno del Espíritu Santo en nosotros es la segunda. Debemos tener ambos en la misma medida. ¡Cuanto más tiempo he pasado viviendo en este caminar con mi Maestro, tanto más consciente he llegado a estar de mi propia total incapacidad de triunfar sobre el pecado en mi vida y dejar de pecar! Pero, ¡alabado sea el Señor!, el poder del Espíritu Santo me capacita a tener la victoria.

Dé un vistazo a Juan 16:7, que aparece citado anteriormente. Cuando Jesús estaba aquí en la tierra en forma corporal, sus discípulos lo siguieron fielmente, y Él le ministró a cada uno de ellos diariamente. A pesar de lo cual ellos caían vez tras vez. ¿Por qué? Por cuanto no importa cuán fieles o diligentes fueran, no tenían PODER DENTRO DE ELLOS para vencer su naturaleza pecaminosa. Así que aun cuando se hallaban en la presencia de Dios mismo, ¡caían en la incredulidad y el pecado vez tras vez! Esa es la razón por la que le fue necesario a Jesús dejar la tierra. Una vez que Él ya no estuviera en la tierra en forma corporal, podría enviar al Espíritu Santo para que obrara en sus discípulos desde adentro hacia afuera. Jesús hizo esto posible al pagar el precio por nuestros pecados en la cruz. Cuando somos lavados hasta quedar limpios de nuestros pecados, ¡entonces Dios mismo en la forma del Espíritu Santo puede entrar dentro de nosotros y darnos el poder que necesitamos para vencer el pecado!

Si usted nunca se ha arrodillado ni le ha pedido al Padre que lo llene completamente con su Espíritu Santo para que le dé poder para dejar de pecar, necesita hacerlo. NO OBSTANTE, se trata de una calle en la cual se circula en ambas direcciones. Cuanto más sature usted su mente con la Palabra de Dios y saque el pecado de su vida, tanta más libertad tendrá el Espíritu Santo para obrar en su vida con PODER. Por favor, no caiga en la trampa de pensar que todo lo que necesita es al Espíritu Santo, y que no necesita hacer nada usted mismo. Eso no es cierto. Santiago lo resume con mucha sencillez:

> "Por lo cual, desechando toda inmundicia y abundancia de malicia, recibid con mansedumbre la palabra implantada, la cual puede salvar vuestras almas. Pero sed hacedores de la palabra, y no tan solamente oidores, engañándoos a vosotros mismos. Porque si alguno es oidor de la palabra pero no hacedor de ella, éste es semejante al hombre que considera en un espejo se

rostro natural. Porque él se considera a sí mismo, y se va, y luego olvida cómo era. Mas el que mira atentamente en la perfecta ley, la de la libertad, y persevera en ella, no siendo oidor olvidadizo, sino hacedor de la obra, éste será bienaventurado en lo que hace" (Santiago 1:21-25).

"Así también la fe, si no tiene obras, es muerta en sí misma. Pero alguno dirá: Tú tienes fe, y yo tengo obras. Muéstrame tu fe sin tus obras, y yo te mostraré mi fe por mis obras. Tú crees que Dios es uno; bien haces. También los demonios creen, y tiemblan. ¿Mas quieres saber, hombre vano, que la fe sin obras es muerta?" (Santiago 2:17-20).

Hoy día hemos caído, con demasiada frecuencia, en la trampa de estar a la expectativa sólo de señales y milagros. Es por ello que existen tantos libros en los estantes de las librerías evangélicas sobre temas tales como "Cómo sanar", "Cómo hacer milagros", etc. ¡Dios está MUCHO más interesado en nuestra obediencia y fiel andar DIARIOS que en realizar milagros, señales y prodigios! Con demasiada frecuencia los creyentes de hoy día caen en el engaño y aceptan falsificaciones demoníacas como si fueran señales y milagros por parte de Dios. *NO PODREMOS tener verdaderas señales y maravillas del Espíritu Santo en nuestra vida si no caminamos en obediencia y disciplina, y desterramos de ella el pecado.*

El Espíritu Santo nos resulta un ayudante maravilloso en la lucha contra el pecado. Pídale usted al Señor que le vivifique esos pasajes bíblicos que se aplican particularmente a los pecados que comete comúnmente. Luego memorice esos versículos y pídale al Espíritu Santo que los ponga en su mente cuando se vea tentado a cometer cualquier pecado. El Espíritu Santo sabe todo lo que haremos antes que lo hagamos. El vigila cada cosa que hacemos. Él puede ayudarnos a dejar de pecar.

Permítanme darles un ejemplo sacado de mi propia experiencia. Hace un par de años vinieron dos jovencitas a quedarse durante varios meses con Elaine y conmigo. Habían sido llamadas por Dios para ayudarnos en nuestro ministerio, pero no tenían la disposición de someterse a la rígida disciplina que necesitamos en nuestra vida. Terminaron poniéndose en contra mía, llegando a contarles a varios conocidos míos mentiras con respecto a mi persona. Ya todo ese asunto estaba agotándome la paciencia. Un fin de semana, durante mi tiempo a solas con el Señor, comencé a leer las epístolas escritas por el apóstol Pedro. Llegué hasta la porción de 1 Pedro 2:21-23. El Espíritu Santo me habló con mucha claridad cuando leí ese pasaje. "Memoriza esos versículos", me dijo. "Y cada vez que estés a punto de pecar en cuanto a ese particular, te los traeré a tu mente consciente." He aquí los versículos que aprendí de memoria:

> "Pues para esto fuisteis llamados; porque también Cristo padeció por nosotros, dejándonos ejemplo, para que sigáis sus pisadas; el cual no hizo pecado, ni se halló engaño en su boca; quien cuando le maldecían, no respondía con maldición; cuando padecía, no amenazaba, sino encomendaba la causa al que juzga justamente" (1 Pedro 2:21-23).

¿Entiende? Ese pasaje bíblico me decía que aun cuando esas dos estuvieran diciendo toda clase de mentiras sobre mí, que yo no debía defenderme, sino que tenía que perdonarlas y poner todo el asunto en las manos del Señor.

Bien, les pedí que se fueran de mi casa, pero el Señor les impidió completamente hacerlo durante tres muy largos meses. ¿Tiene usted alguna idea de cuántas veces habrá tenido el Espíritu Santo que traer a mi mente esos versículos durante ese tiempo? SIN EMBARGO, el hecho de tener esos versículos reflejados en mi mente evitó que yo pecara durante esa circunstancia. ¡Gloria a Dios! El Espíritu Santo nos auxiliará en gran manera si tan sólo lo obedecemos.

Hay un principio muy importante que deseo darle. La raíz de todos los pecados es el EGOCENTRISMO. ¡Vaya que nos gusta pensar en nosotros mismos! La raíz de TODAS las enfermedades mentales es el pecado del egocentrismo. La marca distintiva de todos los que están "desequilibrados mentalmente" o que tienen una gran cantidad de dificultades en su vida es que se niegan a pensar en ninguna otra cosa o persona que no sea en ellos mismos. Observen que dije que "se niegan" en lugar de decir que "son incapaces de" hacerlo. La gente que está desequilibrada emocionalmente decide estarlo, en la mayoría de los casos. Oh, utilizan la excusa de haber sufrido rechazo y heridas en su pasado. Sin embargo, detengámonos a pensar por un momento. *¿Habrá sufrido alguien más rechazo y heridas que Jesús?* ¡NO! ¡En qué horrible situación nos encontraríamos ahora si Jesús hubiera decidido emplear su tiempo en tenerse lástima a sí mismo y se hubiera quedado pensando y reaccionando emotivamente a las heridas y al rechazo de que fue objeto!

La mayoría de la gente, bien sea que estén catalogados como enfermos mentales o no, emplean gran parte de su tiempo pensando acerca de ellos mismos. Es ello especialmente cierto en cuanto a las personas que padecen de lo que llaman un "complejo de inferioridad". Si no lo sabré yo que fui culpable de ese pecado durante un gran número de años. Fue una de las primeras cosas que el Espíritu Santo me exigió que confrontara luego de hacer a Jesús el Amo completo de mi vida.

Había yo experimentado mucho rechazo durante mi infancia. Como resultado de ello, pensaba que no valía nada y que era fea y repulsiva ante los demás. Tenía tal grado de "complejo de inferioridad" que nunca entraba sola a un restaurante a comer. No quería que la gente se quedara mirándome. Nunca podré olvidar la noche poco después de haber hecho a Jesús el Amo total de mi vida cuando el Espíritu Santo lidió conmigo con respecto a ese problema. Había empezado a conducir mi auto para que me sirvieran por la ventanilla en un restaurante de MacDonald cuando el Señor me habló con gran claridad y fuerza.

—No —me dijo—. Tienes que entrar y sentarte a la mesa para comer.

—Pero Señor —le contesté—, Tú sabes que no soporto hacerlo. ¿Qué pensará de mí toda esa gente cuando me vea comiendo sola?

—Ese es precisamente el problema —fue la clara, rápida y directa respuesta del Señor—. Ese es precisamente el problema. ¡Nunca piensas en ninguna otra cosa que en ti misma! ¡Debes confesar que tu complejo de inferioridad es un PECADO! Se trata del pecado de egocentrismo. La realidad es que no eres lo bastante importante para los demás. No les importas nada. Todos están pensando en sí mismos.

Me sentí muy ofendida. Pero supe inmediatamente que lo que el Espíritu Santo me decía era cierto. La paranoia, los complejos de inferioridad, la gente que reacciona debido a rechazos en su vida pasada, ¡TODO ello constituye el pecado de egolatría! Es hora ya de que dejemos de pensar en nosotros mismos todo el tiempo y que seamos, como debemos ser, siervos de nuestro Rey. ¿Lo ha herido alguien? Entonces, delante de Dios, se le requiere que lo perdone. ¿Sabe lo que significa perdonar?

"Sed, pues, misericordiosos, como también vuestro Padre es misericordioso. No juzguéis, y no seréis juzgados; no condenéis, y no seréis condenados; perdonad, y seréis perdonados" (Lucas 6:36,37).

"Y no contristéis al Espíritu Santo de Dios, con el cual fuisteis sellados para el día de la redención. Quítense de vosotros toda amargura, enojo, ira, gritería y maledicencia, y toda malicia. Antes sed benignos unos con otros, misericordiosos, perdonándoos unos a otros, como Dios también os perdonó a vosotros en Cristo" (Efesios 4:30-32).

Si rehusamos perdonar a los que nos han herido, contristaremos al Espíritu Santo de forma que no podrá obrar en nuestra vida. Muchas personas que se han salido del satanismo han sido maltratadas horriblemente mientras estaban en la brujería. Ello es especialmente cierto de los que fueron criados por padres satanistas, o que fueron reclutados a la brujería siendo muy jóvenes. Los maltratos que sufre esa gente sobrepasan cualquier cosa que pudiéramos imaginarnos. Con todo, la Palabra de Dios es aplicable a ellos y a USTED de igual manera que a aquellos de nosotros que no hayamos sido maltratados de ese modo. Ellos tienen que PERDONAR a quienes los han herido para que el Padre pueda perdonarles sus propios pecados.

Existen cuatro pasos fundamentales en este asunto de perdonar a alguien que nos haya herido.

1. No perdonamos debido a que SINTAMOS deseos de hacerlo. Perdonamos como un puro acto de nuestra voluntad en obediencia al mandamiento de Dios.

2. Cuando perdonamos a alguien, reconocemos que a partir de ese momento no tenemos derecho alguno para tomar venganza contra esa persona.

> "Pues conocemos al [Dios] que dijo: Mía es la venganza, yo daré el pago, dice el Señor. Y otra vez: El Señor juzgará a su pueblo. ¡Horrenda cosa es caer en manos del Dios vivo!" (Hebreos 10:30,31).

> "Bendecid a los que os maldicen, y orad por los que os calumnian" (Lucas 6:28).

3. Cuando perdonamos a alguien, debemos hacerlo siguiendo el ejemplo de Dios. Una vez que hayamos perdonado a alguien, a partir de ese momento ya no tendremos ningún derecho a permitir que permanezcan en nuestra mente los recuerdos o pensamientos de lo que hayan hecho para herirnos. ¡TENEMOS que disciplinar nuestra mente para dejar de pensar en nosotros mismos!

> "Porque seré propicio a sus injusticias, y nunca más me acordaré de sus pecados y de sus iniquidades" (Hebreos 8:12).

4. Una vez que hayamos dado estos pasos en obediencia a Dios, podremos pedirle al Padre que controle y cambie

nuestras emociones con respecto a la situación en cuestión. Nosotros los humanos podemos hacer muy poco para dominar o cambiar nuestras emociones. Pero el Señor sí puede y quiere, si lo obedecemos y perdonamos a los que nos hayan herido.

Con demasiada frecuencia los creyentes eluden completamente todo el asunto del perdón mediante la represión de sus emociones. Sabemos que no debemos sentirnos amargados ni airados cuando alguien hace algo contra nosotros. Se hace mucho más fácil desalojar de nuestra mente consciente las inaceptables emociones que enfrentarnos al necesario perdón o a la situación de que se trate.

Si algún hermano (o hermana) peca contra nosotros no sólo se nos ordena que lo (la) perdonemos, también se nos manda que conversemos con él (o ella) y le mostremos su pecado. Entonces, ya sea que se haya arrepentido o no, se requiere de nosotros que lo (la) perdonemos. Reprimir la rabia y (o) la herida es una manera de evadir toda la situación. Esa no es la voluntad de Dios. Él *siempre* demanda la sinceridad.

En el acto de perdonar a alguien, también necesitamos hablar francamente con el Señor, reconociendo y admitiendo nuestras verdaderas emociones en la situación. Cuando lo hacemos tenemos el derecho de pedirle al Señor que sane y cambie nuestros sentimientos. Lo hará, si andamos en obediencia delante de Él.

Sé que haré enfurecer a muchos de los que lean este pasaje, pero tengo que decirles lo que el Señor me enseñó. NO TIENE USTED NINGÚN DERECHO a vivir su vida reaccionando a heridas del pasado. Dios REQUIERE que usted perdone y olvide y deje de pensar en usted y en cómo lo han herido. ¡Si no lo hace estará viviendo en PECADO activo!

Por último, todos debemos llegar a alcanzar madurez en Cristo a fin de que hagamos de Santiago 4:17 una realidad en nuestra vida.

"Y al que sabe hacer lo bueno, y no lo hace, le es pecado" (Santiago 4:17).

Para decirlo en términos muy simples, tenemos que hacer lo correcto sencillamente por cuanto ES lo que se debe hacer, y NO porque alguna otra persona nos exija que lo hagamos. Si aunque fuera avanzásemos sólo hasta este punto, ¡sencillamente desaparecería un vasto número de problemas de relaciones interpersonales!

Aquí en Estados Unidos el Señor ha sido muy bondadoso al darnos un simple aparato, el cual se emplea en casi todas las casas, que nos puede ayudar a enseñar este principio (véase la figura 8-1).

Cuando no obedecemos esa máxima de Santiago 4:17, el utensilio entonces se verá así (véase la figura 8-2):

¡Vamos, sea sincero! ¿Cuántas veces no habrá tenido usted que pelear con alguien para esclarecer a quién le tocaba sacar la basura? La Palabra de Dios nos dice que cuando sabemos qué es lo bueno que debemos hacer y no lo hacemos pecamos. Si ve que el cesto de la basura está lleno, usted SABE que "lo bueno" es ¡que lo vaciemos en el vertedero! ADEMÁS, cuando lo hayamos vaciado NO vamos a nuestro padre o cónyuge a decir algo así: "¡Mi amor, te hice el favor de sacar la basura!

No, no le hizo ningún favor. Todo lo que buscaba era que le diesen una palmada en la espalda en señal de aprobación. Debió usted de haber vaciado el cesto de basura sencillamente porque era "lo bueno".

¿Ve usted? Cuando uno hace las cosas justamente porque alguna otra persona espera que las haga, acumula mucha ira hacia ese individuo. "Tengo que hacer esto o lo otro porque mi esposo (o esposa) espera que lo haga." O: "Tengo que hacer esto o lo otro porque si no lo hago mi mamá se va a enojar." ¿Cuántas veces habrá oído decir algo semejante? Lo triste del caso es que tratamos al Señor de la misma manera. Nos enojamos con Él porque sentimos que "tene-

Figura 8-1.

mos que hacer" determinadas cosas debido a que Dios requiere que las hagamos.

Cuando *NO* hacemos "lo bueno", pecamos. Creo que por encima de setenta y cinco por ciento de todos los problemas entre los miembros de la iglesia se solucionarían si la gente dejara de actuar infantilmente y comenzase a poner en práctica lo que ese versículo nos dice que hagamos. ¡HAGAMOS "lo bueno"!

¡Nunca deja de maravillarme cómo la gente puede pasar por al lado de algo que ven que necesita hacerse y sencillamente no lo hacen! Esa es una señal de inmadurez. Es debido a esa actitud en nuestra vida que el Señor tiene que

Figura 8-2

disciplinarnos tan a menudo. ¡Es ahí donde comienzan las dificultades en nuestra relación con Él!

Me acuerdo muy bien de un día cuando iba guiando mi coche hacia el trabajo y el Señor me habló y me dijo que yo debía comenzar a ejercer cierta disciplina en la vida de dos jovencitas que hacía casi un mes que habían venido a vivir en mi casa. Varias veces les había yo leído la cartilla, y ya me había cansado y no quería tener que molestarme más con el asunto. Le dije al Señor: "¡Oh, Padre, ya no creo que valga la pena molestarme en llamarles la atención! ¡Cada vez que lo intento tratan de hacerme sentir culpable! Me dicen cosas como: '¿Y quién te crees que eres TÚ?' '¿Quién te hizo Dios A TI?' "

La respuesta del Señor fue clara y tajante. "Hija mía, te gustaría que te mostrara una lista exacta del número de veces que TÚ has intentado que YO me sienta culpable? Por ejemplo, cuando me has dicho: 'Padre, SI me amas, ¿cómo has permitido que me suceda esto a mí?' "

¡No hay necesidad de que diga que yo NO quería que Él me mostrara la lista! ¿Cuántas veces habrá USTED intentado que Dios se sienta culpable? "Dios, SI me amabas, ¿cómo pudiste TÚ dejar que tal cosa me sucediera?" O: "¡Dios, SI me amaras me habrías suplido esto o lo otro!" O: "¿Cómo puede un Dios amoroso permitir que suceda tal cosa?" TODAS esas preguntas son PECADO y son señal de nuestra terrible inmadurez. ¡Es hora de que los cristianos crezcamos! El apóstol Pablo dijo:

> "Cuando yo era niño, hablaba como niño, pensaba como niño, juzgaba como niño; mas cuando ya fui hombre, dejé lo que era de niño" (1 Corintios 13:11).

TENEMOS que superar tales niñerías. Enfrentemos nuestras responsabilidades y obligaciones, y cumplámoslas con justicia delante de Dios. Luchemos contra nuestra naturaleza pecaminosa y GANEMOS LA BATALLA.

Es esa la forma de obtener una vida abundante en Jesucristo nuestro Señor.

Si usted se convence, al leer este capítulo, de que debe erguirse y tomar control de su naturaleza pecaminosa, un buen lugar para comenzar es confesándole a Dios todos sus pecados pasados. Tenga la bondad de referirse al "Apéndice A" para obtener indicaciones que lo ayudarán a llevar a cabo esa confesión.

Capítulo 9

Profanación del templo de Dios

"Pero el fundamento de Dios está firme, teniendo este sello: Conoce el Señor a los que son suyos; y: Apártese de iniquidad todo aquél que invoca el nombre de Cristo. Pero en una casa grande, no solamente hay utensilios [vasijas] de oro y de plata, sino también de madera y de barro; y unos son para usos honrosos, y otros para usos viles. Así que, si alguno se limpia de estas cosas, será instrumento [vasija] para honra, santificado, útil al Señor, y dispuesto para toda buena obra" (2 Timoteo 2:19-21).

Una y otra vez a lo largo de todo el Nuevo Testamento, se nos exhorta a que nos purifiquemos, a que limpiemos nuestra vasija, que somos nosotros mismos. Nuestro Señor Jesucristo pagó un precio terrible en la cruz para que nosotros PUDIÉRAMOS "apartarnos de la iniquidad" y convertirnos en una "vasija para honra".

Existen dos esferas en las que es necesaria esa "purificación". La primera es en el área de nuestra naturaleza pecaminosa. *Tenemos* que poner nuestra naturaleza pecaminosa bajo nuestro control y sacar el pecado activo de nuestra vida. La segunda, tenemos que sacar toda profanación del templo de Dios (nosotros mismos). Yo creo que el templo de Dios no sólo se profana mediante la participación en el pecado, sino también por la presencia de demonios.

Esto nos trae a la candente y debatida cuestión, "¿Puede un cristiano tener un demonio morando dentro de él?" Creo que la Escritura nos muestra claramente que sí puede.

Los demonios no pueden sencillamente saltar dentro de la gente cada vez que quieran. Estamos rodeados de un seto

Figura 9-1. "[...]al que aportillare vallado, le morderá la serpiente" (Eclesiastés 10:8).

Figura 9-2. El pecado abre un portillo en el vallado... abre una puerta de acceso en nuestra vida.

para que no puedan entrar a menos que aportillemos el vallado protector (véase la figura 9-1).

¿Cómo aportillamos ese seto protector? Mediante el PE-CADO.

A esos pecados que permiten la entrada de demonios yo los llamo *pecados de profanación del templo*. ¿Por qué? Porque el resultado final en este asunto de los demonios en los cristianos es este: "¿Puede el templo de Dios, nosotros, ser profanado, y si es así, cómo define la Escritura el término *profanación*?" Para responder a esto, primero tenemos que acudir al Antiguo Testamento.

En el Antiguo Testamento, Dios le dio a su pueblo, los hijos de Israel, muchas "ilustraciones" en su vida para que pudieran comprender la venida de Cristo y la obra que Él lograría. Por ejemplo, a través de la expiación del pecado, se les hizo comprender la necesidad del derramamiento de sangre inocente y la entrega de la vida para pagar el precio por sus pecados. La expiación del pecado ofreció una demostración conmovedora de lo que Jesús llevó a cabo de una vez y por todas en la cruz. De la misma forma, el templo de Dios, tal como fue construido por el rey Salomón, fue una ilustra-

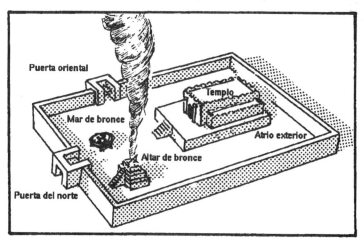

Figura 9-3. Templo de Salomón.

ción de aquéllos de nosotros que hemos entrado en el nuevo pacto con Cristo. Somos el templo de Dios con el Espíritu Santo morando en nosotros al igual que la presencia de Dios moraba en el templo de Salomón (véase la figura 9-3).

Ahora volvamos atrás y miremos la profanación del templo de Salomón. Aquí hay un esbozo del templo. El frente del templo mismo daba al norte (Ezequiel 8:14). Estaba rodeado por un muro que tenía dos portales. Uno en el muro que da al norte y otro en el muro oriental. El altar de bronce que se usaba para la expiación de los pecados y el mar se encontraban al frente del templo. El templo de por sí estaba dividido en dos partes. La parte del frente se llamaba el atrio interior, y la parte de atrás se llamaba "Lugar Santísimo". La presencia de Dios moraba en el Lugar Santísimo sobre el trono de Dios. El sumo sacerdote podía entrar en esta parte del templo únicamente una vez al año.

Después de la muerte de Salomón, su hijo Roboam asumió el trono. Pero Roboam rehusó el asesoramiento divino y oprimió al pueblo; esto causó que se rebelaran y la nación de Israel se dividió en dos partes. La ciudad de Jerusalén quedó en la parte llamada Judea y la otra mitad del país se llamó Israel.

Manasés, el rey malo, edificó altares justo dentro del templo a sus dioses demoníacos.

> "Edificó asimismo altares a todo el ejército de los cielos en los dos atrios de la casa de Jehová" (2 Crónicas 33:5).

Desde ese momento, el Señor aguardó casi cien años con prolongados períodos de profanación de su casa antes de quitar su presencia del templo.

La mitad de Israel fue llevada al cautiverio antes que la mitad de Judea. Ezequiel profetizó desde el cautiverio en Babilonia y fue contemporáneo con Jeremías, quien profetizó en Jerusalén. En Ezequiel, capítulos 8-10, el Señor transportó a Ezequiel en espíritu desde Babilonia hasta

Figura 9-4. Ídolo junto al altar de bronce.

Jerusalén para mostrarle la profanación de su templo (véase la figura 9-4).

> "Y aquella figura extendió la mano, y me tomó por las guedejas de mi cabeza; y el Espíritu me alzó entre el cielo y la tierra, y me llevó en visiones de Dios a Jerusalén, a la entrada de la puerta de adentro que mira hacia el norte, donde estaba la habitación de la imagen del celo, la que provoca a celos[...]. Y me dijo: Hijo de hombre, alza ahora tus ojos hacia el lado del norte. Y alcé mis ojos hacia el norte, y he aquí al norte, junto a la puerta del altar, aquella imagen del celo en la entrada" (Ezequiel 8:3-5).

Nosotros no sabemos con exactitud cómo era el ídolo, pero sí sabemos que los demonios están asociados con TODOS los ídolos. Pablo escribió específicamente sobre esto:

> "¿Qué digo, pues? ¿Que el ídolo es algo, o que sea algo lo que se sacrifica a los ídolos? Antes digo que lo que los gentiles sacrifican, a los demonios lo sacrifican[...]" (1 Corintios 10:19,20).

Entonces, claramente había demonios presentes junto al altar de bronce con el ídolo. Después, el Señor mostró a Ezequiel los muros alrededor del templo. El versículo 10 dice:

> "Entré, pues, y miré; y he aquí toda forma de reptiles y bestias abominables, y todos los ídolos de la casa de Israel, que estaban pintados en la pared por todo alrededor" (Ezequiel 8:10).

Ahora, ¿cuál es el propósito de estos dibujos ocultistas que se asemejan a nuestros murales de grafito modernos? Es bien conocido dentro de todas las formas de brujería que se colocan demonios en el sitio de un dibujo de ocultismo. Por lo tanto, existían demonios colocados en las paredes todo alrededor del templo. Ahora, miren de nuevo el dibujo del templo. La siguiente acción se lleva a cabo exactamente dentro del portal del norte (véase la figura 9-5).

> "Y me llevó a la entrada de la puerta de la casa de Jehová, que está al norte; y he aquí mujeres que estaban allí sentadas endechando a Tamuz" (Ezequiel 8:14).

La mayoría de los cristianos no se dan cuenta de la importancia de esta manifestación. Ante todo, ustedes tienen que entender que *el propósito de TODOS los ritos ocultistas es traer a los demonios para que estén presentes con las personas que realizan el rito*. Por lo tanto, ¿por qué estaban las "mujeres lamentándose por Tamuz?" Las mujeres estaban participando en una forma común de rendir culto a demonios, practicada por los babilonios. Tamuz era un dios demoníaco que se suponía que fuera Nimrod reencarnado. ¿Quién era Nimrod? Nimrod y su esposa Semiramis, eran seres humanos que eran los líderes de la formación del culto demoníaco después del diluvio. En Génesis 10:9,10 hay una breve referencia a Nimrod. La historia antigua nos muestra que Nimrod es lo mismo que Ninus, el primer rey asirio, fundador y constructor de la antigua

Figura 9-5. Mujeres que endechaban a Tamuz.

Babilonia donde se construyó la torre de Babel. En Egipto se rendía culto a Nimrod como Osiris. Es en los registros egipcios que encontramos un relato de la muerte de Nimrod, la cual fue violenta. Aparentemente a él lo mató Sem, el hijo de Noé, para ajusticiarlo por sus prácticas abominables de rendirle culto a los demonios. (Véase *The Two Babylons*, por el Rdo. Alexander Hislop.)

"Si había alguien que estuviera más profundamente preocupado por la trágica muerte de Nimrod que cualquier otra persona, ésta era su esposa Semiramis, quien, originalmente de una posición humilde, había sido cultivada hasta compartir con él, el trono de Babilonia. ¿Y en esta emergencia, qué debía hacer ella? ¿Debía renunciar tranquilamente a la pompa y el orgullo en que había sido criada? No. Aunque el fallecimiento de su marido había sido un rudo golpe a su poderío, no obstante, su resolución y ambición desenfrenada no estaban en forma alguna controladas. Por el contrario, su ambición cobró aun más ímpetu. Durante su vida, su esposo había sido laureado como un héroe; en su muerte, ella haría que se le rindiera culto como a un dios, sí, como la progenie prometida de la mujer. 'Zeroashta', que estaba destinada a magullar la cabeza de la serpiente, y quien, al hacerlo, vería herido su propio talón. Los patriarcas y el mundo antiguo en general, estaban perfectamente familiarizados con la gran promesa original del Edén, y sabían muy bien que la herida del talón de la progenie prometida implicaba su muerte, y que la maldición sólo podría removerse del mundo mediante la muerte del gran Redentor. Si la promesa sobre la magulladura de la cabeza de la serpiente, registrada en Génesis tal como fue hecha a nuestros primeros padres, fue hecha en realidad, y si toda la humanidad descendió de ellos, entonces se podría esperar que algún rastro de esta promesa se encontrara en todas las naciones. Y así mismo es. Difícilmente exista sobre la tierra un pueblo o linaje en cuya mitología no esté insinuada" (*The Two Babylons*, por el Rdo. Alexander Hislop [Loizeaus Brothers, Nueva Jersey, 1916], pp.58-60).

Por lo tanto, Semiramis proclamó al finado Nimrod como el "redentor" prometido por Dios a Adán y Eva en el jardín del Edén. Poco tiempo después de la muerte de su esposo, tuvo un hijo al que se le llamó Tamuz. Semiramis proclamó que Tamuz era Nimrod vuelto a la vida tal como prometió Dios en la gran promesa mesiánica dada a Eva. A lo largo de los tiempos y en todos los rincones del mundo, a esta madre e hijo falsos se les ha rendido culto bajo diversos nombres. Semiramis se convirtió en "la reina de los cielos" y así continúa siéndolo hasta el día de hoy.

Por eso, "endechar a Tamuz" era con el propósito de traer a Nimrod de regreso a la tierra, y que el demonio venerado bajo ese nombre, que estuviera presente ante las personas que celebraban la ceremonia. Por lo tanto, vemos claramente que había demonios dentro del portal del norte (véase la figura 9-6).

Entonces el Señor dijo a Ezequiel que le iba a mostrar la peor abominación de todas.

**Figura 9-6. Adoración del sol
con "sus rostros hacia el oriente".**

"Y me llevó al atrio de adentro de la casa de Jehová;
y he aquí junto a la entrada del templo de Jehová, entre
la entrada y el altar, como veinticinco varones, sus
espaldas vueltas al templo de Jehová y sus rostros
hacia el oriente, y adoraban al sol, postrándose hacia
el oriente" (Ezequiel 8:16).

Rendir culto "al sol hacia el este" es una forma de culto
demoníaco egipcio, porque es el culto que se rinde a la diosa
del Sol egipcia, Osiris, quien, como se apuntó anteriormente, era el nombre egipcio para Nimrod. De nuevo, el propósito era traer demonios para que estuvieran presentes con
las personas. Por lo tanto, los demonios estaban justamente
en el atrio interior del templo. En 2 Crónicas 33:5, citado
anteriormente en este capítulo cuando nos referimos a
Manasés, también se mostró claramente la presencia de
demonios DENTRO del templo de Dios, Y la presencia de Dios
no se había ido todavía.

Los demonios Y la presencia de Dios estaban juntas en el mismo templo. Creo que esto ilustra lo que nos puede suceder a nosotros. No fue hasta después que el Señor había mostrado todas estas abominaciones a Ezequiel, que Ezequiel entonces vio la gloria del Señor elevarse del templo e irse. Pero, por favor recuerden, que anteriormente les mostré cómo esta condición de profanación por parte de los demonios que se hallaban presentes en el templo había continuado alternadamente durante un período de casi cien años. Finalmente, Dios hizo justicia. ¡Él quitó su presencia del templo y después el templo resultó totalmente destruido!

Ahora, veamos el Nuevo Testamento.

"¿No sabéis que sois templo de Dios, y que el Espíritu de Dios mora en vosotros? Si alguno destruyere el templo de Dios, Dios le destruirá a él; porque el templo de Dios, el cual sois vosotros, santo es" (1 Corintios 3:16,17).

Estos dos versículos están claramente dirigidos a los cristianos. Ahora, si no fuera posible profanar el templo de Dios, entonces este versículo no aparecería en las Escrituras. Estos versículos encierran una sobria advertencia. NO permitan que su templo sea profanado. Si lo permiten, a la larga serán destruidos.

Es interesante ver que en estos versículos se usa la misma palabra griega para "profanar" y destruir, que significa "mutilar, corromper, destruir; llevar a un estado peor; depravar" (*A Critical Lexicon and Concordance to the English and Greek New Testament*, por Ethelbert W. Bullinger [Zondervan Publishing, Grand Rapids, MI, 1975], p. 213.)

Creo que el sentido aquí es que la profanación que una persona permita en su templo (en sí misma) resultará en su destrucción. Por ejemplo, si una persona sale y participa en una relación homosexual, no sólo recibirá la profanación de demonios, sino que también podrá contagiarse de SIDA. El SIDA destruirá su cuerpo físico, destruyendo así al templo.

¡Un creyente renacido no puede esperar que Dios lo proteja
del SIDA si participa en un encuentro homosexual, en mayor
medida de la que podría esperar que Dios lo protegiera de
recibir demonios!

Muchas personas me han preguntado si yo creía que la
destrucción mencionada aquí significaba pérdida de la salvación eterna. Yo no tengo todas las respuestas absolutas,
pero, en mi opinión personal, no lo creo así. Pienso que el
cuerpo físico será destruido, pero que el espíritu y el alma
seguirán su camino para estar con el Señor. Sin embargo,
el creyente sufrirá la pérdida de las recompensas en el cielo.
En los versículos justamente anteriores a la declaración
precedente, Pablo contempla este asunto:

> "La obra de cada uno se hará manifiesta; porque el
> día la declarará, pues por el fuego será revelada; y la
> obra de cada uno cuál sea, el fuego la probará. Si
> permaneciere la obra de alguno que sobreedificó, reci-
> birá recompensa. Si la obra de alguno se quemare, él
> sufrirá pérdida, si bien él mismo será salvo, aunque así
> como por fuego" (1 Corintios 3:13-15).

Se escuchan muy pocos sermones sobre estos versículos.
A las personas no les agrada pensar acerca de sufrir pérdi-
das en el cielo. Queremos pensar que TODOS recibiremos la
misma recompensa sin importar lo que hagamos aquí abajo
en la tierra. Sencillamente, eso no es cierto. Quizás una
persona no pierda su salvación, pero si permite que la
profanación continúe en su vida, no recibirá las recompensas que por el contrario recibiría si hubiera vivido una vida
de completa obediencia al Señor.

Uno de los principales argumentos usados contra la tesis
de que los cristianos tengan demonios es "¿Qué comunión
tiene las tinieblas con la luz?" Ahora veamos esa porción
bíblica en su contexto:

> "No os unáis en yugo desigual con los incrédulos;
> porque ¿qué compañerismo tiene la justicia con la
> injusticia? ¿Y qué comunión la luz con las tinieblas? ¿Y

qué concordia Cristo con Belial? ¿O qué parte el creyente con el incrédulo? ¿Y qué acuerdo hay entre el
templo de Dios y los ídolos? Porque vosotros sois el
templo del Dios viviente, como Dios dijo: Habitaré y
andaré entre ellos, y seré su Dios, y ellos serán mi
pueblo. Por lo cual, salid de en medio de ellos, y
apartaos, dice el Señor, y no toquéis lo inmundo; y yo
os recibiré, y seré para vosotros por Padre, y vosotros
me seréis hijos e hijas, dice el Señor Todopoderoso"
(2 Corintios 6:14-18).

Este pasaje fue dirigido a los cristianos en Corinto, por
tanto, obviamente, algunos de ellos ya estaban enyugados
en forma desigual. Pablo les decía que purificaran su vida.
Por lo tanto, este pasaje bíblico no se puede usar como un
texto de prueba de que los cristianos no puedan tener
demonios. Exactamente lo contrario. Pablo continúa escri-
biendo en el capítulo 7:

"Así que, amados, puesto que tenemos tales promesas, limpiémonos de toda contaminación de carne y de
espíritu, perfeccionando la santidad en el temor de
Dios" (2 Corintios 7:1).

"[...] y: apártese de iniquidad todo aquél que invoca
el nombre de Cristo. Pero en una casa grande, no
solamente hay utensilios [vasijas] de oro y de plata,
sino también de madera y de barro; y unos son para
usos honrosos, y otros para usos viles. Así que, si
alguno se limpia de estas cosas, será instrumento
[vasija] para honra, santificado, útil al Señor, y dispuesto para toda buena obra" (2 Timoteo 2:19-21).

TENEMOS que purificar nuestra vasija y limpiar el templo
de Dios: NOSOTROS MISMOS.

Claramente, el Espíritu de Dios Y los demonios moraron
dentro del mismo templo al mismo tiempo en el Antiguo
Testamento.

Claramente, la Escritura nos advierte acerca de la profanación del templo de Dios, nosotros. ¡Una y otra vez, se nos

exhorta a que nos LIMPIEMOS nosotros mismos! El resto de
este libro ha sido escrito para ayudarlos a obedecer la
palabra de Dios y que se limpien ustedes mismos. ¿Están
dispuestos a tolerar que una condición de profanación exista en USTEDES?

Capítulo 10

El espíritu
y el mundo espiritual

Hallo interesante que en esta época de crecimiento sin precedentes del ocultismo y del mal, probablemente nunca ha habido un momento en que los cristianos, en conjunto, creyeran MENOS en la realidad de la existencia del reino espiritual y de Satanás y su reino.

No fue necesario que ninguno de los autores de las Escrituras enseñaran sobre la realidad del reino espiritual porque la población en general ya creía en eso y CONOCÍA acerca del ocultismo. Durante la época de Moisés, por ejemplo, el Señor no tuvo necesidad de definir, o describir las prácticas del ocultismo porque generalmente la gente sabía muy bien de qué se estaba hablando. Los israelitas terminaban de dedicar 400 años de vida a la cultura egipcia versada en el ocultismo y en los cultos demoníacos. Pero hoy, pocos cristianos tienen alguna idea de qué es un hechicero, o nigromante, o qué significa "presagiar".

"Cuando entres a la tierra que Jehová tu Dios te da, no aprenderás a hacer según las abominaciones de aquellas naciones. No sea hallado en ti quien haga pasar a su hijo o a su hija por el fuego, ni quien practique adivinación, ni agorero, ni sortílego, ni hechicero, ni encantador, ni adivino, ni mago, ni quien consulte a los muertos. Porque es abominación para con Jehová cualquiera que hace estas cosas, y por estas abominaciones Jehová tu Dios echa estas naciones de delante de ti" (Deuteronomio 18:9-12).

El Señor no tuvo que definir los términos dados en estos

versículos porque la gente SABÍA de lo que Él estaba hablando. Al igual que en la época de Jesús y cuando se escribió el Nuevo Testamento, el conocimiento del ocultismo y de los demonios estaba bien diseminado. En realidad, estaba bien propagado el conocimiento de que los demonios podían hacer todo tipo de cosas.

"La creencia en los demonios y en el poder de emplearlos estaba tan generalizada en la época de nuestro Señor, que aun Josefo (Antigüedades viii:2,5) sostenía que el poder de invocar y de echar fuera demonios, y de curas mágicas se habían derivado del rey Ezequías, a quien Dios se lo había concedido. Josefo se declara a sí mismo de haber sido testigo ocular de tal cura maravillosa mediante la repetición de una fórmula mágica. Esto ilustra lo que sostenían los escribas de que las sanidades milagrosas de nuestro Señor se debían a una acción demoníaca" (*The Life and Times of Jesus the Messiah*, por Alfred Edersheim, Vol. II, Eerdmans Publishing Company, © 1947, p. 762).

"Aquí tenemos que tener en mente que la práctica de la magia estaba estrictamente prohibida a los israelitas, y que —al menos como cuestión de principio— se suponía que ni la brujería ni la magia tuviera poder alguno sobre Israel, si ellos poseían y servían a su Dios (Chull. 7b: Nedar. 32a). Pero en este asunto también —como se hará evidente en breve— la teoría y la práctica no estaban de acuerdo. Así, bajo ciertas circunstancias, la recitación de fórmulas mágicas fue declarada legal aun en el sábado (Sanh. 101a). Egipto se consideraba la cuna de la magia (Kidd. 49b: Shabb. 75a). Con relación a esto, merece notar que el Talmud [escritos para los judíos convertidos en leyes por los rabinos] atribuye los milagros de Jesús a la magia, la cual había aprendido durante su estadía en Egipto, habiendo tenido el cuidado, cuando se fue, de insertar bajo su piel sus reglas y fórmulas, ya que todo viajero, al salir del país, era registrado, no fuera a ser que se llevara a otras tierras los misterios de la magia (Shabb. 104b).

"Aquí puede ser interesante referir algunas de las extrañas ideas que el rabinismo atribuyó a los primeros cristianos, que muestran tanto la relación entre las dos partes, como que los judíos no negaron el don de los milagros en la iglesia, y sólo imputaron su ejercicio a la magia" (*The Life and Times of Jesus the Messiah*, p. 172).

¡Qué diferente es entre los cristianos de nuestros días! ¡El cristiano promedio NO tiene la menor idea de qué representa el ocultismo! Es por eso que tantos cristianos están cayendo en las trampas de Satanás. ¡Por causa de la ignorancia!

Hoy tenemos que llegar a una comprensión básica del ocultismo para que NO caigamos en la trampa de aceptarlo como si viniera de Dios. ¡Las prácticas de ocultismo abundan en las iglesias cristianas! Demasiados cristianos están acudiendo más y más a formas alternativas ocultistas de la medicina, formas de adivinación, leer la fortuna y muchas otras abominaciones ocultistas.

La Escritura es clara. ¡Todo el que tenga ALGÚN trato con el ocultismo, QUEDARÁ CONTAMINADO! (Levítico 19:31).

Oseas 4:6 y 7 dice:

"Mi pueblo fue destruido, porque le faltó conocimiento. Por cuanto desechaste el conocimiento, yo te echaré del sacerdocio; y porque olvidaste la ley de tu Dios, también yo me olvidaré de tus hijos."

¡Amados en Cristo, despertémonos y purifiquémonos de tanta contaminación! El propósito de este libro es ayudarlo a comprender ese mundo del ocultismo en rápida expansión, no sólo para que puedan purificarse de cualquier participación en él, sino también para que puedan evitar caer en sus trampas.

A fin de comprender el mundo del ocultismo, es esencial que el cristiano entienda el espíritu humano y la existencia

del mundo espiritual. Dentro del reino espiritual, sólo existen dos amos, dos fuentes de poder: Jesucristo o Satanás.
*El poder de Satanás es limitado. El poder de Jesucristo es
el poder absoluto, ilimitado, del Dios Todopoderoso.*

El propósito central de TODO el ocultismo es lograr y
mantener contacto con el mundo espiritual y con los espíritus que allí se encuentran. Los ocultistas mantienen este
contacto con el mundo espiritual para obtener PODER. Todo
ser humano en la faz de esta tierra desea poder. Está en la
raíz misma de nuestra naturaleza pecaminosa. Satanás
siente gran felicidad al suplirles a las personas un poder
falso para que hagan lo que deseen. Él hace esto para evitar
que se tornen hacia el verdadero Dios, Jesucristo. Desafortunadamente, los cristianos, debido a que son seres humanos con naturaleza pecaminosa, también desean poder.
Satanás ha introducido numerosas supercherías en las
iglesias cristianas, haciendo que los creyentes piensen que
experimentan y utilizan el poder de Dios cuando, en algunos casos, lo que en realidad están empleando es el poder
del demonio. Si el cristiano ha de mantenerse firme en la
palabra de Dios contra este violento ataque por parte de
Satanás, tendrá que tener una buena comprensión bíblica
del espíritu humano y del mundo espiritual.

¿Cómo es que nosotros, como criaturas físicas, somos
capaces de mantener contacto con el reino espiritual no
físico? La respuesta se encuentra en las Escrituras. Es
porque Dios nos creó a su imagen y semejanza. Él nos creó
a cada uno de nosotros con tres partes, al igual que Él es
una Trinidad. Tenemos un cuerpo físico, un alma y un
espíritu. Es mediante la parte espiritual en nosotros que
podemos experimentar el reino espiritual. Eso es así tanto
para los cristianos como para los que no los son.

> "Y el mismo Dios de paz os santifique por completo;
> y todo vuestro ser, espíritu, alma y cuerpo, sea guar-
> dado irreprensible para la venida de nuestro Señor
> Jesucristo" (1 Tesalonicenses 5:23).

Aquí Pablo nos enseña que nosotros los humanos somos seres tripartitas. Es decir, que tenemos tres partes: cuerpo, alma y espíritu. Él sencillamente expresa que las tres tienen que limpiarse y consagrarse a Jesús, y que Jesús mismo tiene que capacitarnos para que podamos mantener las tres partes "intachables" hasta su regreso.

Yo creo que al principio, antes de la caída, Dios creó al hombre como una trinidad (tres partes) en perfecta unidad del mismo modo que el propio Dios es una unidad perfecta. En otras palabras, el cuerpo, el alma y el espíritu estaban perfectamente unidos.

> "Entonces Jehová Dios formó al hombre del polvo de la tierra [cuerpo físico], y sopló en su nariz aliento de vida [espíritu], y fue el hombre un ser viviente [la individualidad que se manifiesta como nuestra mente, voluntad y sentimientos]" (Génesis 2:7).

Creo que antes de pecar, Adán y Eva tenían muchas facultades de las que carecemos hoy nosotros los humanos manchados por el pecado. ¿Por qué? Debido a la perfecta unidad del cuerpo, alma y espíritu de ellos. ¿Dónde podemos encontrar un ejemplo de otro hombre perfecto? En Jesucristo. Él no tenía pecado. En muchas partes de la Escritura se le llama el "segundo o último Adán". Aun después de su resurrección, Jesús continuaba teniendo un cuerpo físico. No obstante, era un cuerpo físico glorificado igual al que tendremos en el futuro. La Escritura nos dice que un día tendremos un cuerpo exactamente igual al que tiene Jesús ahora. Ese día seremos restaurados a un estado de pureza y los seres humanos una vez más seremos una unidad perfecta. ¿Cuáles eran algunas de las características del estado puro perfectamente unificado? Las vemos en Jesús, especialmente después de su resurrección. Él podía, con su cuerpo físico, hacer todo lo que un espíritu puede hacer, tal como atravesar paredes.

Creo que en la caída hubo una terrible separación. El cuerpo, alma y espíritu dejaron de encontrarse en la misma relación que tenían originalmente entre sí. Deténganse a pensar por un minuto. ¿Cuál es una de las primeras características de las que usted piensa en alguien que está totalmente poseído por un demonio? Fuerza sobrenatural. Esa fuerza es el resultado del control de un espíritu sobre el cuerpo físico, en este caso un espíritu demoníaco. Los que practican las artes marciales se esfuerzan por lograr habilidades sobrenaturales con su cuerpo físico; habilidades que únicamente vienen con el control del espíritu sobre lo físico.

Desde la caída, nosotros los seres humanos no tenemos, en una forma natural, un control consciente sobre nuestro espíritu. PERO, el ocultista TIENE que lograr ese control a fin de mantener su contacto vital con el mundo espiritual.

Existen muchas mentiras en todo el campo de las actividades ocultistas. Satanás y sus demonios no quieren que los seres humanos comprendan lo que ellos están haciendo. Por lo tanto, inventan mentiras y realizan falsos milagros para respaldar sus mentiras. Una de estas es la del "tercer ojo".

El concepto del "tercer ojo" se remonta hasta la antigüedad. La capacidad del "tercer ojo" es la habilidad de "ver" o lograr contacto con los espíritus.

Como ven, nuestro cerebro es como una computadora con dos canales de entrada. Cuando "vemos" algo en el mundo físico, la imagen va desde la retina de nuestro ojo físico a través de nervios especiales hasta nuestro cerebro. La imagen del objeto físico entonces se crea en nuestro cerebro, y "vemos". Lo mismo es cierto con objetos o espíritus en el mundo espiritual. Excepto que la información no llega a través de nuestro ojo físico. Llega a través de nuestro espíritu. Nuestro cerebro es capaz de recibir dos juegos de imágenes a la misma vez, imágenes del mundo físico e imágenes del mundo espiritual (véase la figura 10-1).

Sin embargo, los demonios no les enseñan a las personas acerca de su espíritu. En vez de eso, les enseñan acerca de un "tercer ojo". Algunas veces los demonios en realidad

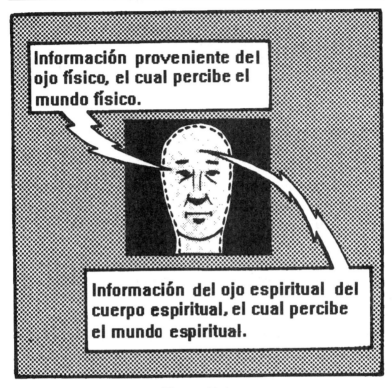

Figura 10-1.

crean un falso tercer ojo físico en el centro de la frente (véase la figura 10-2).

Los ocultistas creen que es ese tercer ojo el que les da la capacidad de ver el mundo espiritual. No se dan cuenta de que en realidad ellos están usando su espíritu. Las habilidades del tercer ojo también se conocen como "habilidades psíquicas". Ahora contamos con el influjo masivo del movimiento de la Nueva Era con un juego completo de terminologías. Debido a que el tercer ojo está localizado en el centro de la frente, los de la Nueva Era hacen referencia a "centrar" en vez de al "tercer ojo". "Centrar" es el término de la Nueva Era que define el proceso de lograr contacto con el mundo espiritual.

Figura 10-2.

De hecho, mientras Satanás va añadiendo engaño tras engaño, los antiguos términos del ocultismo se van dejando de usar. Ahora nosotros contamos con nuevas palabras hasta con sonido científico. Una de las cosas más importantes que un cristiano puede hacer es ¡EXIGIR UNA DEFINICIÓN DE LOS TÉRMINOS! ¿Exactamente, QUÉ significan las palabras? Veamos algunos ejemplos.

RECUERDEN, sólo existen cuatro tipos diferentes de espíritus:

- espíritus demoníacos
- ángeles al servicio de Dios
- espíritus humanos
- y Dios mismo.

TÉRMINOS DE LA NUEVA ERA
Palabras que se refieren a uno de los cuatro tipos de espíritus:

- energía
- vibraciones
- vibraciones electromagnéticas
- hombre interno: espíritu humano
- consejero: espíritus demoníacos que solían llamarse "guías espirituales" o "espíritus familiares"
- entidad
- fuerza
- poderes superiores
- espíritu supremo (*atman*): específico en el hinduismo para el espíritu humano
- *prana*: una forma de respirar, usada en el yoga, para provocar el flujo del poder espiritual.

Palabras que se refieren al contacto con el mundo espiritual:

- Autorrealización: la habilidad de controlar nuestro propio espíritu para poder entrar en contacto con el mundo espiritual.
- Estado alterado de conciencia: contacto con espíritus y el mundo espiritual.
- Conciencia de Dios: contacto con el mundo espiritual porque el de la Nueva Era piensa que Dios ES el mundo espiritual completo. Ellos no hacen distinción entre los espíritus creados y el Creador, Dios.
- Nivel Alfa o Theta: usado en el Control Mental Silva y otras escuelas del ocultismo. Un estado de trance en que se logra el contacto con el mundo espiritual. En ese estado de trance, esas ondas cerebrales predominan en un EEG (electroencefalograma), de ahí, el término pseudocientífico.
- Hemisferio izquierdo, hemisferio derecho: toda esa teoría se usa para establecerse contacto con el mundo espiritual.

- Estado alterado de conciencia: contacto con espíritus y el mundo espiritual.

Una vez que se empiezan a definir los términos, uno comienza a entender que se está lidiando con el contacto del reino espiritual que está prohibido por Dios.

NOTA: ¡NO existe tal cosa como vibraciones o energías impersonales que los individuos puedan usar y controlar! TODA la energía espiritual es MUY personal. Ésta reside en un espíritu de uno de los cuatro grupos mencionados: demonio, ángel, humano o Dios. ¡Los seres humanos NO PUEDEN controlar a Dios o a su poder en forma alguna! Por lo tanto, si usted controla alguna "energía" del mundo espiritual, está usted utilizando a demonios.

En *Preparémonos para la guerra*, capítulo 16, he escrito en detalle acerca del espíritu humano y del uso que de él hace el ocultista; por tanto, no voy a repetir esa información aquí.

A lo largo de la historia, Satanás ha usado continuamente tres métodos para poner a las personas en contacto con el mundo espiritual:

- Drogas
- Meditación, hipnosis y estados de trance: todos implican una mente en blanco
- Visualización e imaginación orientada

Las drogas que alteran la mente han sido usadas alrededor del mundo entero en todas las culturas por los magos, *shamanes* o brujos curanderos para entrar en contacto con los espíritus. Es interesante que los satanistas de pura cepa del mundo occidental no tengan interés en tomar drogas tales como LSD. ¿Por qué? Porque no logran alucinarse con ellas. De todos modos, ellos ven el mundo espiritual la mayor parte del tiempo. No necesitan una droga como LSD que les permita hacerlo. Las alucinaciones causadas por esas drogas no son nada más ni nada menos que experiencias en el reino espiritual.

Los demonios son maestros del engaño. En el reino espiritual tienen la habilidad de "cambiar la escena" del mismo modo que los hombres hacen en la industria cinematográfica. Si usted visita los estudios Universal, donde se hacen muchas películas en Estados Unidos, puede caminar calle abajo y encontrarse en el "Viejo Oeste", doblar la esquina, y verse en la Inglaterra del siglo dieciocho, virar en otra esquina, y encontrarse en otro país diferente en otra época. Los demonios pueden hacer lo mismo en el mundo espiritual y crearles a los humanos bajo su control toda clase de ilusiones.

Las religiones orientales se concentran en lograr el contacto con el mundo espiritual. Para hacer esto, han desarrollado formas de "meditación" que implican técnicas de relajamiento para poner la mente en blanco. La Escritura nos dice que SOMOS responsables de controlar nuestra mente en todo momento (2 Corintios 10:5). Una vez que nuestra mente se haya quedado en blanco, los demonios tienen libertad para asumir el mando y controlarla.

Finalmente, la visualización y la imaginación orientada son una técnica muy antigua para lograr contacto con el mundo espiritual. Esa técnica individual por sí sola es responsable de que miles de cristianos caigan en la trampa de usar técnicas ocultistas. (Véase *Preparémonos para la guerra*, capítulo 16.)

Pero, ¿qué está haciendo la gente en realidad cuando logra contacto con el mundo espiritual? En realidad, están logrando un control consciente sobre el espíritu. Yo no sé cómo llamar ese control; por lo tanto, lo he llamado "establecer un 'vínculo' entre el alma y el espíritu". En cierto modo, la mente consciente logra controlar el espíritu y las personas pueden usar su espíritu para "mirar" dentro del mundo espiritual y comunicarse con los espíritus en ese mundo. Recuerden, nuestro cuerpo físico no puede "ver" ni comunicarse con el reino espiritual invisible en ninguna forma. Esa comunicación tiene que venir por medio de nuestro espíritu. Normalmente, no podemos comunicarnos con el mundo espiritual. Esa vinculación que une el alma y el espíritu se perdió en la caída.

Las tres técnicas mencionadas las usan los ocultistas alrededor del mundo para establecer el mencionado control sobre su espíritu. Es interesante que una vez que una persona sale del ocultismo para venir a Jesucristo, no pierde esa capacidad hasta que le pide específicamente al Señor que rompa el vínculo entre su alma y su espíritu de acuerdo con Hebreos 4:12. Además, con esos que no vienen a Cristo, en muy raras ocasiones, he pedido al Señor que rompa el vínculo entre su alma y espíritu. Cuando el Señor concede mi petición la persona instantáneamente pierde su facultad de comunicarse con el mundo espiritual.

Es claro que NO es la voluntad del Señor que su pueblo tenga ese control sobre su espíritu. Nuestro espíritu ha de estar directamente bajo el control del Espíritu Santo, NO de nuestra mente.

Esa es la diferencia básica entre el ocultismo y el cristianismo. Los ocultistas dominan sus contactos con el mundo espiritual, y controlan, en gran medida, el poder que usan. Por otro lado, los cristianos nunca están en contacto con el mundo espiritual excepto en las breves ocasiones en que el Espíritu Santo permite tal contacto, y los cristianos NO controlan el poder de su Dios en forma alguna. Los cristianos son siervos y nada más. El Señor obra a través de sus siervos como Él desea, y no como ellos desean. Los demonios cooperan con los humanos para darles poder cuando las personas lo desean para alejarlos lo más que puedan del Señor.

Seamos cuidadosos y caminemos en fe y obediencia a nuestro Señor. No permita que el deseo pecaminoso lo lleve hacia las trampas de Satanás.

Capítulo 11

Puertas de entrada

¿Qué es una puerta de entrada? La Biblia dice que somos templo del Espíritu Santo. Uso el término "puerta de entrada" como un pecado que profana el templo. A través de esa puerta de entrada del pecado pueden entrar demonios y causar estragos en nuestra vida. Creo que sólo existen tres esferas de pecado que caen dentro de esa categoría. Ellas son:

1. Herencia
2. Pecados sexuales
3. Cualquier participación en el ocultismo

En mis dos primeros libros escribí en detalle acerca de muchas puertas de entrada. No deseo repetir toda esa información aquí. En su lugar, lo que voy a hacer es listar brevemente las puertas de entrada más comunes, y describir brevemente sólo las que no escribí en los otros dos libros.

Primero, herencia. Los demonios se heredan. Este hecho es muy bien conocido en el mundo del ocultismo. También es conocido dentro de las religiones asiáticas. Por favor, véase *Preparémonos para la guerra* pp. 125,126 para una discusión más detallada de esta puerta de entrada.

Pecados sexuales

Los demonios se pasan de una persona a otra a través de los pecados sexuales. Esos pecados caen dentro de ocho categorías básicas:

1. Relación sexual con el sexo opuesto fuera del matrimonio
2. Relación sexual con el mismo sexo
3. Incesto
4. Relación sexual con niños
5. Relación sexual con animales
6. Relación sexual con demonios
7. Sadomasoquismo
8. Pornografía

CUALQUIERA de estos pecados permitirá que los demonios penetren en la persona que comete el pecado. El abuso sexual es una de las puertas de entrada más comunes de la niñez. SIEMPRE está seguido por un ciclo de participación sexual precoz por parte del niño, con una creciente repetición de pecados sexuales según la persona vaya avanzando en edad. Ello se debe a los demonios colocados en el niño a una temprana edad.

Cualquier participación en el ocultismo

El ocultismo tiene una multiplicidad de actividades en las que participa la gente. Listarlas todas tomaría muchas páginas. Voy a pormenorizar el ocultismo en categorías y listar los problemas más comunes.

Actividades clásicas del ocultismo

La Escritura lista éstas como:

- Adivinación
- Astrología (pronósticos basados en los aspectos planetarios)
- Magia, nigromancia, o hechicería (formas de brujería)
- Consultas con espíritus familiares (las más comunes de

éstas son llamar a los espíritus de los muertos o celebrar sesiones espiritistas)

Adivinación

ADIVINACIÓN: "El arte que trata de prever o predecir los futuros acontecimientos o descubrir conocimientos ocultos, por medio de agüeros o sortilegios" (Diccionarios Webster's y de la Lengua Española).

La mayoría de los cristianos están conscientes de que la adivinación incluye predecir la buena fortuna, pero es la segunda mitad de la definición lo que mete a la gente en líos. He aquí una lista de formas comunes de adivinación:

- quiromancia
- lectura de la bola de cristal
- rabdomancia (adivinar la presencia de agua u otras sustancias subterráneas)
- péndulo
- varita mágica
- baraja del tarot o cualquier forma de lectura cartomántica
- lectura de hojas de té
- numerología
- estudio de las entrañas de animales (como en la religión de santería)

Sin embargo, existen formas modernas de adivinación que se presentan como científicas. Satanás toma varios procedimientos que dan una pequeña cantidad de conocimientos legítimos y después los amplía para proporcionar grandes cantidades de conocimientos. Y aquí es donde surge la adivinación. He aquí un listado de algunas de estas:

GRAFOLOGÍA
    Análisis de la caligrafía. A través del análisis de la escritura cursiva se pueden descubrir algunos datos,

tales como si la persona es varón o mujer, o si el artículo es una falsificación. No obstante, cuando empiezan a decirle a uno cosas tales como que "a usted le ocurrió un doloroso accidente a la edad de once años lo cual hace que tenga dificultades para relacionarse con los demás", tenga cuidado. Eso es que se están metiendo en adivinación. La mayoría de las grandes corporaciones ahora están sometiendo a los aspirantes a empleados a análisis grafológicos. Desafortunadamente, muchas iglesias están cayendo en esa trampa.

IRIDOLOGÍA

El iris es la parte coloreada del ojo. Se alega que mediante la mera observación del iris, se puede diagnosticar cualquier enfermedad del cuerpo.

QUINESIOLOGÍA

Observen, por favor, que existe una ciencia llamada, "quinesiología". La palabra viene de la palabra griega "quinesis", que significa, movimiento. Por lo tanto, la quinesiología es el estudio del movimiento humano. Trata con el estudio de cuáles músculos tienen que ver con los diversos movimientos del cuerpo. No me estoy refiriendo a esa ciencia.

Me refiero a tipos alternos de quinesiología tales como, "Quinesiología aplicada" y "Quinesiología del comportamiento". Aunque esas disciplinas ofrecen valiosos conocimientos respecto al funcionamiento de nuestro cuerpo, algunos practicantes se han aventurado más allá del reino de la ciencia. Me refiero a cosas tales como diagnosticar enfermedades mediante pruebas musculares. Algunos practicantes llegan a alegar que son capaces de diagnosticar la enfermedad de una persona localizada a distancia "por poder": analizar su fortaleza muscular mientras usted sencillamente piensa acerca de su amigo enfermo que vive a muchos kilómetros de distancia.

También descubrirá que los libros relacionados a tipos alternativos de quinesiología promueven el concepto de la energía vital, fuerza vital, puntos de agarre de acupresión, meridianos de acupuntura, etc.

CITOTOXOLOGÍA

El diagnóstico de cualquier enfermedad mediante el supuesto estudio de las células sanguíneas. Al estudiar la sangre se puede obtener, legítimamente, una gran cantidad de información, pero es imposible diagnosticar todas las enfermedades estudiando un tipo de célula sanguínea.

REFLEXOLOGÍA

El diagnóstico de la enfermedad partiendo de los reflejos.

HIPNOTISMO

Básicamente, el hipnotismo es un trance demoníaco. Éste quebranta directamente la Palabra de Dios. Se nos ordena que tomemos cualquier pensamiento cautivo (2 Corintios 10:3-5) y que permanezcamos sobrios y vigilantes (1 Pedro 5:8). Siempre tenemos que estar alerta. Dios nos hace directamente responsables de nosotros mismos y de nuestra mente. El hipnotismo exige sumisión de la persona que está siendo hipnotizada. SIEMPRE se colocan demonios en la persona mediante el hipnotismo. Cualquiera que use esta técnica también tiene demonios. El pueblo de Dios TIENE que estar claro en cuanto a esta trampa.

ACUPUNTURA

La acupuntura se originó en Asia. Es parte integrante de la religión asiática. Se supone que las agujas estimulen el *chi* o espíritu. La acupuntura proporciona una curación demoníaca.

ACUPRESIÓN

La acupresión funciona bajo el mismo principio de la acupuntura.

ANÁLISIS DEL COLOR

Por esto no me estoy refiriendo a la moda. Me refiero al tipo de análisis donde a usted le dicen que ciertos colores afectan su nivel de energía, etc.

ANÁLISIS DEL PELO

El diagnóstico de la enfermedad mediante el análisis del cabello. El cabello es proteína muy similar a las uñas de los dedos. Aparte de una deficiencia proteínica, las enfermedades no se pueden diagnosticar analizando el cabello.

Para una discusión más profunda de estas técnicas, recomiendo un libro llamado, *Healing At Any Price? The Hidden Dangers of Alternative Medicine*, por Samuel Pfeifer, M.D. (Word Publishing, © 1988).

Juegos y juguetes ocultistas

Los juegos y juguetes ocultistas han saturado nuestras tiendas. Los juegos tales como Calabozos y Dragones constituyen un curso intensivo en brujería. TODOS los juegos que requieren que se desempeñe algún papel, implican una visualización intensa que rápidamente pone a los jugadores en contacto con el mundo espiritual.

Los padres tienen que ser extremadamente cuidadosos acerca de los juguetes que les compran a sus hijos. Los diversos juguetes que representan monstruos son en realidad réplicas exactas de demonios tal como aparecen en el mundo espiritual. Naturalmente, los niños atraviesan una etapa del desarrollo en que utilizan gran cantidad de imaginación y visualización. A los demonios que se asemejan a los juguetes les resulta muy fácil hacer contacto con los niños que juegan con estos.

Casi todas las historietas infantiles tienen enseñanzas ocultistas en ellas. Y en nuestras escuelas públicas existe un movimiento en gran escala para adiestrar a los niños de los grados inferiores a convertirse en médiums.

Si usted todavía no lo ha hecho, le recomendaría enfáticamente que obtenga y lea *Like Lambs To The Slaughter*, por Johanna Michaelson. Ese libro es una excelente exposición del ocultismo que se enseña en nuestras escuelas. Todo padre que tenga un hijo en la escuela debe leer ese libro.

Artes marciales

Es muy bien conocido en el mundo ocultista que los espíritus demoníacos son el poder que se usa en las artes marciales. No obstante, existe gran cantidad de confusión concerniente a cosas tales como la autodefensa. Considero que una buena regla general es que si llega usted al punto en que puede hacer esas cosas que normalmente rasgarían carne y hueso sin causarse daño, entonces está usted usando poderes espirituales demoníacos.

Sesiones espiritistas

Sesión espiritista: "Una reunión espiritualista de los que suponen que por medio del magnetismo animal, o de otros modos, pueden ser evocados los espíritus de los muertos para conversar con ellos" (diccionario de la Real Academia de la Lengua Española).

Existen muchas formas de sesiones espiritistas aparte de las reuniones anticuadas de sentarse alrededor de una mesa en un cuarto oscuro. Recuerden que una reunión espiritista es cualquier cosa que invoque a un espíritu para recibir comunicación de él. He aquí algunas otras formas de sesiones espiritistas:

- Tabla de ouija
- María sangrante: un juego que juegan los niños en que un demonio se les aparece en un espejo.
- Meditación: hablar con un consejero o guía espiritual como en el Control Mental Silva y muchas otras técnicas.
- Catolicismo romano: implorar ayuda de los "santos" y de María.

Otras puertas de entrada ocultistas

- Yoga
- Meditación oriental
- Visualización e imaginación orientada
- Música rock
- Uso de cristales
- Percepción extrasensorial (ESP)
- Proyección astral
- Contratos de sangre de CUALQUIER tipo, incluso convertirse en "hermanos de sangre"
- Sacrificios de cualquier tipo
- Ídolos de cualquier tipo
- Cánticos de cualquier tipo

La lista es casi interminable. Recomendaría al lector el capítulo intitulado "Puertas" en *Preparémonos para la guerra*. Estas puertas de entradas las discutí a fondo en ese libro; por tanto, no voy a repetir esa información aquí.

Capítulo 12

Liberación

Este libro está escrito para todos los hijos de Dios que sienten hambre y sed de una estrecha relación personal con ÉL. Es para los que anhelan "oír" su voz en lo más profundo de su ser, que no se satisfarán con nada inferior a la experiencia de su presencia y gloria. Es para los que valoran tal relación con nuestro maravilloso Creador lo suficiente como para pagar el precio en su propia vida para lograrla... el dolor de cargar el peso de la cruz diariamente. Este libro es para aquéllos dispuestos a esforzarse por obtener santidad mediante la obediencia a nuestro amado Maestro, JESÚS.

> "Así que, amados, puesto que tenemos tales promesas, limpiémonos de toda contaminación de carne y de espíritu, perfeccionando la santidad en el temor de Dios" (2 Corintios 7:1).

¡Existe una desesperada necesidad de que el pueblo de Dios despierte y traiga santidad a su vida! La profesante iglesia cristiana del mundo occidental de hoy se ha conformado con un evangelio de componendas con el mundo. Las doctrinas de la prosperidad y la satisfacción de deseos carnales tienen preponderancia en ellas. Nadie quiere pagar el precio de vivir una verdadera vida apartada y santa.

La consecuente pobreza en la relación personal del creyente promedio con el Señor es asombrosa. La pregunta más común que me hacen los pastores por teléfono es: "¿Es en realidad posible que el Señor se pueda comunicar conmigo directamente?" ¡Qué trágico es esto! En verdad que vivimos en una era eclesiástica caracterizada por la iglesia de Laodicea.

"Y escribe al ángel de la iglesia en Laodicea: He aquí el Amén, el testigo fiel y verdadero, el principio de la creación de Dios, dice esto: Yo conozco tus obras, que ni eres frío ni caliente. ¡Ojalá fueses frío o caliente! Pero por cuanto eres tibio, y no frío ni caliente, te vomitaré de mi boca. Porque tú dices: Yo soy rico, y me he enriquecido, y de ninguna cosa tengo necesidad; y no sabes que tú eres un desventurado, miserable, pobre, ciego y desnudo. Por tanto, yo te aconsejo que de mí compres oro refinado en fuego, para que seas rico, y vestiduras blancas para vestirte, y que no se descubra la vergüenza de tu desnudez; y unge tus ojos con colirio, para que veas. Yo reprendo y castigo a todos los que amo; sé, pues, celoso, y arrepiéntete" (Apocalipsis 3:14-19).

El resplandor de las estrellas "cristianas" de la televisión y del entretenimiento "cristiano" ha cegado los ojos del pueblo de Dios a su terrible pobreza espiritual. La euforia inducida por los repetidos coros y la música emocional en muchos cultos de las iglesias ahogan completamente esa voz aún sosegada del Espíritu Santo que nos llama al arrepentimiento y a la santidad.

Yo considero que A. W. Tozer lo resumió todo mejor en su libro *The Pursuit of God.*

"Vidas superficiales, filosofías religiosas huecas, la preponderancia del elemento de diversión en las reuniones evangélicas, la glorificación de los hombres, confianza en las apariencias religiosas, confraternidades cuasireligiosas, métodos de mercadeo, la confusión de una personalidad dinámica por el poder del Espíritu. Estos, y otros como estos, son los síntomas de una enfermedad grave, una afección profunda y seria del alma" (*The Pursuit of God*, por A. W. Tozer, Christian Publications, Inc., 1982, p. 69).

Aquéllos de nosotros que hemos aceptado la misericordiosa oferta de nuestro Salvador de limpiar nuestros pecados con su preciosa sangre derramada sobre la cruel cruz del Calvario debemos sacar el pecado y la corrupción de nuestra vida. Purifiquémonos nosotros mismos para así llegar a ser vasijas para honra (2 Timoteo 2:21). La decisión es suya. ¿Llegará usted a ser una vasija para honra o para deshonra?

Hay un breve libro de Phillip Keller que recomiendo enfáticamente a todos que lo adquieran y lo lean. En él Keller describe con extrema belleza una visita al hogar de un alfarero en Paquistán. Él observó a un experto alfarero mientras hacía una vasija:

> "Una vez más la piedra comenzó a girar. Pero igual de repentino se detuvo por tercera vez. De pronto los hombros del alfarero se desplomaron desconsoladamente. Una humilde mirada de desaliento inundó sus abatidos ojos. Desesperado, señaló hacia una ranura profunda y áspera que formaba un feo y largo corte en el cuerpo de la bella copa. Estaba arruinada más allá de toda reparación.

> "En un gesto de frustración y total futilidad, aplastó la arcilla sobre la rueda. Bajo sus manos había de nuevo una masa deforme de barro apilada en un oscuro montón sobre la piedra.

> 'Y la vasija de barro que él hacía se echó a perder en su mano' (Jeremías 18:4).

> "¿Y qué hará el alfarero ahora?... Entonces él se volvió y me miró desde su tambaleante banqueta. Sus ojos estaban nublados, tristes, como cavidades profundas llenas de remordimiento. Habló suave y vacilantemente: '¡Sólo haré un burdo aguamanil de campesino de la misma arcilla!' " (*In The Master's Hands*, por Phillip Keller, Vine Books, 1987, pp. 28-31).

"Apártese de iniquidad todo aquél que invoca el nombre de Cristo. Pero en una casa grande, no solamente hay utensilios [vasijas] de oro y de plata, sino también de madera y de barro; y unos son para usos honrosos, y otros para usos viles. Así que, si alguno se limpia de estas cosas, será instrumento [vasija] para honra, santificado, útil al Señor, y dispuesto para toda buena obra" (2 Timoteo 2:19-21).

La opción es nuestra. ¿Resistiremos a nuestro Maestro y nos convertiremos, al hacerlo, en una vasija para usos viles? Si endurecemos nuestro corazón y resistimos al Espíritu Santo al traernos convicción de que necesitamos purificarnos, entonces es casi seguro que terminemos como una vasija para deshonra.

De purificarnos a nosotros mismos es precisamente de lo que trata este capítulo. TENEMOS que limpiarnos NOSOTROS MISMOS. La responsabilidad es NUESTRA. Una y otra vez en la Escritura se nos exhorta a que nos purifiquemos.

"Así que, amados, puesto que tenemos tales promesas, limpiémonos de toda contaminación de carne y de espíritu, perfeccionando la santidad en el temor de Dios" (2 Corintios 7:1).

"Por tanto, amados míos, como siempre habéis obedecido, no como en mi presencia solamente, sino mucho más ahora en mi ausencia, ocupaos en vuestra salvación con temor y temblor" (Filipenses 2:12).

Jesús pagó el precio de nuestros pecados en la cruz, pero es responsabilidad NUESTRA hacer nuestro el poder y la autoridad que tenemos disponible en el nombre de Jesús para purificar nuestro templo, es decir, nosotros mismos.

"¿No sabéis que sois templo de Dios, y que el Espíritu de Dios mora en nosotros? Si alguno destruyere el templo de Dios, Dios le destruirá a él; porque el templo de Dios, el cual sois vosotros, santo es" (1 Corintios 3:16,17).

Debido a que el Espíritu Santo mora en aquéllos de nosotros que hemos hecho a Jesucristo nuestro Señor, Maestro y Salvador debemos ser cuidadosos de mantenernos puros. Eso no sólo significa que tenemos que dejar de pecar, sino también que tenemos que sacar del templo toda impureza. Eso quiere decir demonios.

¡Cuanto más conozcamos a Dios, tanto más conscientes estaremos de nuestra condición pecaminosa! Es mi oración que el Espíritu Santo le muestre a cada individuo algo de la tremenda grandeza de nuestro Dios.

"El principio de la sabiduría es el temor de Jehová; los insensatos desprecian la sabiduría y la enseñanza" (Proverbios 1:7).

Es sólo cuando lleguemos a una valoración reverente de la grandeza y completa santidad de nuestro Dios que caeremos sobre nuestro rostro y clamaremos:

"¡Ay de mí! que soy muerto; porque siendo hombre inmundo de labios, y habitando en medio de pueblo que tiene labios inmundos, han visto mis ojos al Rey, Jehová de los ejércitos" (Isaías 6:5).

¡Humillémonos e inclinemos nuestro rostro ante el Señor y arrepintámonos de nuestros pecados! Seamos cuidadosos al purificarnos a fin de que podamos llegar a ser vasijas que pueda usar nuestro Maestro. ¡Oh, cuánto deseo ser una sierva útil a nuestro Maestro! Todo el deseo de mi corazón es complacerlo a Él. Y eso no lo puedo hacer si soy indiferente al pecado y descuidado el aspecto de la profanación de mi templo (yo misma).

He dedicado varios de los últimos capítulos de este libro para hablar acerca de áreas de pecado que ocasionan profanación; o sea, la morada de demonios en nosotros. Si ha tomado usted parte en alguno de estos pecados, necesita entonces purificarse. Considero que el creyente promedio puede purificarse a sí mismo usando el poder y la autoridad que el Señor Jesucristo le ha dado. Escribo este capítulo para que los creyentes puedan hacer precisamente eso. A menos que haya estado profundamente metido en el ocultismo, no necesita usted a otra persona para que lo ayude a purificarse. Es provechoso si tiene a alguien que pueda orar con usted; pero, tiene que inclinar el rostro ante Dios y venir a cuentas con Él frente a frente USTED MISMO. Jesús es nuestro mediador. No necesitamos a nadie más. Lo

exhorto a que se purifique usted mismo ¡AHORA! No se
demore. El tiempo apremia. Estoy convencida de que el
regreso del Señor está cerca.

"¿Purificará su vasija" en obediencia a los mandamientos
de nuestro Señor? ¿O persistirá en la rebelión y en vivir una
vida cómoda y fácil, convirtiéndose en una "vasija para
deshonra"? *La opción es SUYA.*

> "Y estas señales seguirán a los que creen: en mi
> nombre echarán fuera demonios[...]" (Marcos 16:17).

> "He aquí os doy potestad de hollar serpientes y
> escorpiones, y sobre toda fuerza del enemigo, y nada os
> dañará" (Lucas 10:19).

Jesús da a sus servidores autoridad sobre los demonios
en su nombre. Desafortunadamente, el ministerio de liberación ha obtenido mala fama en las iglesias cristianas
debido a prácticas ajenas a las Escrituras que muchos usan
en una liberación. Todos pasamos por un proceso de aprendizaje. Siento mucho no haber hecho una descripción suficientemente clara en mi primer libro, *Él vino a dar libertad
a los cautivos*, de la lucha que sostuve con los demonios que
Elaine tenía dentro. Fue porque yo desconocía cómo ejercer
la liberación. El Señor exigió que escriba tanto acerca de
mis errores como de mis éxitos. Deseo recalcar que yo ahora
NO hablo con los demonios, ni permito las manifestaciones
físicas de los demonios, tal como lo hice en aquellos días
iniciales de este ministerio. Si hubiera sabido entonces lo
que sé ahora, liberar a Elaine no me habría tomado tantas
horas.

Tan pronto como comencé mi práctica médica, empecé a
ver personas que salían del satanismo diariamente. Obviamente, no podía dedicar tantas y tantas horas con cada una
en su liberación. Rápidamente busqué al Señor para que me
diera la respuesta. Mi oración fue algo así: "Señor, ¿por qué
cuando Jesús le ordenó a un demonio que saliera, éste salió
inmediatamente y yo tengo que dedicar una hora entera
discutiendo y peleando sencillamente para lograr que uno

salga?" La respuesta del Señor fue concisa y al grano: "¡Exactamente por eso!" Ve usted, el hecho de que yo hablaba y discutía con los demonios ERA el problema. No sólo era ese el problema, sino que también era PECADO. ¿Por qué?

Primero, porque yo estaba permitiendo que la persona que estaba siendo liberada cayera en el pecado de convertirse en "médium". ¿Qué es un médium? Es "una persona que deja que los espíritus hablen a través de ella" (véase un diccionario de la lengua española.) ¡Dios prohíbe eso estrictamente! (Deuteronomio 18:10-12) Demasiadas veces los que obran liberaciones le pedirán a la persona que está siendo liberada que simplemente se relaje y que deje a los demonios hablar a través de ellas. ¡Están pidiéndole directamente a la persona que peque!

Segundo, la Escritura estrictamente prohíbe la práctica de los "espíritus familiares" (véase Deuteronomio 18:10-12). ¿Qué significa consultar a un espíritu familiar? Significa hablar con un demonio para obtener información de él. Los brujos tienen demonios especiales que usan constantemente para obtener información. Cuando el que obra la liberación descansa en obtener información de los demonios mismos acerca de quiénes son y cómo entraron, etc., ¡el obrero mismo está cayendo en el pecado de tener un espíritu familiar, o de consultar con un espíritu demoníaco!

Por último, nosotros los cristianos somos templo del Espíritu Santo.

"¿Y qué concordia Cristo con Belial?" (2 Corintios 6:15).

El Santo Espíritu de Jesucristo NO tiene concordia o confraternidad o acuerdo con Belial o con NINGÚN espíritu demoníaco. Por tanto, ¡cualquier creyente que permita que un demonio asuma el mando y controle su cuerpo en cualquier forma, está pecando! La Epístola de Santiago, especialmente los capítulos 3 y 4, nos enseña que NOSOTROS somos responsables de controlar nuestro cuerpo.

"Porque todos ofendemos muchas veces. Si alguno

no ofende en palabra, éste es varón perfecto, capaz también de refrenar [controlar] todo el cuerpo" (Santiago 3:2).

Santiago 4:8 nos dice que limpiemos nuestras manos y corazones. Existen muchos pasajes bíblicos que hacen referencia a nuestra responsabilidad de controlar nuestro cuerpo.

¡El mayor impedimento para la liberación es el PECADO! NO debemos pecar obteniendo información de los demonios, ni tampoco debemos permitir que las personas a quienes orientamos pequen al convertirse en médiums o canales a través de los cuales hablen los demonios. Estas prácticas están condenadas por la Palabra de Dios.

Entonces el Señor me mostró que la liberación debe ser un paso de fe. Todo nuestro andar cristiano se basa en la fe. Todo lo que recibimos del Señor lo recibimos por fe. La liberación no es diferente.

¿Cómo opera la fe en la liberación? Así:

LA FE significa la aceptación absoluta, como una realidad, de que Dios siempre cumple su palabra.

Por tanto, la liberación está basada en la Palabra de Dios. Aceptamos como UN hecho, que, cuando cumplimos con los mandamientos de Dios, Él siempre cumplirá sus promesas. La liberación está basada en los siguientes pasajes bíblicos:

> "Si confesamos nuestros pecados, él es fiel y justo para perdonar nuestros pecados, y limpiarnos de toda maldad" (1 Juan 1:9).

> "He aquí os doy potestad de hollar serpientes y escorpiones, y sobre toda fuerza del enemigo[...]" (Lucas 10:19).

Si nos arrepentimos y confesamos nuestros pecados, Dios nos limpiará. Es así de simple.

La única condición para la liberación es el verdadero arrepentimiento.

El *arrepentimiento* significa:

1. Apartarse del pecado y dedicarse a enmendar la vida de uno.
2. Sentir dolor, pesar o contrición (diccionario de la Lengua Española).

Usted NO PUEDE liberar a alguien que continúe activamente en el pecado, o que no quiera ser liberado.

EN LA LIBERACIÓN HAY CUATRO PASOS SENCILLOS:

Paso 1: Definir las puertas de entrada o los pecados que profanan el templo.

Paso 2: ARREPENTIRSE y confesar esos pecados pidiendo a Dios perdón y purificación.

Paso 3: Ordenar a los demonios que entraron a través de esos pecados que salgan para siempre.

Paso 4: ¡Dejar de pecar! Saturar la vida con la Palabra de Dios.

Cuando la liberación se hace como un paso de fe, no se permitirá ninguna manifestación demoníaca.

Esta fue una de las "claves" principales que me ayudaron a entender cómo el Señor deseaba que se hiciera la liberación. No es de sorprender entonces por qué yo tenía tanta dificultad al tratar de echar fuera los demonios de alguien. ¡Cuando yo permitía que los demonios hablaran a través de una persona, en realidad lo que estaba haciendo era pedirle a esa persona que pecara, y yo también estaba pecando! Resulta sumamente difícil lograr que un demonio salga de alguien en tanto que esté pecando activamente.

¡Una vez que me di cuenta de eso y comencé a enfocar la liberación como un paso de fe, no hubo más luchas con los demonios! De ahí en adelante la liberación se hizo muy fácil. Nosotros los humanos tenemos la tendencia de complicar las cosas. Dios lo hace todo con sencillez. La liberación es, pues, así:

- Arrepentirse del pecado que permitió a los demonios entrar.

- Ordenar que salgan los demonios que entraron a través del mencionado pecado.
- Aceptar, por la FE, que Dios SIEMPRE cumple su palabra. SI una persona se arrepiente sinceramente de su pecado, Dios la LIMPIARÁ, y los demonios tendrán que irse. Una vez que se haya logrado la confesión del pecado y que se haya ordenado salir a los demonios, la persona deberá aceptar por fe que estos se han ido.

Ahora, veamos uno por uno los cuatro pasos para la liberación.

PASO 1: Definir las puertas de entrada o los pecados que profanan el templo.

Como dije en el Capítulo 11, no considero que los demonios puedan entrar en ninguna persona a través de cualquier simple pecado. Creo que lo que yo llamo "pecados que profanan el templo" caen bajo tres categorías:

1. Herencia
2. CUALQUIER participación en el ocultismo
3. Pecados sexuales

He escrito sobre muchos pecados específicos con respecto a estos tres campos en los capítulos anteriores. El primer paso es sentarse con una papel y pluma en mano y recorrer cuidadosamente la vida de uno desde el nacimiento hasta el presente. Pídanle al Espíritu Santo que traiga a su memoria cualesquiera pecados que pudieran haber olvidado. Hagan una lista de ellos en el papel. He descubierto que es útil hacer una lista de los pecados en orden cronológico; es decir, comenzar con el nacimiento, y listarlos según se cometieron, año por año, hasta el presente.

Si está orientando a alguien, pídale que le cuente acerca de su vida desde sus recuerdos más remotos. Busquen pecados que caigan dentro de estas tres categorías. No caigan en la trampa de confundir los síntomas con las puertas de entrada.

La persona se acercará con frecuencia al obrero de liberación quejándose de cosas tales como depresión, ira, temperamento violento, etc. Estos son sólo síntomas. La causa fundamental es el pecado que les dio cabida en la persona a los demonios. TODOS los demonios ocasionan depresión, ira, rebelión, odio, etc. Busquen siempre la causa fundamental.

Seguidamente, SEAN METÓDICOS. Encuentro que una de las razones más comunes para una liberación incompleta se debe a que las personas no son metódicas. Es por eso que todo debe escribirse en un pedazo de papel. Si no lo escriben, los demonios confundirán su mente y los harán olvidar.

No es necesario que el obrero de liberación le pida a una persona que le den detalles, especialmente en la esfera de los pecados sexuales.

Si lo hace, estará abriéndole la puerta a toda clase de tentaciones de lujuria. Por ejemplo, bajo los pecados sexuales existen ocho áreas. Yo sencillamente le pregunto a la persona si ha tomado parte en una o más de estas áreas. De ser así, entonces le pido que escriba el nombre del individuo específico con quien ha estado implicada para que pueda confesar cada contacto sexual individualmente. Pero NO le pido detalles. He aquí las categorías de los pecados sexuales:

1. Actos sexuales con el sexo opuesto fuera del matrimonio
2. Actos sexuales con el mismo sexo
3. Incesto
4. Actos sexuales con niños
5. Actos sexuales con animales
6. Actos sexuales con demonios
7. Sadomasoquismo
8. Pornografía

Al usted ayudar a alguien a hacer la lista de las puertas de entrada en su vida, es importante tratar de obtener una

comprensión de cuánta pasividad específicamente practica
la persona. Las personas metidas en el ocultismo, y especialmente con problemas de depresión y suicidio, usualmente tienen una mente sumamente perezosa y pasiva. Las
personas que están en el ocultismo se han acostumbrado a
poner su mente en blanco, dando así el control completo de
su mente y de su cuerpo a los demonios. A estas personas
hay que enseñarles cuidadosamente cómo recuperar el control de su mente antes de que pueda tener éxito una liberación y, además, lograr mantener a los demonios afuera
después de la liberación.

También he descubierto que es muy útil interrogar a la
persona sólo para ver cuánto control tienen los demonios
sobre ella. Con el transcurso de los años, el Señor constantemente me ha mostrado que cuanto menos pasiva sea una
persona en su liberación, tanto más posibilidades tendrá de
permanecer libre de demonios una vez que sea liberada.

También es útil averiguar exactamente cuánto control la
persona ejerce sobre su propio espíritu, y (o) hasta qué grado
es otro el que ejerce control sobre este.

Deben conservarse dos listas de pecados. Una es la de los
pecados que permitieron entrar demonios en la persona
(pecados de profanación del templo); la otra es la de los
pecados que no constituyen puertas de entrada demoníacas
pero que, no obstante, son pecados que hay que confesar.
Tengan la bondad de referirse al Apéndice A para obtener
ayuda con respecto a la segunda lista.

El obrero de liberación siempre tiene que estar orando
mucho. Si el Espíritu Santo no le da paz de que la persona
a quien está ayudando ha sido totalmente sincera con usted
al preparar la lista de las puertas de entrada, no dé ni un
paso más. Nunca dejaré de asombrarme de la manera en
que las personas mienten. ¡Una y otra vez he tenido a
personas que me miran inocentemente y me dicen que me
han contado acerca de TODAS sus puertas de entrada, cuando deliberadamente han omitido importantes áreas de pe-

cado! No tengan miedo de esperar. NUNCA tomen parte en una liberación a menos que el Señor específicamente les diga que lo hagan.

PASO 2: ARREPENTIRSE y confesar esos pecados pidiendo a Dios perdón y limpieza.

Pienso que es una desgracia que en esta época se predique tan poco sobre el arrepentimiento. En muy raras ocasiones se sientan los creyentes y preparan una lista de todo pecado que puedan recordar y le confiesan a Dios esos pecados ESPECÍFICAMENTE. Hallo que quienes lo hacen en el momento de aceptar a Cristo, tienen pocas dificultades en creer que ya son salvos. Demasiados cristianos luchan por obtener la seguridad de su salvación. Si ellos fueran más diligentes en confesar sus pecados, creo que serían pocos los que tendrían esa lucha.

Al confesar pecados, la persona debe confesar todos los que pueda recordar. Pero necesita ordenar a los demonios que se vayan únicamente al confesar aquellos pecados que permitieron a los demonios entrar en ella. (Véase el Apéndice A.) Considero que un listado específico y la confesión de los pecados tal como lo que estoy proponiendo es una forma de satisfacer lo que dice en Santiago 5:16:

> "Confesaos vuestras ofensas unos a otros, y orad unos por otros, para que seáis sanados. La oración eficaz del justo puede mucho" (Santiago 5:16).

Los pecados se cometieron uno a uno. Se deben confesar uno a uno en todo lo que sea posible. Según una persona se arrepienta de sus pecados y le pida al Señor que la perdone y la limpie, le estará retirando cualquier base legal que tengan los demonios para quedarse. Por eso es que la liberación que se hace en esta forma es mucho más rápida y fácil. Liberar completamente a Elaine me tomó diez horas. Desde que el Señor me enseñó este enfoque para la liberación, puedo ayudar ahora a alguien que esté tan plagado de demonios como Elaine a llegar a una liberación completa en un par de horas.

Si usted no siente que una persona esté genuinamente arrepentida de sus pecados, entonces no siga adelante. Espere a que el Espíritu Santo traiga convicción a su vida. Eso puede tomar días, semanas, meses o años. Repito, tiene que ser muy sensible a la orientación del Espíritu Santo en cada caso.

PASO 3: Ordenar a los demonios que entraron a través de "pecados de profanación del templo" que salgan para siempre.

Muchos se preguntan por qué ellos mismos deben ordenar a los demonios que salgan cuando Jesús claramente fue el que ordenó que los demonios salieran de las personas. Creo que eso es porque ahora tenemos al Espíritu Santo disponible. El Espíritu Santo no estaba disponible a las personas durante la época en que Jesús anduvo y enseñó sobre la tierra. Después que Jesús ascendió al Padre y dejó esta tierra, entramos en una nueva dispensación. Ahora la Escritura exhorta a los creyentes a que se purifiquen ellos mismos y "se ocupen de su propia salvación" (Filipenses 2:12). Ahora tenemos una responsabilidad que esas personas no tuvieron en los días anteriores a la venida del Espíritu Santo.

También he descubierto que una vez que una persona establece autoridad sobre los demonios que tiene dentro, éstos tienen que irse. Eso es particularmente cierto en cuanto a los que han estado metidos en el ocultismo. Las personas que han practicado el ocultismo están acostumbradas a obedecer a los demonios y a dejarlos hacer casi cualquier cosa que éstos quisieran. Constituye un gran logro que ellos se den cuenta de que ahora que sirven a Jesucristo poseen más poder en Jesús que el que tienen los demonios. Es absolutamente necesario que las personas establezcan autoridad sobre los demonios dentro de ellas en el nombre de Jesús. Si no lo hacen, no podrán ser capaces de mantener a los demonios afuera después de la liberación.

NO ES NECESARIO CONOCER LOS NOMBRES DE TODOS LOS

DEMONIOS. NI TAMPOCO es necesario ordenar a los demonios que salgan uno a uno. Ordene a los demonios que salgan con los pecados que les permitieron entrar. La ÚNICA vez que se debe lidiar con los nombres específicos de los demonios es con las personas metidas en el ocultismo que trabajan con espíritus familiares. Esos demonios familiares deben reprenderse individualmente y ordenárseles por nombre que salgan. PERO las personas ya conocen los nombres de esos demonios. Si le dicen a usted que no se los saben, mienten.

NUNCA es necesario permitirle a un demonio que se manifieste o que hable a través de la persona. Cuanto mayor sea el control que la persona que está siendo liberada tenga sobre los demonios en su interior, tanto más rápida y fácil será la liberación.

La pregunta más común es: "¿Si los demonios no se manifiestan, entonces cómo sabemos que se han ido?" La respuesta es sencilla. "Porque el Espíritu Santo nos lo dice." Recuerde, los demonios son espíritus, y como tales, no los podemos ver. Si está confiando en manifestaciones físicas que le hagan saber si los demonios se han ido, lo engañarán, porque los demonios fácilmente pueden fingir los síntomas físicos de haberse ido. SOLAMENTE el Espíritu Santo puede ver a los demonios. Usted tiene que confiar en Él en busca de orientación. Además, SI la persona se ha arrepentido de veras y ha confesado sus pecados, los demonios se tienen que ir. Por lo tanto, usted acepta por fe que se han ido porque Dios SIEMPRE cumple con su palabra.

PASO 4: ¡Dejar de pecar! Saturar la vida con la Palabra de Dios.

Sin embargo, en todo esto existe un punto sumamente importante que muchas personas pasan por alto. Ese es el Paso 4 en la liberación: DEJEN DE PECAR. Usted TIENE que ser un verdadero creyente en Jesucristo para tener autoridad sobre los demonios. Pero, no puede ser CREYENTE sin ser también OBEDIENTE.

"Si me amáis, guardad mis mandamientos[...]. El que tiene mis mandamientos, y los guarda, ése es el que me ama; y el que me ama, será amado por mi Padre, y yo le amaré, y me manifestaré a él" (Juan 14:15, 21).

"No todo el que me dice: Señor, Señor, entrará en el reino de los cielos, sino el que hace la voluntad de mi Padre que está en los cielos" (Mateo 7:21).

No hay sustituto para la obediencia. Si piensa que cree y está sirviendo a Jesús, pero no está también obedeciendo sus mandamientos tal como se dan en la Biblia, se está engañando a sí mismo. No es usted creyente a menos que sea también obediente.

"Someteos, pues, a Dios; resistid al diablo, y huirá de vosotros" (Santiago 4:7).

Por desgracia, generalmente sólo se cita la segunda parte de este versículo. No puedo enfatizar lo suficiente la necesidad de la primera mitad. Si no nos estamos sometiendo al Señor y obedeciendo sus mandamientos, no podemos esperar tener poder alguno sobre los demonios. No es extraño que yo deje de asesorar a alguien porque no esté dispuesto a sacar el pecado activo de su vida. Sencillamente, es una pérdida de tiempo tratar de liberar a alguien que esté viviendo activamente en pecado. Muchas veces simplemente he orado con una persona y le he pedido al Espíritu Santo que le dé convicción de pecado. También le he pedido al Señor que obre en su vida en cualquier forma que sea necesario para llevarla a una situación en que esté dispuesta a abandonar sus pecados. Con mucha frecuencia las personas buscan liberación únicamente para obtener alivio de sus problemas, y NO porque deseen servir al Señor y vivir una vida que le agrade a Él.

Problemas posteriores a la liberación

He hallado que existen cinco campos generales de problemas que las personas experimentan después de la liberación:

1. Temor de que los demonios hayan regresado
2. Exigencias de recompensas emocionales
3. Mente pasiva
4. No estar dispuestos a tolerar el acoso demoníaco, el cual forma parte del período de cosecha
5. Disciplina de la "carne" o de la naturaleza pecaminosa

1. Temor de que los demonios hayan regresado
Este es el problema más común de todos. Continuamente las personas temen que los demonios hayan regresado a ellas. Sólo existen dos formas en que los demonios pueden volver a introducirse en una persona después de su liberación:

1. Si la persona comete un "pecado de profanación del templo"
2. Si la persona directamente pide a los demonios que regresen

Recuerde, los demonios pueden causar los mismos síntomas físicos desde fuera que el que causaron desde dentro. Los síntomas físicos, o pensamientos, NO son pruebas de que los demonios estén dentro de nuevo. La persona por FE tiene que mantenerse firme en que ellos se han ido.

SI la persona comete un *pecado de profanación del templo*, abriendo así una puerta de entrada, los demonios volverán a entrar y además vendrán acompañados de muchos más. Los que han practicado el ocultismo están particularmente tentados de hacer "sólo un encantamiento más" para salirse con la suya. Si lo hacen, lo que habrán hecho es pedirle a todos los demonios que regresen a su interior. Además, recuerden, la Escritura dice que la rebelión equivale al pecado de brujería. Uno NO PUEDE rebelarse contra los mandamientos del Señor. Si persistimos en andar en desobediencia y rebelión, no podremos evitar que los demonios regresen.

Con frecuencia las personas me dicen que no "sienten ninguna diferencia" después de la liberación. Eso está bien. No hay sensaciones en la fe. El fruto de su vida mostrará que están limpios. Uno no puede confiar en sentimientos cuando lidia con el mundo espiritual.

2. Exigencias de recompensas emocionales

¡Oh, cómo nosotros lo humanos amamos las recompensas emocionales! Las personas siempre quieren SENTIR algo. Quieren sentir a los demonios irse. Quieren sentir el amor de Dios. Quieren sentirse bien.

Este andar nuestro es por FE. En la fe no hay sentimientos. Una de las primeras cosas que el Señor hace es apartarnos de las recompensas emocionales. OBEDECEMOS haciendo caso omiso a cómo nos sintamos. Funcionamos sin importar cómo nos sintamos.

Los demonios se contentan en extremo cuando hacen que tengamos intoxicaciones de euforia para atarnos a ellas. Después de la liberación las personas no deben buscar sentir euforia pensando que sea una "experiencia espiritual".

Una de las quejas principales que recibo es que alguien piensa que no está liberado de los demonios porque no SIENTE deseos de leer la Biblia o de orar. Nuestra naturaleza pecaminosa nos impedirá "sentir deseos" de hacer las cosas que Dios exige. Eso no lo podemos usar como una indicación de que tengamos demonios dentro o fuera de nosotros.

Las personas que han tenido demonios morando en ellas durante largos períodos de tiempo se han enviciado a las recompensas emocionales que estos les han proporcionado. Comenzar a andar en obediencia y por fe en nuestro Señor sin las exaltaciones emocionales que deseamos es un asunto de autodisciplina.

3. Mente pasiva

Esta es un área de gran dificultad. La mente es como un músculo. Si uno no lo usa por un período de tiempo, se debilita y se pone fláccido. Es DOLOROSO reconstruir un músculo que no se ha usado. Resulta cien veces más doloroso y difícil recuperar el uso de una mente pasiva.

Si alguien se ha acostumbrado a poner su mente en blanco, tendrá la tendencia de hacerlo después de la liberación. Cada vez que alguien permite que su mente se quede en blanco, ha abierto directamente una puerta de entrada para que los demonios vuelvan a entrar en él. Tan pronto como se percate de que ha permitido que su mente se ponga en blanco, debe confesar ese pecado y luego ordenar a todos los demonios que entraron en ella mientras la tuvo en blanco, que salgan inmediatamente.

He descubierto que la mejor manera de reconstruir una mente pasiva es a través de una intensa memorización de la Escritura y de las simples y antiguas tablas matemáticas. Una razón de por qué la mayoría de las personas odian las matemáticas es por la disciplina mental que se requiere para aprender de memoria las tablas de sumar, restar, multiplicar y dividir. ¡Por eso es que las compañías que fabrican calculadoras ganan tanto dinero! Es porque la gente es básicamente perezosa. Frecuentemente hago que las personas que han estado tomando parte en formas orientales de meditación ocultista se ejerciten en las tablas matemáticas además de memorizar las Escrituras. Todo esto es muy útil para superar una mente pasiva.

4. No estar dispuesto a tolerar el acoso demoníaco, el cual es parte del período de cosecha

Jesús nos dijo en una parábola que cuando un demonio es echado fuera, conseguirá a otros siete más fuertes que él y regresará para tratar de entrar de nuevo (Lucas 11:24-26). Siempre les digo a las personas que la batalla para permanecer limpios después de la liberación siempre es siete veces peor de lo que fue purificarse originalmente.

Sencillamente, muchas personas no están dispuestas a tolerar ninguna incomodidad en absoluto. Ellas EXIGEN que sus problemas sean solucionados para no tener más dificultades. Naturalmente, eso no es posible.

En Gálatas 6:7,8 se nos dice que segaremos lo que sembramos. Si hemos sembrado en el pecado, permitiendo que los demonios penetren en nosotros, entonces eso segaremos. Parte de la siega es el tormento demoníaco que llega según los demonios intenten entrar de nuevo después de la liberación.

Los síntomas físicos son comunes. Recuerden que los demonios pueden causar los mismos síntomas físicos desde el exterior que los que ocasionaban desde el interior.

Una de las formas comunes del tormento demoníaco después de la liberación es ruido en los oídos. Las personas no están dispuestas a soportarlo, y alegan que no han sido liberados. Rehúsan aceptar el proceso de liberación y luchar contra los demonios. Las personas se molestan si tienen que reprender a los demonios o a los pensamientos demoníacos más de dos o tres veces. ¡En la batalla para permanecer limpios después de la liberación, se tendrá que reprender a los demonios miles de veces! Tendrán que permanecer constantes y firmes en el Señor.

Los demonios nunca se agotan con la repetición. La gente sí se desgasta con rapidez. En el caso de pensamientos demoníacos, reprenda a los demonios una o dos veces, luego obligue su mente a meditar en las Escrituras y hágale caso omiso a los demonios. La cosa más común que harán los demonios es traer pensamientos a la mente de la persona diciéndole que no ha sido liberada, que los demonios están de regreso. ¡La persona TIENE que mantenerse firme en la fe de que eso no es así!

En el caso de tormento físico, tiene usted que reprender a los demonios y luego mantenerse firme.

"Por tanto, tomad toda la armadura de Dios, para

que podáis resistir en el día malo, y habiendo acabado todo, estar firmes" (Efesios 6:13).

Permanecer firmes es la cosa más difícil de hacer para todos nosotros. Tengan la bondad de leer el Capítulo 4 de *Preparémonos para la guerra* para una discusión más completa del período de siega.

5. Disciplina de la "carne" o de la naturaleza pecaminosa

Las personas que han permitido a los demonios morar dentro de ellas rara vez pueden disciplinar su naturaleza pecaminosa. Ello es especialmente cierto con respecto a los que han estado metidos en el ocultismo.

Por favor, véase el Capítulo 8 de esta obra para una discusión de la naturaleza pecaminosa. Es esencial que las personas saquen el pecado de su vida después de la liberación. Si no lo hacen, no podrán permanecer limpios.

Casos prácticos

Voy a darles una serie de casos prácticos para tratar de ayudarlos a demostrarles cómo buscar puertas de entrada. Todos éstos son casos prácticos verídicos, pero he cambiado los nombres de todas las personas implicadas para proteger su identidad.

En otro capítulo aparte trato sobre la liberación de personas que han practicado el satanismo.

Caso 1. Susan (nombre ficticio), treinta y tres años de edad

Susan no sabía nada acerca de su padre porque él abandonó a su madre antes de que ella naciera. Además, había un largo historial de enfermedades mentales en la familia por la línea materna y muchos parientes de su madre estaban metidos profundamente en la masonería y los templarios.

(Puertas de entrada: herencia, masonería, templarios, enfermedad mental)

Susan fue criada como católica a medias. Rara vez iba a la iglesia, pero la bautizaron en la iglesia, fue confirmada y recibía la comunión ocasionalmente.

(Puertas de entrada: catolicismo romano, bautismo, confirmación, comunión)

Cuando Susan tenía tres años de edad, su madre se volvió a casar. Su padrastro comenzó a abusar de ella cuando tenía cuatro años de edad. Él la forzaba a tener relaciones sexuales y a actos de bestialidad.

(Puertas de entrada: incesto, bestialidad)

Tal como es típico en los niños que han sido maltratados sexualmente, cuando Susan apenas entraba en la adolescencia ya se vio implicada en múltiples contactos sexuales.

(Puertas de entrada: múltiples compañeros sexuales)

Susan era una alumna apta y rápidamente aprendió a leer la baraja del Tarot, jugar con la tabla de ouija, y cómo convertirse en una médium espiritista. También participó en hipnosis, vudú, y finalmente, proyección astral.

(Puertas de entrada: baraja del Tarot, tabla de ouija, hipnosis, vudú, proyección astral)

No obstante, cuando Susan tenía dieciséis años, tuvo una terrible experiencia durante una proyección astral. Debido a esa experiencia, decidió no seguir en la brujería formal. Pero, mientras buscaba algo para reemplazarla, tocó en todas las puertas equivocadas.

Susan abandonó la casa de crianza y se implicó en MT (meditación transcendental), drogas y alcohol. Al frecuentar una variedad de bares, se sintió atraída a los bares de homosexuales y comenzó un estilo de vida lesbiano.

(Puertas de entrada: MT, drogas, alcohol, lesbianismo)

Susan era una estudiante brillante y continuó estudiando en la universidad. Se graduó con un título en psicología y sociología y se hizo consejera para un programa del gobierno. Sin embargo, los demonios de las perversiones sexuales parecen tener un hermano gemelo que va de la mano de ellos. Este es la violencia. Susan se dio cuenta de que estaba

poniéndose más y más violenta. Tenía muchas peleas con sus diversas parejas lesbianas y (o) relaciones homosexuales.
(Puertas de entrada: violencia, múltiples parejas lesbianas)

En 1982 Susan se vio implicada en una terrible pelea con su compañera lesbiana y la mató. Fue a prisión. La juzgaron por homicidio involuntario sin premeditación y, por tanto, sólo pasó veinticinco meses en la cárcel.
(Puertas de entrada: asesinato)

Mientras Susan estaba en la cárcel, se dedicó a pensar seriamente. Decidió que su vida tenía que cambiar. Se retrajo de todo el mundo. Abandonó completamente el alcohol y las drogas, y también se retiró del estilo de vida lesbiano activo. Por buen comportamiento le redujeron la condena y salió en libertad. Pero la junta de libertad bajo palabra le exigió que después de dejarla en libertad asistiera regularmente a la Asociación de Homosexuales Anónimos, y se uniera a la Iglesia Comunitaria Metropolitana. La Iglesia Comunitaria Metropolitana no es una iglesia evangélica, porque no aceptan completamente la Palabra de Dios tal como está escrita en la Biblia. Es una iglesia para homosexuales.

Debido a su forzada asociación con los homosexuales, Susan rápidamente volvió a las relaciones lesbianas y a las peleas violentas. Fue con una de sus compañeras que llegó a un momento crucial en su vida. Una noche, mientras discutía con su compañera, Susan vio a un demonio salir a la superficie y manifestarse a través de la otra muchacha. Debido a su experiencia en la brujería años atrás, ella reconoció al demonio por lo que éste era. Eso la atemorizó. Le dijo a su compañera que "necesitaba ayuda". Ellas no sabían a dónde acudir en busca de ayuda para ser libres de un demonio, pero unos días más tarde vieron un anuncio en la televisión de una reunión cristiana en una carpa que se iba a celebrar en su zona. Susan convenció a su compañera de que debían ir a ver si alguien en la reunión evangelística podía echar fuera el demonio.

Ambas muchachas acudieron a la reunión en la carpa, pero la compañera de Susan inesperadamente se fue apenas habían transcurrido cinco minutos de iniciado el servicio. Susan se quedó, interesada en ver lo que sucedería ya que nunca antes había estado en un culto evangélico de ninguna clase. Me contó que lo único que logró penetrar a través de su mente durante la reunión fue lo que el predicador expresó de que "estrecho es el camino y pocos son los que lo hallan". Ella no sabía lo que era ese camino estrecho, pero determinó averiguarlo.

Después del servicio pasó al frente y se paró en la línea de oración esperando tener la oportunidad de preguntarle a alguien acerca del "camino estrecho". Según el predicador iba avanzando por la línea, se detuvo ante Susan para orar. Él no le dio oportunidad de hacer ninguna pregunta, sino que extendió sus brazos para poner sus manos en la frente de ella. Más tarde, las personas que estaban allí le contaron que en el instante en que la mano del predicador la tocó, su cuerpo saltó hacia atrás y voló por el aire, dando dos volteretas hacia atrás, cayendo en el piso a más de seis metros del lugar donde había estado parada. Susan nunca sintió el impacto debido a que estaba inconsciente.

Se trataba de una reunión carismática de carpa y, por tanto, varias personas se reunieron alrededor de Susan, le impusieron las manos y comenzaron a orar en lenguas. Susan volvió en sí hablando en lenguas. Todos se regocijaron y le dijeron a Susan que había sido salva, liberada y llena del Espíritu Santo. Desafortunadamente, Susan NO tenía ni la más mínima idea de cómo salvarse o lo que quería decir ser salva. Ella no sabía quién era Jesús o qué había hecho Él. Las personas reunidas en esa carpa habían cometido un grave error. Creían que el Espíritu Santo obra en cierta clase de forma mágica, haciendo que las personas pierdan el conocimiento y componiéndolo todo mientras que se hallan fuera de sí. ¡Sencillamente, eso no es así! Los demonios hicieron que Susan perdiera el conocimiento, ¡y ella no había sido salva ni liberada en manera alguna! **(Puertas de entrada: lenguas falsas)**

Lo único bueno que salió de esa experiencia fue que Susan decidió que ahora que ella era "salva y llena del Espíritu Santo" debía conseguir una Biblia y encontrar una iglesia. Se consiguió la Biblia, pero nunca dedicó tiempo a leerla ya que no podía entenderla.

Se unió a una iglesia Episcopal carismática y decidió abandonar la homosexualidad. Llevaba asistiendo a la iglesia menos de tres meses cuando la invitaron a formar parte del personal de consejería. ¡Susan todavía no era salva! Pero, debido a su experiencia con MT e hipnosis, rápidamente se hizo experta en sus técnicas de psicoterapia de curación interna mediante visualización y autohipnosis. **(Puertas de entrada: MT, hipnosis, curación interna, visualización, autohipnosis)**

Como Susan decidió abandonar la homosexualidad, se vio estimulada a casarse como una solución a su problema lesbiano. Se casó con un joven que también formaba parte del personal de consejería de la iglesia. Ese matrimonio duró solamente seis meses porque pronto Susan descubrió que ese hombre era un redomado satanista y ella estaba muerta de miedo por las cosas que él hacía. **(Puertas de entrada: demonios del esposo, que era satanista)**

Después de su divorcio, dejó la iglesia y rápidamente cayó en el viejo patrón de relaciones lesbianas y discusiones violentas. Seis meses antes de yo conocerla, Susan se tropezó con mi primer libro. Fue precisamente leyendo el libro que aceptó a Jesucristo como su Señor y Salvador y dio por terminadas sus relaciones con su compañera lesbiana. Seis meses más tarde vino a mí en busca de ayuda. Fue a partir de entonces que Susan se vio final y completamente liberada.

Pensará usted que esta historia es insólita, ¡pero permítame decirle que este tipo de historia es muy COMÚN! Yo no puedo ni siquiera comenzar a contar el número de personas que he aconsejado que tienen historias muy similares.

De la historia de Susan no sólo obtuve una lista de puertas de entrada, sino también supe que tenía el vínculo activado entre su alma y su espíritu debido a su contacto con el mundo espiritual. Éste quedó activado por primera vez a la edad de catorce años cuando comenzó a adiestrarse en la brujería, en actividades de médium y en la proyección astral.

Susan tenía un severo problema con su mente pasiva debido a su extensa práctica de meditación transcendental y autohipnosis. Cuando la conocí estaba teniendo dificultades para retener un trabajo estable porque ya no podía controlar cuándo su mente se le pondría en blanco. Se quedaba en blanco en momentos cruciales y como resultado, perdía su trabajo. El problema de la mente pasiva resultó ser la peor cosa con que Susan tuvo que lidiar después de su liberación.

He aquí una lista de sus puertas de entrada, y cómo enfocamos su liberación.

Puertas de entrada
- herencia: masonería, templarios, enfermedad mental, y herencia de padre desconocido. Sin embargo, debido a la historia, seguramente debe de haber alguna herencia de su padre, así que la ayudamos a romper con ese aspecto también.
- catolicismo romano: bautismo, confirmación
- comunión
- incesto
- bestialidad
- contactos sexuales múltiples en su adolescencia
- brujería
- actividades de médium
- baraja del Tarot
- vudú

- hipnosis
- tabla de ouija
- proyección astral
- MT
- drogas
- embriaguez
- lesbianismo: múltiples compañeras
- violencia y asesinato
- demonio de lenguas falsas
- visualización
- prácticas de curación interna, que incluía autohipnosis
- demonios del esposo, que era satanista

Procedimiento de liberación

Paso 1: Susan reafirmó su aceptación de Jesucristo como su Señor y Salvador. Ella oró pidiéndole específicamente al Señor Jesucristo que también fuera su Maestro por entero.

Después hizo una declaración en voz alta en la cual les dijo a Satanás y a sus demonios que ahora ella era sierva de Jesucristo y que jamás los serviría.

Paso 2: Susan leyó de arriba abajo su lista de puertas de entrada. Las fue marcando una a una según las iba terminando. Cerró las puertas de entrada mediante un proceso de dos pasos. He aquí ejemplos.

Oración: Padre, en el nombre de Jesús, humildemente te pido que me limpies de todo lo que he heredado tanto de mi padre como de mi madre. Me niego a tener nada de Satanás en mi vida. Por favor, rompe esas líneas hereditarias para siempre. Te doy gracias por todo en el nombre de Jesús.

Declaración: ¡En el nombre de Jesucristo, mi Señor, ahora ordeno a todo demonio que entró en mí por herencia a que salga ahora mismo! En el nombre de Jesucristo, renuncio a todos y cada uno de los juramentos efectuados por mis parientes en la masonería y los templarios que sirven de atadura a sus descendientes. ¡Ordeno a todo demonio asociado con la masonería y los templarios que salga de mí ahora mismo en el nombre de Jesucristo, mi Señor!

Oración: Padre celestial, en el nombre de Jesucristo te pido que me perdones por mi participación en el catolicismo romano. Por favor, límpiame de todos esos pecados. Te pido que me limpies y te doy gracias por hacerlo en el nombre de Jesús.

Declaración: En el nombre de Jesucristo, mi Señor, renuncio a toda mi participación en el catolicismo romano. ¡En el nombre de Jesús ordeno a todo demonio que entró en mí mediante el bautismo, confirmación y comunión católicos, y por cualquier otro rito en el que pudiera yo haber participado, que salga de mí ahora mismo!

Oración: Padre, en el precioso nombre de Jesucristo, tu hijo, te pido que me perdones y limpies por el pecado de incesto con mi padrastro. Te doy gracias por el perdón, en el nombre de Jesús.

Declaración: ¡En el nombre de Jesucristo, ordeno a todo demonio que entró en mí mediante las relaciones sexuales que sostuve con mi padrastro que salga de mí ahora mismo!

Oración: Padre, en el nombre de Jesús, humildemente te pido que me perdones por participar en la bestialidad. Por favor, límpiame completamente de ese horrible pecado. Te doy muchísimas gracias por limpiarme en el nombre de Jesús.

Declaración: ¡En el nombre de Jesucristo, mi Señor, ahora ordeno a todo demonio que entró en mí mediante la práctica de la bestialidad, que salga ahora mismo!

Oración: Padre, en el nombre de Jesús, te pido que me limpies completamente de todos los muchos pecados que cometí en los numerosos contactos sexuales que tuve durante mis años de adolescencia. Ahora reconozco todo eso como una abominación a ti y me arrepiento de esos pecados. Gracias por limpiarme en el nombre de Jesucristo. [Ella también se arrepintió de relaciones específicas, por nombre, en la medida que logró recordarlas.]

Declaración: ¡En el nombre de Jesucristo, ahora ordeno a todo demonio que entró en mí mediante los muchos contactos sexuales que tuve durante mis años de adolescencia que salgan de mí ahora mismo!

Oración: Padre, en el precioso nombre de Jesús humildemente te pido perdón por toda mi participación en la brujería. Renuncio a todo eso y me arrepiento de ello y jamás lo volveré a hacer. Por favor, Padre, límpiame de todo ese pecado. Te doy gracias por hacerlo en el nombre de Jesucristo.

Declaración: En el nombre de Jesucristo renuncio completamente a toda mi participación en la brujería. ¡Ordeno a todo demonio que entró en mí mediante mi práctica de la brujería, que salga ahora mismo en el nombre de Jesús!

Oración: Padre, en el nombre de Jesús, pido tu perdón por permitir el uso de mi cuerpo como médium para que los demonios hablaran a través de mí. Humildemente te pido que me limpies completamente de mis pecados de desempeñarme como médium espiritista. En el precioso nombre de Jesús te doy gracias por perdonarme.

Declaración: En el nombre de Jesucristo, mi Señor, por este medio renuncio a toda mi participación como médium espiritista. ¡Ordeno a todo demonio que entró en mí como resultado de mi actividad de médium, que salga ahora mismo, etc., etc.!

De esa manera fue cerrando Susan una a una cada puerta de entrada que había abierto. Confesó sus pecados y se arrepintió de ellos, pidiéndole limpieza a Dios el Padre. Entonces ordenó que salieran a los demonios que entraron en ella a través de su pecado.

Paso 3. Debido a que Susan había estado implicada en brujería, actividades de médium, proyección astral, hipnosis, MT y visualización, sabíamos que ella había mantenido mucha comunicación con el mundo espiritual. Había aprendido a controlar su cuerpo espiritual, logrando así activar un vínculo demoníaco entre su alma y su espíritu. En los casos de personas que han desarrollado mucha comunicación con el mundo espiritual, hago luego que realicen una limpieza general final después de haber cerrado todas las puertas de entrada.

Limpieza general

- espíritu
- romper el vínculo entre
  el alma y el espíritu
- mente

- voluntad
- emociones
- cuerpo físico

Oración: [espíritu] Padre, en el nombre de Jesús, te pido que me perdones por el uso pecaminoso de mi espíritu y que limpies completamente mi espíritu de cualquier demonio restante. Te pido que lo selles para que nadie pueda jamás controlarlo de nuevo excepto Tú. En el nombre de Jesús te doy gracias por hacerlo.

Declaración: ¡Ahora, en el nombre de Jesucristo, mi Señor, ordeno a todo demonio que aún quede dentro, o perturbando mi espíritu, que salga ahora mismo! Jamás volverá a usarse mi espíritu para servir a Satanás ni a ninguno de ustedes, demonios.

Oración: [para romper el vínculo entre el alma y el espíritu] Padre, en el nombre de Jesús, te pido que completamente y para siempre me quites la facultad de comunicarme con el mundo espiritual en cualquier forma, excepto en lo que el Espíritu Santo desee que yo reciba. Por lo tanto, te pido que de una vez y por todas rompas el vínculo entre mi alma y mi espíritu, como se expresa en Hebreos 4:12, y que saques a todos los demonios que me dan la facultad de controlar mi espíritu y de comunicarme con el mundo espiritual.

Declaración: ¡En el nombre de Jesucristo, ordeno a todos los demonios que sirven de vínculo entre mi alma y mi espíritu, y que me dan la facultad de comunicarme con el mundo espiritual y de realizar la proyección astral, que salgan de mí ahora mismo!

Oración: [mente] Padre, en el nombre de Jesucristo te pido que limpies completamente y sanes y renueves mi mente. Te pido perdón por todas las veces que deliberadamente cedí el control de mi mente. Deseo usar mi mente para servirte y honrarte a ti. Por favor, ayúdame a recuperar el control de mi mente. En el nombre de Jesucristo te doy gracias por hacerlo.

Declaración: ¡En el nombre de Jesucristo, ordeno a todo demonio que quede en mi mente, o que la perturbe, que salga de mí ahora mismo!

Oración: [voluntad] Padre, en el nombre de Jesucristo te pido que me perdones por usar mi voluntad para participar en tantos pecados. También te pido que me perdones por permitir que mi voluntad se hiciera tan pasiva y dejara que los demonios me controlaran. Por favor, limpia mi voluntad y envía tu Espíritu Santo a obrar en ella para ayudarme a querer hacer tu buena voluntad. [Véase Filipenses 2:13.]

Declaración: ¡En el nombre de Jesucristo, mi Señor, ordeno a todo demonio que haya en mi voluntad, o que la perturbe, que salga de mí ahora mismo!

Oración: [emoción] Padre, en el nombre de Jesús te pido que me perdones por todo mi odio y amargura y lujuria y cualquier otra emoción pecaminosa. Por favor, perdóname por vivir para complacer mis propias emociones. Por favor, limpia mis emociones y sánalas para que te agraden a ti.

Declaración: ¡En el nombre de Jesucristo, mi Señor, ordeno a todo demonio que haya en mis emociones o que las perturbe, que salga de mí ahora mismo!

Oración: [cuerpo físico] Padre celestial, humilde y sinceramente me arrepiento de todas las cosas horribles que he hecho con mi cuerpo, pecando contra ti. En el nombre de Jesús te pido que limpies completamente mi cuerpo y que lo sanes. Por favor, Señor, ayúdame a usar mi cuerpo físico para glorificarte y honrarte en todo lo que haga. Te doy gracias en el precioso nombre de Jesús por hacerlo.

Declaración: ¡En el nombre de Jesucristo, ordeno a todo demonio que quede dentro de mi cuerpo físico que salga ahora mismo!

Comentarios: Susan tuvo mucha dificultad en echar fuera los demonios que entraron en ella a través de la MT, la hipnosis y la visualización. Ella había dedicado muchas horas a poner su mente en blanco en su uso extenso de la MT. Cuando trataba de ordenar a esos demonios que salieran, perdía el conocimiento o se confundía en extremo. Ella luchó durante una hora o más, atando a esos demonios una y otra vez hasta que al fin logró tomar autoridad sobre ellos. Oró y le pidió al Señor que la ayudara y fortaleciera según iba ejerciendo su voluntad, por primera vez en su vida, para impedir que su mente se pusiera en blanco.

Seguimiento posterior a la liberación

Después de la liberación, Susan continuó teniendo que luchar con su mente. Había permitido que esa mente se tornara extremadamente pasiva. Se forzó a sí misma en un programa de memorización de las Escrituras. Durante las primeras semanas, recayó repetidamente al permitir que su mente se pusiera en blanco. Cada vez que se dio cuenta de que su mente se había puesto en blanco durante un período de tiempo, lo confesó como pecado inmediatamente y ordenó a los demonios que habían vuelto a entrar en ella, mientras estaba con la mente en blanco, que salieran inmediatamente en el nombre de Jesucristo. La lucha fue intensa, pero al cabo de un período de unos meses, Susan gradualmente fue recuperando más y más control de su mente. Al hacerlo, pudo retener un trabajo estable de nuevo.

Susan también tuvo que batallar por aprender a andar por fe y no por sentimientos. Ella estaba acostumbrada a vivir con muchos extremos emocionales. Euforia, lujuria y muchas depresiones emocionales también. Ella quería sentir el amor de Dios y experimentar euforia al sentir el amor de Dios. Deseaba sentir gozo y el deseo de leer las Escrituras, en vez de hacerlo por obediencia sin importar cómo se sintiera. Al cabo de meses, conforme se determinó a andar en obediencia a los mandamientos de Dios en la Biblia, sin importarle sus sentimientos, sus emociones comenzaron a normalizarse y dejó de experimentar esas enormes fluctuaciones emocionales.

Cualquiera que haya estado plagado de demonios durante tantos años como Susan, tiene que comprender que toma un mínimo de un año para poder estabilizarse después de la liberación. Desarrollar un andar por fe en el Señor requiere tiempo, persistencia Y OBEDIENCIA a la Palabra de Dios. Tenga paciencia. El Señor REALIZARÁ grandes cambios en su vida, pero hacerlo toma tiempo.

Caso 2. Ron (nombre ficticio), treinta años de edad

Ron llegó a mí con la queja principal de que ya no podía leer la Biblia ni orar, excepto en lenguas. Padecía de dolor abdominal casi continuo, dificultad al dormir y mucha depresión. Había estado buscando ayuda de varias iglesias durante el último año sin éxito alguno. Su madre se tropezó con mis libros y le pidió a Ron que los leyera. Después de leerlos, me llamó y pidió verme. Acepté y aconsejé a Ron junto a un pastor que colabora conmigo. Quiero enfatizar de nuevo que YO NUNCA imparto consejos a hombres estando sola. Siempre trabajo con otro hermano en Cristo que conduce la sesión.

He aquí la historia de Ron tal como nos la contó cuando comenzamos a preguntarle sobre su vida.

Ron nació de padres cristianos que eran misioneros en México. Él no sabía de ningún problema de herencia ya que ambos padres venían de una larga línea de familias cristianas.

Todo marchaba bien hasta que Ron cumplió los dieciséis años. En ese momento, sus padres regresaron a Estados Unidos por un año. Durante ese tiempo, su madre cayó en adulterio y el matrimonio se dividió como resultado. En la lucha emocional que Ron atravesó debido al divorcio de sus padres, él buscó al Señor personalmente por primera vez. Aceptó a Jesucristo como su Señor y Salvador. Tuvo una profunda experiencia con el Señor y comenzó a servir al Señor con mucho entusiasmo. Su gozo era leer la Biblia y orar.

Al cabo de seis meses después de su salvación, le pidieron a Ron que fuera a un campamento de jóvenes cristianos. Fue y disfrutó el fin de semana a plenitud. El campamento era bueno excepto por una cosa. Enseñaban erróneamente acerca del bautismo en el Espíritu Santo. Al final del último culto en el campamento, el cual fue uno muy emotivo, se hizo una invitación para todos los que desearan recibir el bautismo del Espíritu Santo. Naturalmente Ron lo deseaba y, por tanto, se acercó al altar a fin de que oraran por él. Desafortunadamente, a las personas en el altar se les dijo que cerraran los ojos y que sostuvieran en alto sus brazos y manos. Entonces se les pidió que sacudieran sus brazos y manos para relajarlos, y después que dejaran de controlar completamente sus brazos y manos, que blanquearan su mente y que cedieran el control de su mente y cuerpo al "Espíritu Santo". Se les dijo que, según hicieran esto, el Espíritu Santo tendría libertad para entrar en ellos y tomarlos por completo. Ron era un cristiano muy joven para darse cuenta del error de esa doctrina, así que trató de seguir las instrucciones cabalmente.

Ron dijo que, al comenzar a relajar sus brazos y manos y tratar de aclarar de pensamientos su mente, de repente sintió algo que le agarró la mano. Entonces sintió una carga de energía bajar por sus brazos hacia su estómago con una fuerza tal, que lo tumbó hacia atrás. Se sintió como si una bola de fuego estuviera en su estómago, que se esparció por su pecho y comenzó a hablar en lenguas. Se regocijó en extremo y se fue a su casa pensando que había sido bautizado por el Espíritu Santo. Desafortunadamente, Ron había satisfecho los requisitos para recibir un demonio al poner su mente en blanco y ceder el control de su cuerpo.

Al poco tiempo después del campamento, alguien le dio a Ron un libro sobre cómo oír al Señor hablarle a uno. Este libro enseñaba que un cristiano tiene que poner su mente en blanco o aclarar su mente de todo pensamiento y esperar tranquilamente en el Señor para que el Espíritu Santo pueda hablarle. Eso, por supuesto, es un completo error, pero Ron lo aceptó como una verdad porque así es cómo había comenzado a hablar en lenguas en la reunión del campamento. Según Ron siguió practicando, aprendió a poner su mente en blanco con rapidez y experimentó muchas veces el éxtasis emocional que él interpretaba como experimentar la presencia del Señor. A través de esos momentos de meditación, Ron obtuvo tres guías espirituales. ¿Cómo supones que se hacían llamar? "Padre, Hijo y Espíritu Santo", naturalmente. ¿Qué otra cosa podrían hacerse llamar los guías espirituales demoníacos ante un cristiano? Es claro que Ron no se dio cuenta de que estos eran guías espirituales demoníacos. Él creyó que estaba escuchando al Señor. Sostuvo largas conversaciones con el "señor" y recibió muchas instrucciones de esos espíritus. No obstante, Ron debió darse cuenta de que no estaba oyendo al verdadero Señor cuando los espíritus comenzaron a conducirlo hacia el pecado. Le dijeron a Ron que él era "especial" y torcieron y tergiversaron las Escrituras para condonar todo tipo de pecado que contradijera directamente los mandamientos de Dios.

Ron asistió a una universidad cristiana y luego a un seminario. Mientras estaba en la escuela, sus tres guías espirituales rápidamente lo condujeron hacia la pornografía, la promiscuidad sexual y, finalmente, a la homosexualidad.

Ron terminó sus estudios y se hizo pastor asociado de una gran iglesia carismática en Texas. Era el pastor juvenil. Mientras estaba en esa iglesia, se implicó en la curación interna usando visualización e imaginación orientada. Debido a su habilidad de poner su mente en blanco y entrar en contacto con el mundo espiritual, se hizo experto en esas técnicas y había gran demanda de sus servicios dentro del personal de consejería de la iglesia. Paulatinamente fue atrayendo a más y más jóvenes hacia la experiencia homosexual, siempre justificando sus pecados ante sus tres guías espirituales demoníacos.

Al cabo de tres años de trabajar como pastor juvenil, Dios, en su misericordia, comenzó a obrar en la vida de Ron. Un hermano cristiano vino a la iglesia de Ron y lo desafió al decirle que sus experiencias en el mundo espiritual NO eran de Dios. Ron se sintió impactado, pues no podía aceptar la posibilidad de que estuviera siendo engañado. Entonces, como resultado del desafío de ese hermano, Ron comenzó a convencerse de que sus encuentros homosexuales constituían pecado. Decidió abandonar la homosexualidad y casarse. Comenzó a cortejar a una señorita que también formaba parte del personal de consejería de la iglesia. Sin embargo, esa muchacha era una bruja. Quería casarse con Ron, y comenzó a ponerlo bajo su control. Ron se asustó cuando se dio cuenta de que esta muchacha estaba dominando toda su vida. Trató de terminar sus relaciones y ahí fue cuando comenzó el problema. Cada vez que Ron no estaba físicamente en presencia de esa muchacha, él sentía severos dolores abdominales. Rápidamente llegó al punto en que ya no podía leer su Biblia en absoluto, ni tampoco podía orar, excepto en lenguas. Atemorizado y deprimido, Ron huyó. Renunció a su trabajo como pastor asociado de esa iglesia y se fue al norte a otro estado buscando ayuda para liberarse de los encantamientos que la mencionada bruja le había echado. Fue de iglesia en iglesia durante todo un año sin conseguir ayuda. Fue entonces que vino a nosotros.

Hablamos extensamente con Ron, haciendo una lista de puertas de entrada. Ron tuvo gran dificultad en aceptar el hecho de que los tres espíritus que él oía con tanta regularidad eran en realidad guías espirituales demoníacos. Usando la Escritura le mostramos que esos espíritus habían probado la naturaleza de ellos, pues habían conducido a Ron a caer en toda clase de pecados sexuales. Por primera vez, Ron tuvo que encararse frente a frente al hecho de que Dios NO hacía excepciones especiales algunas con respecto a sus mandamientos como los guías espirituales le habían dicho.

Ron estuvo particularmente indeciso en cuanto a renunciar a sus lenguas. Arguyó que del único modo que él podía orar era en lenguas. Ese sólo hecho de por sí era prueba de que sus lenguas no eran del Espíritu Santo. Los demonios tenían a Ron tan atado que literalmente le era imposible orar en inglés. Sólo podía hacerlo en una lengua demoníaca bajo el control del demonio.

Dedicamos varias horas a Ron ayudándolo a identificar mediante la oración todas las puertas de entrada, a arrepentirse y cerrarlas y a ordenar a los demonios que salieran. Mientras Ron oraba, el Señor realizó una obra asombrosa, revelándole continuamente más pecados de los que él había olvidado contarnos. Después que Ron hubo cerrado cada puerta individualmente, repasó estas de un extremo a otro y realizó también una limpieza general de espíritu, rompiendo el vínculo entre el alma y el espíritu y el alma y el cuerpo, tal como lo describí en el Caso 1. Al terminar todos estábamos exhaustos.

Exhalamos un gran suspiro de alivio y nos sentamos en el piso donde habíamos estado arrodillados.

—¡Ajá!, Ron —observé—, por cierto que el Espíritu Santo realizó una poderosa obra en ti. ¿No fue maravilloso cómo Él continuó señalándote áreas sobre las cuáles se te había olvidado contarnos?

Ron sacudió la cabeza y dijo:

—Sí, pienso que sí, pero no creo que haya pasado nada.

—¿Qué quieres decir? —le pregunté.

—Quiero decir que no creo que ningún demonio se haya ido, porque no sentí nada.

Fue sólo la gracia del Señor lo que me impidió retorcerle el pescuezo a Ron allí mismo en ese mismo momento. Era ya muy tarde y todos habíamos estado como cinco agotadoras horas con él, y ¡él no creía que nada hubiese pasado porque no SINTIÓ nada! Esa es una fantástica demostración de la trampa en que han caído tantísimos miles de cristianos. ¡Si no SIENTEN nada, no creen que haya sucedido nada!

¡No hay sentimiento en la fe!

Seguimiento

Después de su liberación, Ron tuvo un año muy difícil. Continuamente él exigía recompensas emocionales y sentía que el Señor no estaba interesado en tener una relación con él porque Él no le hizo sentir a Ron los sentimientos que éste deseaba. Ron también continuó teniendo el dolor abdominal, aunque no tan severo. Yo le dije que los demonios podrían crear, y de hecho crearían, los mismos síntomas desde el exterior, como del interior. Pero Ron se negó a aceptar cualquier tipo de incomodidad. Lo exhorté a que fuera a hacerse un chequeo médico completo, y así lo hizo. Los médicos no pudieron encontrar nada que estuviera mal físicamente. El pastor que me ayudaba con Ron continuó aconsejándolo y al cabo del tiempo logró hacer que Ron se uniera a una buena iglesia cristiana. Alenté a Ron para que dedicara todo el tiempo posible al estudio de la Biblia y a memorizar textos bíblicos. También le aconsejé que le pidiera al Señor que le hablara a él SÓLO por medio de las Escrituras por un período de tiempo ya que Ron estaba muy acostumbrado a recibir comunicación de los demonios.

Fue un año sumamente arduo, pero Ron comenzó a crecer espiritualmente y aceptó andar por fe. Experimentó una inmediata soltura en la oración después de su liberación y podía leer su Biblia sin dificultad. Obtuvo un trabajo seglar y también disciplinó su vida. Transcurrido un año perdí el contacto con él, pero para esa época su dolor abdominal había desaparecido y estaba creciendo activamente en el Señor.

Siento gran dolor en mi corazón cuando veo el daño tan terrible que se les está haciendo con doctrinas de error a los jóvenes que están ansiosos por servir al Señor. ¿Cuántos muchachos como Ron hay por ahí en nuestras iglesias hoy? Creo que nos sorprenderíamos si supiéramos. ¡Cómo deben apenar el corazón de nuestro Señor esas cosas!

No puedo alabar al Señor lo suficiente por su paciencia y maravillosa gracia en nuestra vida y en la vida de personas como Ron.

¡En verdad que Jesús vino, de hecho, a dar libertad a los cautivos!

Caso 3. Sam (nombre ficticio), dieciocho años de edad

Sam tenía dieciocho años de edad cuando lo vimos por primera vez. Supo de mis libros por medio de un estudio bíblico al que asistía, pero no los había leído todavía cuando acudió a mí. Vino a verme debido a una horrible experiencia que había tenido hacía dos semanas. Buscaba una explicación para la experiencia.

Sam se encontraba en su habitación una noche cuando de repente olió un olor terrible como a azufre quemado. Repentinamente dos enormes demonios salieron del piso de su dormitorio y se le aparecieron. Los demonios le dijeron que él no era el cristiano que creía ser. Le dijeron que en realidad estaba sirviendo a Satanás y que Satanás exigía que Sam firmara un contrato con su propia sangre vendiéndose en cuerpo, alma y espíritu a Satanás. Hasta llegaron a decirle que Sam tenía que demostrar su absoluta fidelidad y sumisión a Satanás asesinando a la maestra de su grupo de estudio bíblico actual.

Después de decirle todo eso a Sam, los demonios desaparecieron tan súbitamente como habían llegado. Al principio Sam se preguntó si habría estado soñando, pero toda la experiencia era demasiado real para tratarse de un sueño. Habló con su maestra de estudios bíblicos acerca del episodio y ella lo refirió a mí.

Decir que Sam estaba perturbado es decir poco. Con anterioridad a esa visita de los demonios, ¡Sam ni siquiera creía que éstos existían y, sin duda, nunca creyó que pudieran venir a verlo a él!

Es obvio que tenía que haber mucho más en la historia de Sam que esta aislada visita de los demonios. Deseo enfatizar de nuevo que no debe usted distraerse mirando los síntomas o un solo incidente. SIEMPRE hay una causa fundamental.

Le pedí a Sam que me contara acerca de su vida tan

detalladamente como pudiera recordarla. He aquí su historia.

Sam nació de padres cristianos. Fue criado en un hogar evangélico muy estricto y sólo asistió a escuelas cristianas. A la edad de cinco años, Sam recibió una visita de Jesús y fue llamado a predicar el evangelio. Como resultado de ello, durante toda su vida Sam había hecho planes de hacerse pastor.

Todo iba muy bien hasta que Sam cumplió trece años de edad. Repentinamente, para horror suyo, ¡Sam comenzó a experimentar deseos homosexuales sumamente fuertes! Él nunca se había visto abusado sexualmente, ni había participado en pornografía u homosexualidad de ningún tipo. Él no escuchaba música *rock*, ni iba al cine y ni siquiera miraba televisión excepto en raras ocasiones. Por la Palabra de Dios Sam sabía que la homosexualidad es una abominación para el Señor. Él no se atrevía a hablarle a nadie acerca del problema porque no conocía a ninguna persona que pudiera comprenderlo. Sam luchó solo con los deseos homosexuales. No participó en ningún acto homosexual de ningún tipo. Mientras más luchaba por sacar de su mente los referidos impulsos y deseos, éstos parecían empeorar.

A la edad de quince años, Sam entró en una escuela secundaria cristiana. Los deseos homosexuales crecieron constantemente con tal intensidad que Sam cayó en una profunda depresión a causa del problema que parecía no tener solución. Sus calificaciones comenzaron a sufrir dado que él siempre había sacado muy buenas notas. A fines de su primer año en la escuela secundaria, Sam estaba tan deprimido que trató de suicidarse tomándose una alta sobredosis de píldoras. Fue llevado con urgencia al hospital en estado inconsciente, pero le salvaron la vida.

Sam acudió al pastor de su iglesia en busca de consejería, pero no se atrevió a decirle a este su verdadero problema. El incidente del intento de suicidio completo fue disimulado como una reacción al estrés de una escuela nueva y al primer año de escuela secundaria.

Cuando Sam entró en su segundo año, comenzó a beber alcohol para tratar de hacerle frente a su depresión. Al perder sus inhibiciones como resultado del alcohol, Sam comenzó a experimentar contactos con homosexuales. Odiaba lo que estaba haciendo y sabía que estaba mal, pero no podía detenerse. Su vida se convirtió en un círculo vicioso interminable de arrepentimiento y clamor al Señor para que lo ayudara, luego depresión al no llegar la ayuda, entonces más bebida para hacerle frente a la depresión, luego experiencias homosexuales, y de nuevo el sentimiento de culpa y el arrepentimiento. Una y otra vez, el círculo vicioso continuó durante los últimos tres años de la escuela secundaria. Sam observó que inmediatamente después de su primer encuentro físico homosexual, repentinamente tuvo brotes de temperamento violento y dificultad para controlarse cuando se enfurecía ciegamente. Sam nunca antes había tenido problemas de temperamento violento. Se dio cuenta de que la mayor parte del tiempo su mente se veía ocupada con pensamientos de asesinar a alguien. Eso era algo que Sam nunca antes había experimentado. Eso aumentó su culpa, depresión, borracheras y todo el círculo vicioso.

Después de graduarse de la escuela secundaria, Sam se matriculó en una universidad cristiana donde había hecho planes de estudiar para hacerse pastor. Puso fin a sus contactos con sus compañeros homosexuales durante el verano antes de ir a la universidad y empezó a asistir al grupo de estudio bíblico en un esfuerzo de ponerle fin a su problema. Fue en agosto, un mes antes de tener Sam que salir hacia la universidad, que se le aparecieron los demonios.

Después de escuchar la historia de Sam, sabía que nos estábamos enfrentando a dos problemas importantes. Los demonios habían entrado en Sam a través del intento de

suicidio, la embriaguez y los actos homosexuales, naturalmente. ¿Pero, DE DÓNDE salieron los impulsos homosexuales en primer lugar? Claramente, de un demonio dentro de
Sam, ¿pero cuál era la puerta de entrada?

El segundo problema era éste. Claramente Sam tenía un
llamado especial de Dios. Pero basado en todo lo que había
dicho Sam, yo no estaba convencida de que él fuera salvo.
Me es imposible contar el número de personas que vienen
a mí en busca de consejería, que han sido criados en hogares
cristianos y que han asistido a iglesias evangélicas toda la
vida y que no son salvos. ¡Solamente suponen que lo son!

Empezando por el principio. Desafié a Sam.

—¿Sam, si cayeras muerto en este mismo momento, a
dónde irías... al cielo o al infierno?

Hizo una pausa por un momento y dijo con seriedad:

—Pues, TENGO LA ESPERANZA de que iría al cielo.

Ahí estaba mi respuesta. Sam no era salvo, tal como yo
sospechaba.

Seguí interrogándolo más.

—Dime, Sam, ¿diste respuesta a esos demonios?

—No —dijo Sam sacudiendo la cabeza—, quería decirles
que se desaparecieran, que yo jamás serviría a Satanás,
pero sencillamente no pude. No entiendo por qué.

Claramente, Sam estaba atado demoníacamente. El hermano cristiano con quien yo trabajaba en esta ocasión
nunca había visto un caso de atadura demoníaca que impidiera la salvación, así que presioné a Sam un poco más para
mostrarle claramente a este hermano lo que estaba sucediendo.

—Sam —le dije—, elige ahora mismo a quién vas a servir.
¿Vas a servir a Satanás, o vas a servir a Jesucristo?

—Rebecca —dijo Sam moviéndose nerviosamente—,
quiero elegir, pero sencillamente no puedo. Realmente no
puedo.

Me levanté y le entregué a Sam una tiza para que escribiera en el pizarrón que había en la oficina. Fui a la pizarra y dibujé una línea vertical en el centro. A un lado escribí "Satanás" y "Jesús" al otro lado. Entonces le pregunté a Sam.

—Mira, tú sabes las Escrituras mejor que cualquier muchacho de dieciocho años que yo haya conocido. Quiero que escribas los pros y los contras de servir a Satanás y de servir a Jesús. Después, decide.

Sam fue a la pizarra y escribió versículo tras versículo. No le tomó mucho tiempo llenar la pizarra. Cuando terminó giró hacia nosotros y dijo:

—La respuesta es obvia. NO hay beneficio alguno en servir a Satanás.

—Está bien —le dije—, entonces, toma tu decisión, Sam. ¿A QUIÉN vas a servir?

Sam se sentó derrotado.

—Quiero decidirme por Jesús, pero sencillamente no puedo. Oh, es inútil. No soy capaz de tomar una decisión.

—No, no lo eres, Sam. De lo que no te das cuenta es que los demonios que tienes dentro literalmente te están atando e impidiendo que aceptes a Cristo. En realidad, te han atado desde la infancia. Tú sabes que has sido llamado por Jesucristo a un ministerio, pero en realidad nunca has podido hacer a Jesús tu Señor y Salvador, ¿no es cierto?

—Sí —asintió Sam—, así mismo es. No podía decírselo a nadie en mi familia ni en la iglesia. Todos sabían que yo había sido visitado por Jesús cuando tenía cinco años. Todos sabían que yo había sido llamado a predicar. ¿Cómo podía decirles que yo ni siquiera era salvo? ¡Sencillamente, no podía!

Pastores, sólo díganme ¿cuántas personas hay en SUS congregaciones con este terrible problema? Los exhorto a que busquen el rostro del Señor y le pregunten. Después, hablen a su gente. Háganles saber que ese tipo de problema existe para que no tengan miedo de hablarles a ustedes acerca de ello.

Entonces le pedí al hermano cristiano que trabajaba

conmigo que ungiera a Sam con aceite y que tomara autoridad sobre los demonios dentro de él y que los atara en el
nombre de Jesucristo. Así lo hizo.

Antes que Jack hubiese terminado su oración completamente, Sam se escurrió fuera de su asiento y cayó de rodillas
en el piso, con lágrimas surcándole las mejillas. Lloró y
clamó y oró pidiendo a Jesús que lo perdonara y que lo
limpiara de sus pecados con su preciosa sangre. Le pidió a
Jesucristo que fuera su Señor y Salvador y Maestro y le
consagró completamente su vida a Cristo. Sam estuvo algún
tiempo sollozando ante el Señor y confesando sus pecados.
Puedo decirles que se levantó de ese piso siendo un muchacho totalmente diferente.

Una vez que Sam fue realmente salvo, comenzamos a
buscar la causa fundamental de su problema. Mi experiencia había sido que los demonios de pecados sexuales que son
heredados o puestos en los niños a una edad muy temprana,
alzan su horrenda cabeza durante la pubertad. Cuando las
hormonas comienzan a fluir en los jovenzuelos al alcanzar
la edad de doce a catorce años, los demonios sexuales brotan
para tomar las riendas. Eso es lo que le había sucedido a
Sam.

Sam no tenía puertas de entrada de la niñez que pudiéramos descubrir. Entonces volvimos nuestra atención a la
posibilidad de la herencia. La madre de Sam descendía de
generaciones de cristianos. Pero la historia de su padre era
diferente. Antes de casarse con su madre, el padre de Sam
había sido un hombre muy promiscuo, aunque Sam no se
había enterado de que hubiera ninguna homosexualidad en
su padre. La madre de Sam formalizó su compromiso con
su padre a sabiendas de que no era cristiano. Finalmente,
la noche antes de su boda, su madre le dijo a su futuro esposo
que si no aceptaba a Cristo esa noche, que no habría boda
al día siguiente. Esa noche el padre de Sam hizo una
profesión de fe, pero uno se pregunta cuánta sinceridad
habrá tenido. Sam dijo que su matrimonio no fue uno

particularmente feliz, pero hasta donde él supiera, su padre nunca tuvo encuentros sexuales fuera del matrimonio. Asistía a la iglesia regularmente, aunque no con mucho entusiasmo. Ahí estaba la fuente de la herencia de Sam: su padre.

Entonces Sam continuó confesando todas las puertas de entrada y echó fuera todos los demonios que habían entrado en él a través de esas puertas. Para repasar, sus puertas de entrada habían sido:

- herencia
- intento de suicidio
- embriaguez
- actos homosexuales
- violencia

Según apunté anteriormente, mi experiencia ha sido que la violencia y el asesinato van de la mano con los demonios de homosexualidad. No sé por qué es eso así, sencillamente es un hecho.

Después que Sam terminó de echar fuera todos los demonios, le dije:

—Sam, ahora tienes un negocio inconcluso del cual tienes que hacerte cargo.

Me miró en forma interrogante.

—¿Y cuál es?

—Todavía no les has dado una respuesta directa a esos demonios y a Satanás con respecto a sus exigencias de que los sirvas.

Una enorme sonrisa se asomó en el rostro de Sam. Se puso de pie de un salto.

—Tienes razón —exclamó—. ¡Satanás y ustedes, demonios, JAMÁS los serviré! AHORA soy un siervo de Jesucristo y lo serviré por siempre a Él. ¡En el precioso nombre de Jesucristo, mi Señor, les ordeno que salgan de mí para siempre!

He permanecido en contacto con Sam durante dos años
después de su liberación. Él continuó con su lucha con los
impulsos homosexuales en sus pensamientos. Los demonios
colocaban éstos en su mente desde afuera. Se inscribió en
un programa de memorizar las Escrituras y disciplinó vigo-
rosamente su mente a llevar todo pensamiento cautivo y
hacerlo obediente a Jesucristo (2 Corintios 10:5). La batalla
no ha sido fácil, pero Sam está creciendo en el Señor y no
ha vuelto a caer en la embriaguez ni en la homosexualidad
desde su liberación. ¡Alabo a Dios por su maravillosa obra
en la vida de Sam!

******

Podría yo escribir un libro exclusivamente de casos prácticos. Sin embargo, creo que estos tres le servirán de un
buen ejemplo de cómo enfocar la liberación. He escrito un
capítulo aparte sobre la liberación de los que han estado
implicados en el satanismo. Ahora abordaré brevemente
aquí varios otros temas.

Liberación de los que practican religiones asiáticas

Esta es un área de liberación en la que yo libremente
admitiré que tengo más preguntas que respuestas. Los que
se implican en religiones asiáticas y formas orientales de
meditación, desarrollan una mente EXTREMADAMENTE pasiva. El otro problema importante es el extenso uso de las
técnicas de lavado de cerebro y de la hipnosis. Existen
profundos "ganchos" demoníacos que aún quedan en su
mente. Estos "ganchos" pueden ser una visión, una palabra,
un gesto, o simplemente un olor que habrá de desencadenar
un trance y un completo control demoníaco. En ese punto
no sé cómo hay que hacer para remover esos "ganchos"
demoníacos. Esas personas pueden parecer estar completamente liberadas, pero repentinamente caerán en un trance
(un estado en el que su mente se pone en blanco y pierden

el control) sin ninguna razón conocida. Desde luego, ese estado permite que los demonios regresen a ellos de nuevo. Veo gran cantidad de esto en las personas que salen de diversos grupos del movimiento de la Nueva Era.

Las personas que se ponen bajo el control de diversos guías espirituales dan un paso adicional sumamente peligroso. Vea usted, los satanistas del mundo occidental SABEN que están haciendo mal, pero están dispuestos a hacerlo con tal de obtener poder. Los que se ponen completamente bajo el control de un guía espiritual, PIERDEN la habilidad de distinguir entre el bien y el mal y aceptan el mal como si fuera el bien. Jamás he visto a alguien en ese estado que haya podido ser liberado.

¡El problema principal con TODOS los que salen de una forma oriental de meditación y de religiones asiáticas, es superar su mente pasiva! ¡Cuidado! La cosa individual que más les impide a los demonios operar libremente a través de un ser humano es su libre albedrío. La meta de todas las formas orientales de religión es lograr que el ser humano renuncie TOTALMENTE a su libre albedrío. Eso permite a los demonios hacerse cargo de ellos y usarlos a su antojo.

Considero que es un pecado serio renunciar a nuestro libre albedrío. Dios mismo no anula nuestro libre albedrío. La Escritura nos dice que el Espíritu Santo opera en nosotros para que seamos capaces de querer hacer la voluntad de Dios (Filipenses 2:13). Con frecuencia hago que las personas le pidan perdón a Dios por haber renunciado a su libre albedrío y también que le pidan que se los restaure. Eso parece ser la clave para ayudarlas a establecer dominio sobre los demonios que moran dentro de ellas.

Liberación de niños

No puedo dejar de insistir enfáticamente en la necesidad de liberar a los niños a una edad temprana. Padres, si ustedes han tenido que cerrar puertas de entrada en su propia vida, entonces tienen que romper las líneas de la herencia en sus hijos y ordenar que se vayan los demonios que han heredado. He escrito sobre la liberación de niños en *Preparémonos para la guerra*, así que no voy a repetir esa información aquí. Sólo deseo añadir unas pocas notas.

La liberación de niños que han sido criados por padres implicados en el ocultismo es MUY difícil. Ese es otro campo en el que tengo más preguntas que respuestas. Una vez que un niño alcanza una edad de alrededor de cuatro años, él o ella aprende rápidamente a controlar los demonios en su interior. ¡Es en este punto en que comienza el tremendo problema! Los niños chiquitos tienen gran dificultad en ser constantes. Pero, más que eso, es muy difícil persuadir a un niño pequeño a que NO haga algo que lo pueda beneficiar. Una vez que usted echa a los demonios fuera, la primera vez que el niño quiera algo que no puede obtener, ¡le pedirá a los demonios que regresen para poder usarlos para conseguir lo que desea! ¡El ciclo parece ser interminable!

Nunca subestimen la fuerza demoníaca que los niños pueden ejercer. Tuve un pequeño niño de seis años de edad en mi casa durante cuatro meses. Había sido criado en un conventículo satánico. Era tan sumamente poderoso en el uso de la brujería que mató a una de nuestras mascotas con simplemente mirarla, me fracturó uno de mis huesos con uno de sus sortilegios, y por poco mata a dos personas más. Ese niño había sido engendrado especialmente para una alta posición en la brujería y se le dieron demonios muy poderosos al nacer. Tratamos de traerlo a Cristo, pero rehusó dejar a los demonios fuera por más o menos un día a la vez porque siempre los quería usar para su beneficio. En la escuela, él dominaba a todos los muchachos de su clase, y también a los maestros. Cuando comenzó en el primer grado, a los dos días estaba leyendo a un nivel de tercer grado. Naturalmente, su guía espiritual demoníaco era quien leía por él. Nosotros siempre podíamos detectar los pocos días en que no llevaba los demonios con él porque fracasaba en todos los trabajos escolares de ese día. En los demás días sacaba notas perfectas en todo.

Padres, estén alertas a los síntomas de presencia demoníaca en sus hijos. Cualquier señal de madurez, funcionamiento o interés sexual en los niños más allá de lo que se considera normal para su edad, debe constituir una fuerte señal de advertencia. Los intentos de matar —ya sea a humanos o a animales— es señal inequívoca. Las pesadillas frecuentes con contenido demoníaco, y los muchos síntomas que tengo en el capítulo sobre "Abuso ritual de niños" en *Preparémonos para la guerra* nunca se deben pasar por alto.

Enfáticamente les recomiendo el libro del Dr. Dobson, *The Strong Willed Child*. Ese libro no trata sobre niños poseídos por demonios, pero los principios que contiene el libro serán muy útiles a cualquier padre con un niño semejante. Los padres TIENEN que ser absolutamente constantes en la disciplina de tales niños. Al niño hay que enseñarle que la vida es mucho más placentera cuando ellos mantienen a los demonios fuera, que cuando los permiten entrar.

Los padres deben ordenar que sean atados los demonios que habitan en un niño antes de castigarlo, o de lo contrario éste usará a su demonio para no sentir dolor por el castigo. (Véase el capítulo siguiente con información adicional sobre la liberación en los casos de abuso ritual.)

Padres, estén alerta a los juguetes con que juegan sus hijos y las historietas que ven. Uno de los guías espirituales más comunes que encuentro en los niños es She-Ra, princesa de las tinieblas de la historieta *He-Man*. Cuando le he preguntado a un niño (o niña) cómo sabía que She-Ra era un espíritu, la respuesta ha sido siempre: "Cuando jugaba con ella y veía la historieta, ella venía y me lo decía."

Liberación de los que practican el catolicismo romano

El problema básico del catolicismo romano es la idolatría

que se practica. Exhortaría al lector a que busque el capítulo sobre catolicismo en *Preparémonos para la guerra*. Encuentro cuatro síntomas comunes en las personas que han salido del catolicismo romano y aceptado a Cristo, pero que nunca han sido liberados.

• Una lucha casi continua para lograr la seguridad de la salvación.
• Un fuerte y tormentoso deseo o compulsión de retroceder y participar en la comunión católica.
• Una tendencia hacia la automutilación debido a la penitencia que comúnmente se practica en esa iglesia.

Algunos experimentan frecuentes visiones o experiencias en el mundo espiritual. Eso tiene su origen en la comunicación ocultista y en las oraciones a los espíritus de personas fallecidas, tales como María y los diversos santos. El establecimiento del vínculo entre el alma y el espíritu es muy común.

Síntomas que ocurren con el vínculo entre el alma y el espíritu

• Frecuentes visiones o comunicaciones con el mundo espiritual.
• Habilidad de controlar cuándo una persona habrá de recibir una visión o comunicación del mundo espiritual.
• Habilidad de ver auras. Éstas son varias clases y colores de luz que están alrededor de las personas y de las cosas.
• Habilidad de "ver" demonios con frecuencia.

Historial de participación en cualquiera de los siguientes:
• Proyección astral u otras experiencias extracorporales.
• Visualización e imaginación orientada.
• Cualquier forma de meditación oriental o cualquier cosa que ponga la mente en blanco.

- Habilidad de ver espíritus en un espejo, o cambios en la reflexión de este.
- Habilidad de "ver" el juego en *Mazmorras y dragones* u otros juegos de representación de papeles imaginarios.
- Contactos sexuales con espíritus... ¡estén siempre alerta a estos, pues son comunes!
- Habilidad de levitar objetos
- Habilidad de ver y (u) oír espíritus demoníacos.
- Cualquiera que haya servido como médium o espiritista.
- Participación en las artes marciales.
- Participación en retrorreacción biológica.
- Hipnosis: especialmente la habilidad de hipnotizar a otra persona.
- Contacto con OVNIS o seres extraterrestres.

Acto sexual con demonios

Este es un campo del que muy pocas personas están dispuestas a escribir porque tienen miedo del ridículo en que pueden caer. La mayoría de los cristianos se ríen ante la idea misma y dicen que es imposible. Pero los ocultistas y también el resto del mundo saben la verdad.

Apenas dos meses antes de la publicación de este libro, la cadena de televisión CBS trasmitió una película de dos horas en el horario de mayor audiencia, llamada *La Entidad*. Se trata de una película que narra un caso de la vida real que sucedió en Los Ángeles en 1976 y fue investigado por personas de la universidad UCLA. Es la historia de una joven madre de tres hijos divorciada que está criando a sus tres hijos sola. Súbitamente fue atacada y violada una noche por un ser invisible. Los ataques continuaron e incluyeron a los niños y, con el tiempo, a los investigadores. ¡Esa película me partió el corazón! ¡Con cuánta exactitud representaba la total impotencia de cualquier ser humano ante el poder demoníaco! ¡Si sólo esa mujer hubiera sido cristiana y hubiese conocido del poder asequible mediante el nombre de Jesucristo! Al final de la película, decían que ella se había mudado a Texas, pero que ahora, más de diez años después, continuaba sufriendo esos ataques, aunque no con tanta frecuencia. ¡Cuánto le oro a nuestro Señor para que dirija a esa señora a toparse en el camino con algún cristiano que no se burle de ella o que diga que lo que ella está experimentando es imposible, sino que comparta la respuesta con ella: el poder en nuestro maravilloso Señor Jesucristo!

Si desea usted leer otro libro que aborda brevemente esos problemas, lea *Earth's Earliest Ages*, por G. H. Pember. Lo distribuye Kregel Publications, Grand Rapids, Michigan. Génesis 6:8 y otros pasajes bíblicos nos dejan pocas dudas de la validez de las experiencias de esas personas. ¡Tal pecado sexual es una abominación hacia nuestro Señor! Pero, nosotros los cristianos TENEMOS que ser capaces de ayudar a otras personas a ser liberadas del cautiverio de esa forma de pecado.

Todas las personas en todas las formas de brujería, satanismo y las religiones orientales, experimentan relaciones sexuales de diverso tipo con espíritus. En los países asiáticos eso se conoce como "sexo astral" ¿Y cómo ocurre eso? La persona experimenta todas las sensaciones físicas del sexo aunque su pareja sea un espíritu sin nada físico.

Las personas implicadas en el satanismo comúnmente tienen sexo con demonios. El problema es, que cuando éstas se entregan a Jesucristo los demonios no están dispuestos a soltarlas. Después de la liberación hay que librar una verdadera guerra contra los demonios que tratan de violar a la persona vez tras vez.

¡La única solución es LUCHAR! Recuerdo a una joven en sus treinta con quien trabajé que había sido extensamente usada y abusada sexualmente cuando practicaba la brujería. Después de ser salva y liberada, tuvo un tiempo atroz con los demonios que venían por la noche a violarla. Al principio, ella cedió debido al terrible dolor físico que significaría tratar de resistirse a ellos. Cada vez que cedía, muchos demonios le entraban a través del acto sexual.

Hablamos extensamente del problema. Finalmente, le mostré el pasaje en Hebreos:

"Porque aún no habéis resistido hasta la sangre, combatiendo contra el pecado." Hebreos 12:4

Le dije que tenía que pedirle al Señor gracia adicional para soportar cualquier dolor producto de resistir hasta las últimas consecuencias el violento ataque de los demonios. Por último, así lo hizo. La siguiente vez que un demonio vino a tener sexo con ella, comenzó a reprenderlo en el nombre de Jesús y a ordenarle que fuera atado y que saliera de inmediato. Los demonios le provocaron un dolor muy severo, pero ella resistió y continuó reprendiéndolos y ordenando que salieran en el nombre de Jesús. No importa cuánto dolor infligía el demonio, esta mujer había tomado la determinación de resistir hasta el final. Así lo hizo, y finalmente el demonio se fue sin poder llevar a cabo el acto sexual. Sólo se necesitaron tres batallas de esta índole para obtener la victoria total.

Otra táctica común es que los demonios vienen a violar a alguien y lo acometen mientras duermen. Si la persona ora antes de irse a dormir y le pide al Espíritu Santo que la despierte y le avise justo antes del ataque demoníaco, ella podrá empezar a reprender y ordenar a los demonios que se detengan y se vayan antes de que ataquen. De esa manera es posible obtener la victoria. Muchas veces los actos sexuales con demonios serán interpretados como "sueños", pero la persona se despierta excitada sexualmente. Esa puede ser la causa de frecuentes "sueños con orgasmo involuntario" en hombres. El pecado de masturbación frecuentemente conduce al sexo con espíritus demoníacos por la intensa visualización que ella implica. Jesús enseñó que si una persona "fornicaba" en su mente, ya había cometido el pecado sexual. Considero que eso también se aplica a la masturbación.

Estos problemas son muy reales, hermanos y hermanas en Cristo. Como obreros cristianos, tenemos que tener mu-

cha paciencia y amor para ayudar a que las personas
triunfen en estos auntos.

Una y otra vez he enfatizado la necesidad de que el
cristiano se purifique o limpie a sí mismo. Al momento en
que se preparaba este libro para su impresión, recibí una
bella carta de una joven que tomó la información dada en
Preparémonos para la guerra y se purificó completamente
mediante el poder de Jesucristo. Quiero reproducir una
porción de esa carta aquí para estimular a los lectores de
que PUEDEN purificarse a sí mismos.

"Cuando leí su libro por primera vez, había tanta
información valiosa que lo leí una vez y después volví
atrás para tomar notas. En verdad que el Espíritu
Santo me abrió los ojos y el corazón para lidiar con
ciertas cosas. Ya yo llevaba casi un año tratando de
echar fuera de mí los demonios antes de leer su libro.
Algo que el Espíritu Santo me enseñó fue que en
realidad yo trataba de nombrar y echar fuera a cada
demonio individual... ¡Uf! Su libro me ayudó a echar
al demonio principal y sus subalternos y [a cerrar]
todas sus puertas de entrada. Naturalmente, eso es
mucho más fácil.

"Hasta ahora lo que yo estaba echando fuera eran
demonios 'superficiales'... al menos, de los que yo estaba enterada. Muchas veces el Señor traería alguna
otra cosa a mi atención para echarla fuera. NADA de
eso era fácil, era terrible. Pero en realidad se iban y
entonces quedaban otros peores y más profundos que
había que echar. El Señor fue muy misericordioso
conmigo durante esa época ya que Él no me sobrecar-
gaba demasiado y siempre me concedía descansos. Y
ADEMÁS me dio un hermoso esposo cristiano que estaba
ahí con la Biblia y las oraciones cada vez que lo necesitaba (lo cuál era BASTANTE FRECUENTEMENTE). Seguimos profundizando más y más hacia los demonios
que yo podía manejar (en esta carta suena fácil, ¿no?,
pues NO LO ERA). Pero llegué a un punto en que me
detuve y sabía que aún no estaba completamente libe-

rada. Entonces obtuve su libro *Preparémonos para la guerra* e hice lo que me decía que hiciera. Más tarde, hice todo lo que describía en el capítulo 17.

"Como yo jamás estuve implicada en el ocultismo como Elaine, no pensaba que pudiera tener un guía espiritual, o un demonio que me conectara con el mundo espiritual. Pero el Señor continuaba trayendo a mi atención esa sección del libro y sucedieron varias cosas. Una noche vi a una niña cristiana que fue a una iglesia a la cual habíamos asistido durante un tiempo pero que no nos agradaba. Continué diciéndole a mi esposo que no fue en sueños, sino que la había visto en realidad y que ella tendría que ser una bruja. Eso no se ajustaba a lo que usted alega de que el Señor no desea que veamos dentro del mundo espiritual (sólo Jesús nos permitirá ver si esa fuera su voluntad). Por lo tanto, me di cuenta de que probablemente tenía un demonio que me conectaba con el mundo espiritual.

"Finalmente, una tarde me quedé profundamente dormida y tuve un sueño. En ese sueño había un hombre de 'tez morena' a quien había conocido por mucho tiempo y yo confiaba y amaba a ese hombre. ¡Me había protegido durante mi vida! Nos encontrábamos en un edificio y me colocó en una barca y él la conducía de regreso a Egipto cuando nos adentramos en una niebla y tropezamos con una roca y la barca se hizo pedazos. Entonces lo vi a él acostado como si estuviera muerto rodeado de velas y de otras personas (¿personas? Yo no podía ver sus rostros) que sollozaban y decían que si yo no quería que él se fuera, no se iría. Que yo sería responsable de su muerte.

"¡Vaya! Cuando desperté y le conté a mi esposo el sueño, me dijo que se parecía a algo que aprendió en historia del arte. Dado que el agua en que nos encontrábamos no era ni un lago ni el océano, sino más bien un río, mi esposo lo comparó con las ceremonias funerales de los faraones en Egipto. Pues ellos, de hecho, fabricaban una barca para el viaje de la persona fallecida para atravesar el río hasta la otra ribera. Me percaté de que efectivamente tenía un guía espiritual porque él condujo la barca y durante todo el tiempo me mantuvo ocupada en algo. ¡Nunca salí sola; siempre lo dirigió todo! Y la conexión demoníaca era el río que le permitía a la barca ir y venir. Supe que tendría que echarlos fuera.

"Yo como que seguía postergándolo, porque sentía miedo. Oré y oré. Entonces el día en que los iba a echar, de repente comenzaron a salirme lágrimas en la piel, las cuales empezaron a sangrar. Era atemorizante. Mi esposo me dijo que lo mejor era que me apresurara a echarlos fuera, pues me encontraba peor que nunca. Por lo tanto, los echamos fuera y después echamos a todos sus subalternos.

"Esto no fue fácil y al día siguiente estaba agotada. Después no pude dejar de llorar y más tarde seguí vomitando. Usted sabe, una situación horrible. Seguimos orando y leyendo la Biblia y después comprendí lo que era. Uno de mis demonios principales era lo que yo llamaría 'el arrebatador'. Me lo pusieron cuando era bebita y él me ha arrebatado las cosas durante toda mi vida. Los recuerdos, agudeza del ingenio, el Señor Jesús que trataba de hablarme... cualquier cosa. Solamente '¡Puf!' y se llevaba lo que fuera. Por eso es que no podía acordarme de nada y por eso es que otras personas, como un consejero cristiano, tenían tal control sobre mí. Ellos simplemente hacían que Arrebatador desapareciera las cosas para que yo no las pudiera recordar. Él también arrebataba cualquier sonido que oyera y muchas veces me confundía como si las cosas que había oído estaban en mi imaginación o algo así.

"Después de echarlo, ¡súbitamente vi a un demonio ante el cual yo me había doblegado en realidad y le había entregado mi alma! Lo echamos fuera e inmediatamente me quedé dormida, pero los sueños y visiones fueron terribles, así que oré y el Señor me ordenó que me deshiciera de las visiones y de todos sus subalternos y de todas las puertas de entrada.

"Estaba agotada. Pero al fin tenía verdaderas lágrimas de gozo. Por último, pude sostener una conversación con Jesús sin que nada me la arrebatara. ¡Finalmente, pude memorizar las Escrituras! ¡Ahora disfruto tanto de la lectura de la Biblia! Durante la época en que estaba echando fuera demonios, vivía en un terrible tormento. Pero reclamé una mente sana porque Jesús lo prometió y le pedí al Espíritu Santo que refrenara los demonios para que yo pudiera echarlos fuera.

"Un par de días antes de que el Señor me revelara que yo en efecto tenía esos demonios, me propusieron que tomara una decisión. Podía quedarme así el resto de mi vida o podía hacer que el Señor me los limpiara. Decidí dejar que Él me los limpiara porque estaban interfiriendo con mi andar al lado de Jesús. También comprendí que no sería fácil. Es como si nuestro andar con Jesús fuera una serie de 'síes', ya que Él ni nos fuerza ni nos obliga.

"Rebecca, es importante que las personas comprendan esto: si naciste en el ocultismo y aunque no tuvieras nada que ver con ellos y siempre fuiste obligada, aun así recibes demonios. Debido a mis padres, ellos tenían derecho legal. Y echar fuera demonios no es una experiencia grata, ¡pero vale la pena! Vale la pena mil veces ya que así podemos tener la seguridad de que Jesús es verdadero. Ahora cuento con la seguridad de una vida abundante... cualquier cosa que me tenga deparada."

¡Deseo de todo corazón expresar mi más sincera gratitud a la remitente de esta carta! Oro porque muchos cristianos sigan su ejemplo y se atrevan a salir osadamente en fe a purificarse a sí mismos. ¡Anhelemos TODOS llegar a ser vasijas para honra!

Capítulo 13

Liberación de los que practican el satanismo

El satanismo en Estados Unidos es un problema que simplemente no va a "desaparecer". Es enorme, mucho más allá de cualquier cosa que haya sido descrita en la prensa. Toda ciudad y pueblo tiene conventículos de brujos o de otras personas que directamente veneran y sirven a Satanás. Casi todos los centros de enseñanza superior tanto en sus primeros dos años, como en los dos años finales, tienen sus propios conventículos, INCLUSO algunas escuelas cristianas. Además de esto, este país está siendo inundado por religiones asiáticas que no son más que otra forma de satanismo, y cultos egipcios y caribeños (tales como la santería), todos, formas de satanismo. TODA religión que rinda culto y sirva a los demonios es una forma de satanismo, no importa cómo se le llame a los demonios: energías, vibraciones, dioses paganos, entidades espirituales, etc.

En una conferencia de la policía en Las Vegas, Nevada, en febrero de 1986, se estimó que hubo aproximadamente entre 40.000 y 60.000 "homicidios rituales" (sacrificios humanos) en Estados Unidos en el año anterior. Considero que ese estimado es extremadamente conservador.

La reciente cobertura de la prensa de los sacrificios humanos llevados a cabo en Matamoros, México, en 1989, dentro de poco se convertirá en acontecimientos diarios en la prensa. Dondequiera, los departamentos encargados de la rigurosa aplicación de la ley están comenzando por tratar de educar a los agentes de la policía en el campo de los crímenes relacionados con el ocultismo. Los psicólogos y los psiquiatras están celebrando conferencias médicas para intentar educarse ellos mismos sobre cómo tratar con las personas implicadas en el satanismo. En la actualidad, el abuso infantil ritualista se está convirtiendo en un vocablo doméstico. Diariamente, las estrellas de música de *rock* y sus álbumes pregonan un crudo satanismo en sus conciertos, a través de todas nuestras tiendas musicales y en el popular canal de televisión exclusivo de *rock*, MTV. Se está suscitando tanto y tanto alboroto, que tenemos que detener la expansión del satanismo entre nuestros adolescentes. Desgraciadamente, el mundo, y muchos cristianos, están volviéndose hacia los psiquiatras y psicólogos en busca de respuestas. La mayoría no se da cuenta de que el campo de la psiquiatría y la psicología probablemente tiene la más alta saturación de satanistas practicantes que cualquier otro empeño profesional. ¡Los padres fundadores de toda la esfera de la psicología estaban, ellos mismos, profundamente implicados en el ocultismo!

TENEMOS que dirigir nuestra atención hacia la Palabra de Dios en busca de las respuestas. Jesús predijo que esto sucedería, igual que Pablo y muchos otros. Estamos viviendo los "últimos días". En la segunda carta a Timoteo, Pablo escribió esta precisa reseña de los días que estamos viviendo:

> "También debes saber esto: que en los postreros días vendrán tiempos peligrosos. Porque habrá hombres amadores de sí mismos, avaros, vanagloriosos, soberbios, blasfemos, desobedientes a los padres, ingratos, impíos, sin afecto natural, implacables, calumniadores, intemperantes [sin autocontrol], crueles, aborrecedores de lo bueno, traidores, impetuosos [vanidosos], infatuados, amadores de los deleites más que de Dios, que tendrán apariencia de piedad, pero negarán la eficacia de ella; a éstos evita" (2 Timoteo 3:1-5).

Ese sencillo párrafo describe en pocas palabras a cual-

quier persona que venere y sirva a Satanás. Entonces Pablo
continúa diciendo:

> "Y también todos los que quieren vivir piadosamente
> en Cristo Jesús padecerán persecución; mas los malos
> hombres y los engañadores irán de mal en peor, enga-
> ñando y siendo engañados. Pero persiste tú en lo que
> has aprendido y te persuadiste, sabiendo de quién has
> aprendido; y que desde la niñez has sabido las Sagra-
> das Escrituras, las cuales te pueden hacer sabio para
> la salvación por la fe que es en Cristo Jesús. Toda la
> Escritura es inspirada por Dios, y útil para enseñar,
> para redargüir, para corregir, para instruir en justicia,
> a fin de que el hombre de Dios sea perfecto, enteramen-
> te preparado para toda buena obra" (2 Timoteo 3:12-
> 17).

Creo que a partir de más o menos un año después de la
publicación de este libro, las iglesias cristianas se confron-
tarán con el ataque abierto y directo de los satanistas.
Recientemente estábamos en Carolina del Sur y tomé un
periódico local. En la primera página había una fotografía
de una pequeña iglesia rural cristiana de la localidad. A lo
ancho de la fachada de la iglesia, escritas con un rociador
de pintura negra estaban las palabras "¡Satanás es dios!"
No falta mucho para que aquéllos de nosotros que servimos
a Jesucristo tengamos que encararnos directamente con los
que sirven a Satanás en confrontaciones frente a frente.

En el mes de mayo de 1989 hablé con un pastor evangelista itinerante. Me contó de seis iglesias que él conocía
personalmente en los estados de Texas y Oklahoma cuyas
puertas estaban cerradas debido a amenazas de los satanistas locales. Ni los pastores ni los miembros de la iglesia
estaban dispuestos a enfrentarse a las amenazas satánicas
de muerte. El mismo evangelista me contó de una iglesia
en Texas donde se le acercó al pastor el sumo sacerdote del
grupo satánico local, el cual le exigió el uso del edificio de la
iglesia. En este caso el pastor le dijo al sumo sacerdote que
no podía prestarle el edificio. La respuesta inmediata fue

una amenaza de muerte. El pastor le respondió: "Vivo o muerto, serviré a Jesús. No temo a la muerte. ¡Ustedes NO PUEDEN usar este edificio!"

Dos semanas más tarde, los satanistas irrumpieron en la iglesia y sacrificaron un bebito en el altar al frente de la iglesia y lo profanaron, dejando al bebé muerto para que los miembros de la iglesia lo encontraran. Aun así, el pastor y algunos de los miembros de la iglesia se mantuvieron firmes por Cristo. Como resultado, al cabo de tres semanas, brotó un avivamiento en ese pueblo, y muchos han venido a Jesús. También conozco una iglesia que cerraron en Carolina del Sur y varias personas de la iglesia murieron en extraños accidentes. Habían recibido amenazas de los satanistas locales. Creo que esto se convertirá en un suceso muy común dentro del próximo par de años.

Desde la publicación de mi primer libro en el otoño de 1986, me han llovido montones de cartas de personas que han sufrido todo tipo de atrocidades imaginables a manos de siervos de Satanás. Se me parte el corazón cuando leo esas historias. Un ser humano no puede tocar el dolor de otro. Sólo el Señor puede ayudar a una persona a soportar toda esa horrible congoja que llega a su vida. Pero a pesar de todo, debemos recordar que Jesús amó y murió hasta por gente como esa. Durante años ha sido mi costumbre suplicarle al Señor por el alma de todo siervo que Satanás envía para tratar de herirme. Me imagino que si Satanás va a usar a sus siervos en contra mía, que por lo menos yo debo contar con la oportunidad de compartir el evangelio con ellos. He visto a muchos satanistas endurecidos de corazón que fueron enviados a hacernos daño, acongojarse completamente y volverse a Jesús. Esa debe ser nuestra meta siempre.

Recientemente he estado sometida a mucha crítica debido a que no doy nombres y lugares específicos en mis libros ni informo los incidentes a las autoridades seculares. Hay una cosa que quiero dejar sentada claramente. Mi mandato del Señor es sacar a las personas del cautiverio de Satanás y llevarlas al reino de Jesucristo. Esos detalles los dejé deliberadamente fuera de mis libros. Si hubiera querido darlos a conocer, los hubiera publicado. Satanás es un espíritu y su reino está en el mundo espiritual. Mi lucha no es contra "sangre y carne" (Efesios 6:12). Pero más que eso, he sido llamada específicamente por Dios para usar ÚNICA-MENTE armas con poder divino, NO las armas del mundo.

> "Pues aunque andamos en la carne, no militamos según la carne; porque las armas de nuestra milicia no son carnales, sino poderosas en Dios para la destrucción de fortalezas[...]" (2 Corintios 10:3,4).

La ÚNICA respuesta al satanismo y a los crímenes asociados con éste está en el poder del evangelio de Jesucristo y en su obra consumada en la cruz del Calvario. Mi llamamiento es sacar a las personas del satanismo y liberarlos mediante una entrega total a Jesucristo.

Aplaudo los esfuerzos de la policía, pero ellos están severamente obstaculizados por dos cosas. Primera, ellos no creen en la realidad del mundo espiritual o que los satanistas tengan un verdadero poder. Segunda, no pueden comenzar a resistir lo que está sucediendo sin el poder de Jesucristo y el discernimiento del Espíritu Santo. Las cárceles de Estados Unidos están llenas de satanistas. De acuerdo a un reciente documental noticioso de la televisión, en California las cárceles están tan llenas que la mayoría de los criminales regresan a las calles a los pocos días porque simplemente no hay suficiente espacio en ellas para darles albergue a todos. ¿Y cuál sería en el mundo la solución a ese terrible estado de cosas? Es hora de que nosotros los cristianos nos levantemos y comencemos a obedecer el mandamiento de Cristo: compartir el evangelio, CON PODER, con todo individuo.

Esa es toda la cuestión del satanismo: el poder. Todas las personas que se implican lo hacen por un propósito primordial: obtener poder. Eso es tan antiguo como el mismo huerto del Edén. ¿Por qué Adán y Eva desobedecieron a Dios? Porque pensaron que lograrían obtener conocimiento especial y, por ende, *poder* para llegar a ser como el mismo Dios.

La REBELIÓN está en la médula misma de la vida de CADA persona implicada en el satanismo. Eso también es cierto de aquéllos en el satanismo que han sido muy maltratados. No importa los maltratos de que hayan sido víctimas, o lo pasivo que parezcan, cada uno de ellos tiene un meollo de rebelión tan fuerte que nunca ceso de asombrarme de ello.

"Porque como pecado de adivinación es la rebelión, y como ídolos e idolatría la obstinación" (1 Samuel 15:23).

Esa tendencia hacia la rebelión es algo con lo que todos tenemos que lidiar, pero especialmente los implicados en el satanismo. Recuerden siempre, la pasividad es la peor forma posible de rebelión. Dios detesta la pasividad más que ninguna otra cosa. Él lo hizo muy claro en Apocalipsis 3 en la carta a la iglesia de Laodicea. Debido a que los laodicenses estaban "tibios", es decir, eran pasivos, el Señor dijo que los "vomitaré de mi boca" (Apocalipsis 3:15,16). Algunos de los satanistas con quienes es más difícil trabajar son las procreadoras. Se trata de mujeres usadas para tener hijos para los sacrificios. Son tan difíciles de trabajar con ellas porque han optado por rebelarse mediante la pasividad. Han rehusado hacer algo en contra de los terribles pecados que les ordenan cometer.

Una de las primeras cosas que tengo que hacer cuando se me acerca alguien que dice que desea abandonar el satanismo, ¡es orar! Tengo que buscar al Señor en oración para cerciorarme de que sea su voluntad que ayude yo a esa persona. También tengo que hablar con el individuo para ver si no sólo está dispuesto a considerar a Jesús como su único Maestro, sino también si está dispuesto a pagar el precio que significa contraer un compromiso semejante. La mayoría de las personas implicadas en el satanismo no están dispuestas a pagar el precio implicado en una entrega total a Jesús. Ellas simplemente desean alivio de su tormento actual. Son típicos de todos los humanos, incluidos los cristianos. Apenas la única cosa que hace que alguno de nosotros desee apartarse del pecado en nuestra vida es que al fin nos sentimos tan mal que estamos dispuestos a abandonar el pecado de que se trate a cambio de obtener algo mejor. El hijo pródigo de la parábola dada por Jesús es un ejemplo típico de eso. Tuvo que rebajarse a comer con los cerdos que alimentaba antes de disponerse a abandonar su vida de pecado.

Muchas veces en situaciones de consejería, he llegado al punto de simplemente orar con la persona y suplicarle al Señor que trate con ella en cualquier forma que Él considere necesario para traerla al punto de estar dispuesta a renunciar completamente al satanismo. Mientras crean que el satanismo los beneficiará más de lo que los pueda perjudicar, no van a estar dispuestos a dejarlo. Quizá esto suene cruel, pero es la verdad. La mayoría de las personas abandonan el satanismo ÚNICAMENTE cuando se dan cuenta de que lo más probable es que pierdan la vida si permanecen implicados en él por más tiempo. En los casos anecdóticos que damos en este capítulo, hallaremos que casi siempre ese es el momento crucial.

Trabajar con las personas que abandonan el ocultismo no es fácil. He cometido casi todos los errores posibles de cometer. Debo advertirles a los cristianos que laboran en ese campo acerca de dos aspectos problemáticos muy serios. Primero, la cruda verdad es que la mayoría de las personas están buscando "algo por nada". Es decir, que desean que otra persona sea la que luche por ellos y les provea lo necesario. La mayoría de las personas entran al ocultismo en primer lugar, porque creen que pueden ganar mucho sin tener que trabajar. He aprendido a fuerza de golpes que es necesario imponer límites firmes de tiempo en cuanto al tiempo en que uno ayudará y mantendrá a alguien. No se puede mantener indefinidamente a la gente. Y, mientras uno mantenga a alguien, generalmente ese individuo no hará ningún esfuerzo por mantenerse a sí mismo. Pablo esboza directamente esta cuestión en 2 Tesalonicenses.

"Porque también cuando estábamos con vosotros, os ordenábamos esto: Si alguno no quiere trabajar, tampoco coma. Porque oímos que algunos de entre vosotros andan desordenadamente, no trabajando en nada, sino entremetiéndose en lo ajeno. A los tales mandamos y exhortamos por nuestro Señor Jesucristo, que trabajando sosegadamente, coman su propio pan" (2 Tesalonicenses 3:10-12).

Segundo, existe un creciente número de personas que pretenden ser ex satanistas, o que dicen haber sido abusados ritualmente cuando niños. Ese es un problema que sin duda aumentará según crezca la divulgación que haga la prensa de los escándalos del satanismo. Esa gente llega solicitando manutención y atención. A veces me sorprendo de la cantidad de información que pueden obtener mediante la lectura y a través de los demonios que permiten entrar en ellos por sus alegaciones de estar endemoniados y de haber sido satanistas.

En ocasiones parece como si el Señor deliberadamente se negara a darnos discernimiento en estos casos. Sólo puedo suponer que eso sea así para que la persona que trata de engañarnos tenga una oportunidad incondicional de salvación. Sin embargo, a la larga, el individuo mostrará su embuste al negarse a trabajar y con sus continuos intentos de llamar la atención, en la mayoría de los casos mediante enfermedades y ataques demoníacos fingidos. NINGÚN ministerio está a salvo de esos problemas. Cualquiera puede infiltrarse. Puedo testificar que tales personas traen aflicción y problemas incalculables. Pero no me atrevo a dejarme amargar. Tengo que acordarme siempre de que Cristo ama aun a los que son así.

TEMOR. El obrero cristiano debe comprender siempre que

las personas que verdaderamente abandonan el satanismo están regidas por el temor. El TEMOR es la primera arma de Satanás. El reino de Satanás opera sobre el principio de la competencia absoluta. Los satanistas no pueden confiar en nadie, es cada cual por su cuenta. Ellos colaboran unos con otros únicamente si se ven forzados por los demonios a hacerlo, mediante el temor. El mundo del satanismo es también un mundo de embustes. Los satanistas son mentirosos y actores consumados. Esa es la única forma de sobrevivir. Cuando abandonan el satanismo estarán extremadamente temerosos y serán unos embusteros habituales. Lleva tiempo para que vean que el poder del Señor es superior a cualquier cosa que Satanás o sus demonios tengan. También toma tiempo para que rompan el hábito de mentir acerca de todo. El obrero cristiano que los ayuda necesita ser MUY amoroso, paciente y perseverante.

Los satanistas lo rechazan todo y, consecuentemente, se sienten rechazados por todo y por todos. En los nueve años en que he tenido un constante flujo de personas hospedándose en mi casa después de abandonar el satanismo, continuamente he encontrado que ellas lo interpretan TODO como rechazo. Si le pido a una de ellas que mate una mosca en la pared, lo interpretará como rechazo. Requiere mucho amor y paciencia ayudarlas a reconocer y superar eso.

La CONVICCIÓN DE PECADO no les llega inmediatamente a los que abandonan el satanismo. Nuestro Señor es en ese sentido muy misericordioso e indulgente. Él sabe muy bien que perderían la mente si les echara encima la convicción de lo terrible de sus acciones toda de una vez. Según la persona se fortalezca en el Señor, el Espíritu Santo le traerá la convicción de pecado de sus actos. Nosotros, los obreros cristianos TENEMOS que comprender que esas personas han atravesado cosas tan terribles que no las pueden recordar todas de una vez. Es normal que los que abandonan el satanismo padezcan una amnesia significativa. Generalmente, una liberación total no es posible de inmediato porque hay mucho de lo que ellos no se acordarán. Esto es muy cierto en el caso de las diversas inserciones y de los episodios de ritos sexuales. Somos seres humanos débiles. Nuestra mente sólo puede resistir hasta cierto punto. Nuestro Señor lo sabe. Él no nos presionará a ninguno de nosotros más allá de lo que podamos resistir. Según se vayan fortaleciendo y aumente su seguridad en Cristo, Él entonces irá liberando más y más de sus recuerdos.

He descubierto que a cualquiera que abandona el satanismo estabilizarse le toma, como mínimo, un año. Durante ese año, el Señor traerá a su mente más y más de los ritos y contratos en que ha estado implicado. La mayoría de sus demonios pueden echarse desde el principio, pero más y más serán revelados según vaya recordando más de las cosas en que ha participado. Es importante que según vaya recordando esas cosas, que se arrepienta de ellas, las confiese como pecados y que le pida al Señor perdón y liberación.

Cuando nos arrepentimos y confesamos nuestros pecados recibimos mucha sanidad. Esas personas son corderos heridos en el rebaño del Señor y hay que cuidarlos con tierna firmeza y gran amor.

En este capítulo voy a relatar dos historias de casos completos para tratar de mostrar mi enfoque con mayor claridad. Sigo echando fuera a los demonios por las puertas de los pecados a través de las que entraron. Pero en el caso de alguien implicado en cualquier forma de rendir culto al demonio, uno también tiene que lidiar directamente con sus "espíritus familiares", o con los demonios con los que los individuos han trabajado más estrechamente. Las personas implicadas SIEMPRE conocen los nombres de los demonios con los que han laborado. Si le tratan de decir que no es así, están mintiendo. Tiene usted que preguntarles los nombres de sus espíritus familiares. Generalmente, hay varios y no sólo uno o dos, como podrá verse en las historias de casos.

No es necesario saber los nombres de ninguno de los

demás demonios que moran en esas personas. No debe preguntárseles su nombre a los demonios mismos. Hable con la persona acerca de su vida, buscando puertas de entrada. En estos casos, primero he presentado las historias y mostrado las puertas de entrada. Seguidamente, he listado sus espíritus familiares. Entonces, finalmente, he dado nuestro enfoque para su liberación. Tiene usted que listar cinco categorías para la liberación:

- Espíritus familiares
- Contratos de sangre
- Episodios de ritos sexuales
- Inserciones
- Puertas de entrada

Caso 1. MARIE (nombre ficticio)

Marie tenía veintiún años de edad en el momento en que abandonó la brujería y entregó su vida a Jesucristo. Su historia es la siguiente:

La madre de Marie estaba en el satanismo, y, de hecho, había alcanzado un alto cargo. Se había casado con un compañero satanista, pero los dos se habían separado y se divorciaron un mes antes del nacimiento de Marie.

Al padre de Marie se le consideraba mentalmente incapacitado, aunque era capaz de trabajar. Nunca logró alcanzar una posición de rango dentro de la brujería. Dejó a la madre de Marie por otra bruja dentro del grupo. Cuando nació Marie, Satanás le dijo a su madre que ella sería retrasada mental igual que su padre. Desafortunadamente, la madre de Marie aceptó esa mentira de Satanás sin ponerla en duda.

Interesantemente, Marie no sólo había sido dedicada a Satanás cuando bebita, sino también a Jesucristo. Eso fue debido a que al momento de su nacimiento, su madre ocupaba un puesto significativo en la iglesia cristiana en la que se había infiltrado. No me cabe la menor duda de que el Señor tomó esa dedicación muy en serio y, veintiún años más tarde, la satisfizo atrayendo a Marie hacia Él.

A la edad de cuatro años, su madre llevó a Marie a una ceremonia especial de un conventículo de brujería, donde firmó su primer contrato de sangre, vendiéndose a Satanás. Marie recuerda muy claramente que al momento de firmar ese contrato, Satanás se le apareció y le dio un demonio llamado Komaer. Satanás le dijo que Komaer le daría la habilidad de hacer el papel de ser retrasada mental, lo cual le permitiría lograr que su mamá hiciera cualquier cosa que ella deseara. Lamentablemente, Marie usó ese demonio a la perfección durante los siguientes diecisiete años. En realidad es una chica muy inteligente. Sin embargo, en la escuela continuamente fracasaba en todo. En todas las evaluaciones psiquiátricas sacaba una clasificación de retrasada mental, y convenció a todo el mundo de que en realidad lo era. Ahora se enfrenta a la vida SIN una educación significativa y con muy pocas perspectivas en cuanto a oportunidades de trabajo.

La madre de Marie la llevó a algunas reuniones del conventículo, pero en la mayoría de las ocasiones la mantenía alejada de ellas, temiendo siempre que Satanás le exigiera su sacrificio. Marie fue una niña increíblemente mimada. Jamás nadie le dijo que no a ella, y tampoco lo hicieron sus abuelos. Tenía todo lo que el dinero pudiera comprar. Ambas parejas de abuelos trataron de compensar con ella el maltrato que le habían propiciado cuando niña a su madre. Marie, prácticamente, había sido criada sin ninguna disciplina.

Cuando Marie tenía once años de edad, su madre dejó la brujería y aceptó a Jesucristo. Y ahí fue cuando comenzó el problema. Como les sucede comúnmente a las personas que dejan la brujería, la madre de Marie lo perdió todo. Con el tiempo también se mudó a otro estado y dejó atrás a los abuelos. De repente, Marie descubrió que ya había dejado de ser adorada por su madre, que otra persona había tomado ese lugar en su vida: Jesús. ¡Y Marie odiaba con todo el corazón a Jesús y a los cristianos que ayudaban a su madre! Ella se rebelaba continuamente contra todo el mundo y todas las cosas.

Cuando ellas se mudaron del estado en que vivían, Marie se mantuvo en contacto con la suma sacerdotiza que reemplazó a su madre. Trabajó con esa mujer hasta que cumplió veintiún años de edad.

Marie se asociaba con los muchachos que estaban en el satanismo en las diversas escuelas públicas a las que asistía. Frecuentemente, ella participaba en sacrificio de animales, y según fue creciendo, asistió también a sacrificios humanos... ascendiendo los escalafones dentro de la brujería como su madre lo había hecho antes que ella.

Marie también se adiestró en la quiromancia, la lectura de la baraja del Tarot, y reclutó a muchos jóvenes para la brujería mostrándoles cómo jugar con la tabla de escritura espiritista conocida como *ouija*. Se sintió fascinada con los horóscopos y seguía el suyo fielmente.

A la edad de diecisiete años, se implicó en una pandilla que rápidamente la condujo a las drogas, la bebida y la promiscuidad sexual. Alardeaba frente a los otros jóvenes insultando a Dios en cada oportunidad que tenía. A la edad de diecisiete años tuvo un bebito siendo aún soltera. Su madre no le permitió hacerse un aborto y, como era menor de edad, la forzó a entregar al bebé para adopción. Fue muy afortunado que su madre hiciera esto, porque probablemente Marie habría sacrificado al bebé si le hubieran permitido conservarlo.

Aunque no le permitían oír música de *rock* en la casa, Marie la oía constantemente cuando estaba fuera de esta. A la edad de dieciocho años, después del nacimiento de su bebé, Marie regresó a visitar a sus abuelos para verlos, y también visitó a su padre. Mientras estuvo allí, ella y su padre tuvieron relaciones sexuales.

Marie mentía sobre todo lo que hacía. Se deleitaba asistiendo a cuanta película de ocultismo y horror podía. También se implicó en el juego de video sobre ocultismo llamado *Mazmorras y dragones.*

Finalmente, a la edad de diecinueve años, tras haber terminado la enseñanza secundaria en un programa de educación especial para retrasados mentales, su madre la envió de nuevo con sus abuelos ya que ella no podía seguir teniéndola en la casa. En repetidas ocasiones Marie intentó matar a su madre, tanto mediante brujería, como físicamente. Ella persistía en creer que Satanás era más fuerte que Jesucristo a pesar de todo lo que su madre decía o hacía para tratar de convencerla de lo contrario. Marie odiaba al mundo entero, y sentía que el mundo entero la odiaba a ella. Más que todo, odiaba intensamente a su madre por haber abandonado la brujería y por el cambio habido en sus circunstancias.

Una vez de regreso a su estado natal, comenzó su adiestramiento formal en un conventículo satánico de brujería. Le dieron un nuevo y poderoso guía espiritual llamado Malaquías, y un "portero" o "demonio poderoso" conocido por el nombre de Gosser. Marie misma fue la que escogió ponerle a ese demonio particular el nombre de Gosser. Ella eligió convertirse en lo que se conoce como una "cazadora", que viene a ser una asesina profesional. Le enseñaron a usar todo tipo de armas, estrellas, dardos envenenados, lanzas, espadas, etc. Comenzó a asistir a una escuela de artes marciales: Kung Fu y Karate. Sin embargo, era ella demasiado perezosa como para resistir cualquier tipo de entrenamiento físico verdaderamente riguroso, por eso mayormente ella sólo adquirió los diversos demonios. Ella consumía drogas y también las vendía.

Marie rehusaba trabajar, y fue admitida a un programa de ayuda gubernamental para incapacitados mentales. Fue puesta bajo el cuidado de dos psiquiatras que trabajaban para el gobierno y eran satanistas. Esos hombres le enseñaron mucho en las artes del ocultismo, especialmente en el campo de la hipnosis, la proyección astral y el yoga. Vivía en una vivienda de grupo administrada por el gobierno. Eso no impidió sus actividades ya que la mayoría de las personas que trabajaban en los programas de servicios sociales en esa zona eran satanistas en su propio gran conventículo.

Fue durante ese período de dos años que se adentró más y más en los sacrificios humanos y el canibalismo, junto con frecuentes sacrificios de animales. Finalmente, a la edad de veintiún años, le encomendaron una gran misión. Le prometieron el puesto de suma sacerdotiza (de un conventículo local) si tenía éxito, y la muerte si fallaba. En realidad, Marie había sido una fracasada, tanto dentro de la brujería, como fuera. Nunca llegó a completar su adiestramiento en la brujería debido a su holgazanería. Siempre estaba buscando el camino fácil y "algo por nada". La enviaron aquí a California para infiltrarse y matarme.

Ahora, durante años he tenido la norma de pedirle al Padre el alma de todo siervo que Satanás envía a hacernos daño. Me imagino que si Satanás los va a enviar para lastimarnos, que yo al menos debo contar con la misma oportunidad de compartir el evangelio de Jesucristo con ellos. Parece que el Padre está de acuerdo con mi punto de vista ya que generalmente me permite compartir el evangelio con ellos. Satanás tiene que enviar a sus siervos contra nosotros a su propio riesgo: ¡el riesgo de que se pasen al bando de Jesucristo, MI Maestro! Después de todo, a mí me parece que eso es lo justo.

Por mandamiento del Señor me traje a Marie a vivir

conmigo. Ya llevaba dos semanas con nosotros cuando no pudo más y estalló y nos confesó toda la confabulación. Se dio cuenta de que el poder de Jesucristo era demasiado grande, y reconoció que jamás tendría éxito en matarme. Temía por su propia vida... con mucha razón. Poco antes de que la enviaran aquí, había sido forzada a presenciar el brutal asesinato de un muchacho de diecisiete años que había fracasado en una asignación similar para su conventículo. A ella le habían dicho eso, que si fallaba en matarnos, también sería sacrificada en la misma forma.

Temiendo por su vida, Marie se sintió dispuesta a consagrar su vida a Jesucristo y renunciar a sus demonios. No obstante, su sendero ha sido uno muy difícil. Continúa siendo holgazana y rebelde. Sencillamente, Marie no quiere trabajar ni asumir ninguna responsabilidad por sí misma. No quiere servir a Jesús bajo las condiciones de Él. Ella lo quiere todo a su modo. Se hospedó en mi casa durante seis semanas, y entonces la obligué a mudarse y que saliera a trabajar. La lucha por el alma de Marie continúa al momento de escribirse este libro, pero así fue como enfocamos su liberación inicial.

Además de las puertas de entrada listadas anteriormente, le pedí a Marie que hiciera una lista de los demonios que conocía bien y con los que había trabajado con frecuencia. El Señor me ha enseñado que las personas implicadas en la brujería deben reprender por su nombre y arrojar fuera aquellos demonios con los que han laborado estrechamente. Esos demonios aparecen listados a continuación junto con sus funciones. Quizá no todos sus nombres estén deletreados correctamente ya que Marie nunca estuvo interesada en su ortografía, sino solamente en cómo sonaban sus nombres. Como es común dentro de la brujería, a muchos de los demonios ella misma fue la que les puso nombre. A los demonios no les importa mucho con qué nombres los invoca la gente. Sólo les interesa introducirse en las personas y controlarlas.

MALAQUÍAS
Guía espiritual

GOSSER
"Portero o demonio de poder" que le otorgó la habilidad para la proyección astral.

DOZZER
"Llave maestra." Este demonio abría cualquier puerta en las casas, automóviles o cajas de seguridad. Ella también lo enviaba para confundir y cegar a los conductores para provocar accidentes de autos y camiones.

MUERTE
Un demonio colocado en toda persona que firma un contrato con Satanás. La función de este demonio es causar la muerte física de la persona en que habita en el caso en que esta le dé la espalda a Satanás para irse con Jesucristo.

KONEE
Concedió a Marie la habilidad de "desmayarse" y continuar sabiendo lo que sucedía a su alrededor.

KEFFLAY
Recibido a través del primer contacto sexual. Funcionaba de maravilla en la lujuria y en la seducción de parejas sexuales.

SYMUSE
Le dio la habilidad de beber tanto como ella quisiera sin perder el conocimiento por la borrachera. Además, este demonio podía causar defectos en el equipo de medición de alcohol, cosa de poder tener altos niveles de este

en la sangre y de todos modos pasar las pruebas del análisis del aliento.

KEUMMA

Usado para influir en los vendedores de drogas para que ella pudiera hacer reducir sus precios. Así ella podía obtener drogas a un precio muy inferior al los de la calle y de ese modo realizar una ganancia superior.

SUSKY

Recibido del psiquiatra la primera vez que la hipnotizó. Este demonio colocaba "luz rosada" alrededor de ella para proteger su cordón de plata cuando realizaba proyecciones astrales.

SELUMEA

Vino a través de un intento de suicidio. Su propósito era permanecer en ella por si alguna vez decidía cometer suicidio de nuevo, él realizaría lo siguiente: (1) Aguantar a todos los otros demonios de ella para que no pudieran evitar que se quitara la vida. (2) Avisar a otros satanistas para que su suicidio se convirtiera en un sacrificio al "estilo Ninja". Un suicidio al "estilo Ninja" consiste en que se cuelgue uno por los pies, tome una espada o daga y se extraiga el corazón y las entrañas. Si ella no quisiera hacer esto al momento final, los otros satanistas lo harían por ella. Una vez que Selumea se pusiera en movimiento, nada lo podría detener, ni siquiera la propia Marie. A ella se le prometió que si decidía sacrificarse a sí misma de esa forma por Satanás, se le otorgaría un rango mayor en el infierno, el reino de Satanás.

LANERKER

Usado en todo tipo de predecir la suerte. Es un demonio de adivinación.

DESAE

Recibido la primera vez que blasfemó contra Dios. Este demonio hizo un mantra formado de malas palabras, y le dio cierto conocimiento de español para que pudiera decir malas palabras en español delante de otros que no hablaban el idioma. De esa forma, no se "metería en problemas" por decir maldiciones. Este demonio la hacía usar un lenguaje extremadamente obsceno casi continuamente.

DEMEE

Llegó durante la primera película que vio: *Nightmare on Elm Street*. Él y otros demonios le dieron la facultad de mirar toda clase de horrores y torturas sin sentir ninguna emoción, excepto cierta euforia. Esas películas también se convirtieron en películas de entrenamiento cuando ella estaba aprendiendo las destrezas de una asesina.

KIMLUMLU

El demonio de la música de *rock*. Demonio principal que llegó mientras escuchaba música de *rock*. Este demonio, y otros bajo él le permitían entender las letras, los mensajes ocultos al tocarlos al revés, y escuchar la música a un volumen altísimo sin sufrir daño auditivo.

LABUE

Recibido en una ceremonia especial para darle fuerza y guiar sus manos en asesinatos rituales. (Muchas personas sienten lo que se llama una "lujuria de sangre" a través de los sacrificios. Una vez que han matado, les viene un deseo abrumador de derramar sangre una y otra vez.)

CONVENO

Demonio vampiro de energía. Con este demonio, Marie

podía extraer la energía de cualquier persona que eligiera. A menos que atara yo ese demonio en ella, Marie podía sentarse a mi lado y antes de trascurrir diez minutos estaría yo tan débil que no podría ni sentarme. Ella recibió este demonio a los cuatro años de edad y lo usaba extensamente para atacar a otros durante toda su vida.

SILENCIADOR

Demonio de quietud usado en el entrenamiento de las artes marciales. Le habría permitido a Marie moverse en absoluto silencio si hubiera continuado el entrenamiento de las artes marciales.

KEASEME

El demonio de los fugitivos. Se lo sacó a otro muchacho en el hogar del grupo. La ayudaba a ella a escaparse y a huir de la casa colectiva cada vez que quisiera, y ella podía usarlo para afligir a otros muchachos y hacerlos sentir deseos de escaparse de la casa de sus padres.

KOMAER

El demonio del retraso mental. Marie actuaba como retrasada mental con gran pericia. En realidad ella es muy inteligente y tiene destrezas normales de lectura.

KEELMA

Frecuentemente Marie enviaba a este demonio a destruir el trabajo de alguna persona. Cualquiera que la enfadara generalmente terminaba perdiendo su trabajo al cabo de unos pocos meses debido a este demonio. Lo recibió a la edad de seis años y lo usó regularmente de ahí en adelante.

DOVA

El demonio de la enfermedad. Llegó a Marie cuando tenía seis años. Con mucha frecuencia ella lo usaba para atacar a otras personas y animales con toda índole de enfermedades.

JERMONA

Recibido como parte de su entrenamiento para convertirse en cazadora. Le dio destrezas con toda clase de armas. Una vez más, debido a su holgazanería, no progresó mucho con su entrenamiento y no aprendió bien a usar este demonio.

OUKA

El demonio del control emocional. Llegó a través de la práctica de las posiciones yogas. Le pidió que viniera porque tenía ella muy mal genio. Este demonio la ayudaba a controlar su temperamento cuando lo necesitaba para su beneficio para poder mantener la cabeza clara en situaciones en que por el contrario no lo hubiera podido hacer.

KAFA

Marie invitó a este demonio para que le diera la facultad de ganar en cualquier juego, especialmente los juegos de video. Desde su liberación, ella no ha sido capaz de jugar ningún tipo de juego de video con habilidad.

LEGIÓN

Marie invitó a este demonio en uno de los ritos de la pandilla cuando era miembro de los "Demonios de Satanás" en la escuela secundaria. La fotografía de este demonio, según aparece en el mundo espiritual, se encuentra en la parte trasera de las chaquetas que usan los miembros de esa pandilla. Es como la "mascota" de la pandilla y reside en todos los miembros de esta.

En resumen

Enfocamos la liberación de Marie en la forma siguiente:

1. Ella se hincó de rodillas y le pidió a Jesucristo que le perdonara sus pecados y que fuera su Señor y Salvador.

2. Ella renunció a su participación en el satanismo y les hizo una clara declaración a Satanás y sus demonios de que jamás los volvería a servir, que ahora ella era una sierva de Jesucristo.

3. Le pidió perdón al Padre por usar un guía espiritual. Entonces le ordenó a Malaquías que la abandonara de inmediato en el nombre de Jesús. Este demonio le causó tremendo dolor a pesar de todas las órdenes de que quedara atado. Marie tenía que estar dispuesta a sufrir ese dolor para poder ser liberada. Ella reprendió a este demonio y le ordenó que saliera una y otra vez durante unos cinco minutos antes de que finalmente lo hicera.

4. Marie pidió perdón por su contacto con el mundo espiritual y entonces echó a Gosser, el portero.

5. Marie expulsó al demonio de la muerte para que no pudiera interferir con el resto de la liberación. Generalmente yo siempre enfoco una liberación de personas implicadas en el satanismo de esa manera. El demonio de la muerte debe salir bien al principio de la liberación, o de lo contrario causará mucho daño físico y angustia.

Después de expulsar a su guía espiritual, Malaquías, y a su portero, Gosser, y al demonio de la muerte, Marie estaba entonces lista para lidiar con todos los demás demonios de espíritus familiares con los que ella había trabajado tan a menudo. Cada demonio específico en la lista de demonios familiares fue reprendido individualmente y expulsado. Primero Marie oró pidiéndole al Señor que la perdonara por haber permitido a ese demonio en particular residir en ella y trabajar con ella. Entonces le ordenó irse al demonio.

El demonio que más problemas le dio fue Komaer. Eso fue porque le permitió a Komaer demasiado control de su mente para actuar como retrasada mental. En dos ocasiones Komaer la hizo perder el conocimiento, y en numerosas ocasiones la confundió sobremanera. Cada vez la ayudábamos a recuperar el control y después le exigíamos que ELLA controlara a ese demonio con el poder y autoridad que le daba Jesucristo. Una vez que Marie dominara la situación y lograra impedirle a este que controlara su mente, él tendría que salir.

Entonces, después que fueron expulsados los demonios específicos, retrocedimos y comenzamos con las puertas de entrada. De nuevo, Marie oró primero pidiendo perdón, y después les ordenó a todos los demonios que se habían introducido por cada puerta de entrada que la abandonaran inmediatamente.

Las "puertas de entrada" eran:

- herencia
- *Mazmorras y dragones*
- juegos de ocultismo
- sacrificios de animales
- asesinato
- Karate
- sacrificios humanos
- beber sangre (animal y humana)
- hipnosis
- incesto
- quiromancia
- yoga
- música de *rock*
- filmes de ocultismo y horror
- horóscopos
- contratos de sangre
- brujería
- drogas
- Kung Fu
- rebelión
- borrachera
- relaciones sexuales múltiples
- canibalismo
- proyección astral
- blasfemia
- baraja del Tarot
- tabla de ouija
- sexo ritual

Por último, hicimos una limpieza final y general de los siguientes aspectos con las oraciones siguientes:

- ESPÍRITU
- SEPARACIÓN ENTRE ALMA Y ESPÍRITU
- MENTE
- VOLUNTAD
- EMOCIONES
- CUERPO FÍSICO

ESPÍRITU: Padre, en el nombre de Jesús, te pido que me perdones por el uso pecaminoso de mi espíritu y que limpies por completo mi espíritu de cualquier demonio restante. Te pido que lo selles para que nadie pueda controlarlo de nuevo jamás, excepto Tú. En el nombre de Jesús te doy gracias por hacerlo.

DECLARACIÓN: Ahora, en el nombre de Jesucristo, Señor mío, ordeno a todo demonio que quede dentro, o que ataca mi espíritu, ¡que me abandone inmediatamente! Jamás volverá mi espíritu a ser usado de nuevo para servir a Satanás o a cualesquiera de sus demonios.

SEPARACIÓN ENTRE ALMA Y ESPÍRITU: Padre, en el nombre de Jesús, te pido que totalmente y para siempre, me quites la facultad de comunicarme con el mundo espiritual en cualquier forma, excepto lo que el Espíritu Santo desee que yo reciba. Por lo tanto te estoy pidiendo que de una vez y por todas rompas el vínculo entre mi alma y espíritu, como dice en Hebreos 4:12, y elimines a todos los demonios que me dieron la facultad de controlar mi espíritu y comunicarme con el mundo espiritual.

DECLARACIÓN: Ahora, en el nombre de Jesucristo, ordeno a todos los demonios que unen mi alma y espíritu, los cuales me dan la facultad de comunicarme con el mundo espiritual y proyectarme astralmente, ¡que me abandonen inmediatamente!

MENTE: Padre, en el nombre de Jesucristo, te pido que completamente limpies, sanes y renueves mi mente. Deseo utilizarla para servirte y honrarte a TI. Por favor, perdóname por desempeñar el papel de retrasada mental y por usar mi mente para servir a Satanás.

DECLARACIÓN: En el nombre de Jesucristo, le ordeno a todo demonio que quede en mi mente, o que la ataca, que ¡me abandone inmediatamente!

VOLUNTAD: Padre, en el nombre de Jesucristo, te pido que me perdones por haberme rebelado contra TI por espacio de tantos años. Por favor limpia mi voluntad y envía a tu Espíritu Santo a obrar en mi voluntad tanto el querer como el hacer, por su buena voluntad. [Filipenses 2:13.]

DECLARACIÓN: En el nombre de Jesucristo, le ordeno a todo demonio que haya en mi voluntad, o la ataca, que ¡me abandone inmediatamente!

EMOCIÓN: Padre, en el nombre de Jesucristo, te pido que me perdones por todo mi odio y amargura y lujuria y cualquier otra emoción pecaminosa. Por favor, limpia mis emociones y sánalas para que te agraden a TI.

DECLARACIÓN: En el nombre de Jesucristo, Señor mío, le ordeno a todo demonio que haya en mis emociones, o que atacan mis emociones, que ¡me abandonen inmediatamente!

CUERPO FÍSICO: Padre, en el nombre de Jesucristo, sinceramente me arrepiento de todas las cosas terribles que he hecho con mi cuerpo, pecando contra ti. Por favor, perdóname, límpiame y sana mi cuerpo físico.

DECLARACIÓN: En el nombre de Jesucristo, le ordeno a todo demonio que quede dentro de mi cuerpo físico que ¡me abandone inmediatamente!

Después que Marie fue finalmente liberada, hicimos que orara y que le pidiera a Dios el Padre que la llenara del Espíritu Santo. La pusimos en un programa de estudio intensivo y memorización de la Biblia. Por desgracia, ella rápidamente comenzó a negarse a continuar el estudio porque no quería someterse a esa disciplina. Vivió con nosotros durante seis semanas y entonces se mudó. Todavía mantenemos contacto con ella, pero Marie aún no ha decidido de una vez y por todas que servirá a Jesucristo totalmente. Está en una posición MUY peligrosa. Uno no puede mantenerse indeciso con Dios por mucho tiempo. La Escritura dice: "¡Horrenda cosa es caer en manos del Dios vivo!" (Hebreos 10:31).

Caso 2

Jane (nombre ficticio) tenía catorce años cuando la vi por primera vez. Su historia es una muy seria. Ésta demuestra con claridad el poder que ejerce la tabla de ouija, la cual la mayoría de las personas consideran que se trata sólo de un juego. Es aún más serio cuando nos detenemos a pensar que en casi todo centro de enseñanza media y superior de Estados Unidos hay un club de tabla de ouija. De hecho, la tabla de ouija se ha convertido en el "juego" de más venta en este país.

He hablado con muchos, muchos adolescentes que están implicados con tablas de ouija. Frecuentemente, les pregunto si alguna vez deseaban dejar de jugar, pero los espíritus querían continuar. Una y otra vez me dicen que sí, esto sucede algunas veces, y si desobedecen a los espíritus, ellos se enfurecen de veras y lanzan la tabla alrededor de la habitación o en alguna forma hieren a los muchachos. Mi siguiente pregunta siempre es: "¿Entonces por qué te entretienes con esos espíritus?" Siempre me dicen que tienen "espíritus buenos" para protegerlos de los "espíritus viles o malos". ¡Qué tragedia!

A Jane me la trajo su tía que, afortunadamente, era una verdadera cristiana. La tía, a quien llamaré Deborah (nombre ficticio), encontró a Jane y a su amigo de catorce años de edad tratando de sacrificar a su sobrina, la hija de Deborah de diez meses de nacida. ¡Gloria a Dios, que en vez de correr a la policía, Deborah corrió al Señor y llevó a Jane a decidirse por Jesucristo! Después me trajo a Jane para que yo la ayudara a deshacerse de los demonios.

LA HISTORIA DE JANE

Jane sabía muy poco sobre el tema de la herencia. Sus padres se divorciaron cuando Jane era aún joven. Como es tan común, Jane fue criada en un hogar en que la mamá también desempeñaba el papel de padre.

Su madre no era cristiana, pero esporádicamente asistía a una iglesia de la Ciencia Cristiana (una iglesia que no es evangélica). Hasta donde Jane supiera, su madre no había estado implicada directamente en el ocultismo. **(Puertas de entrada: herencia. Padre: desconocida. Madre: Ciencia Cristiana)**

Desde su infancia, en la casa de Jane se tocaba música de *rock* con fuerte sonido metálico. Ella y su madre asistían a conciertos de *rock* y veían el canal de televisión MTV. Jane demostraba el estilo típico de una jovencita cuya vida estaba saturada de música de *rock*. Para la época en que Jane tenía diez y once años de edad, ya estaba sexualmente activa con múltiples compañeros, todos varones. **(Puertas de entrada: múltiples compañeros sexuales)**

Cuando tenía cumplidos los once años, comenzó a usar drogas. En ese año experimentó con PCP (cristal), LSD (ácido), anfetaminas, drogas estimulantes, mariguana y cocaína. Le pregunté cómo adquiría esas drogas. Desafortunadamente, su respuesta fue muy común. "Oh, eso resultaba fácil. Simplemente las adquiría en la escuela. TODAS las escuelas tienen vendedores de drogas. Puede una conseguir lo que quiera." **(Puertas de entrada: drogas callejeras)**

Cuando Jane tenía trece años de edad tuvo un novio que tenía dieciséis años. Se llamaba Bobby. Jane y Bobby estaban muy "enamorados". Sin embargo, Bobby era un satanista de cuarta generación. Pero por alguna razón, Bobby no quería practicar el satanismo. Él firmemente le advirtió a Jane que jamás se implicara en el satanismo. También le advirtió que tuviera sumo cuidado de no invocar a los demonios, que éstos pueden ser muy peligrosos. Seis meses después de conocerse, Bobby fue asesinado por los satanistas locales. Jane se quedó devastada. **(Puertas de entrada: demonios de ocultismo de Bobby)**

Ya para esa época, Jane estaba en la escuela secundaria. Debido a su dolor por la pérdida de Bobby, no se volvió a implicar sexualmente con ningún otro muchacho, decidió "enderezarse" y dejó de usar drogas porque Bobby le había dicho que éstas eran malas para ella.

Sin embargo, como es tan común en Estados Unidos, la maestra de inglés de Jane en la escuela superior era ocultista. Ella hacía que los estudiantes hicieran trabajos de investigación sobre la brujería bajo el pretexto de estudiar la "cultura medieval". Jane acudió a la biblioteca de la escuela y halló muchos libros sobre ocultismo. Sintió una gran atracción desde lo profundo de su ser por estudiar el ocultismo. (Ésta provenía de los demonios que había recibido por haber tenido relaciones sexuales con Bobby.) En la biblioteca de la escuela encontró toda clase de libros de encantamientos, pero también encontró mucha información sobre tablas de ouija. En realidad ello le despertó el interés, ya que tenía curiosidad por saber si podía ponerse en contacto con Bobby mediante la tabla de ouija. Los libros que leyó decían que frecuentemente las tablas de ouija se usan para entrar en contacto con los espíritus de los muertos.
(Puertas de entrada: tabla de ouija, guía espiritual, Bobby)

Ella le pidió a su madre que le comprara una tabla de ouija. ¡Así lo hizo su mamá pensando que sólo se trataba de un juego!

Gracias a los demonios que ya Jane tenía dentro, aprendió a usar la tabla de ouija con mucha rapidez. Por medio de la tabla estableció contacto directamente con espíritus. Rápidamente hizo contacto con un espíritu que dijo ser Bobby. Sin embargo, al cabo de pocos meses, Jane se dio cuenta de que ese espíritu no era el Bobby que ella había conocido, sino simplemente un demonio haciéndose pasar por Bobby. Ella aceptó a ese espíritu como guía espiritual. Entonces obtuvo dos guías espirituales más llamados Black y Caa. Sentía tanto entusiasmo por la ouija que logró que su amiga Susan (nombre ficticio), que también tenía catorce años de edad, se uniera a ella para usar la tabla juntas.

(Puertas de entrada: tabla de ouija; guía espiritual, Bobby; guías espirituales, Black y Caa)

Caa era el más fuerte de los guías espirituales demoníacos. Él le dio a Jane el nombre satánico de "Enna". Esto lo hizo cuando Jane firmó un contrato vendiéndose a Satanás. En apenas tres meses a partir del momento en que Jane comenzó a usar la tabla, esos demonios la condujeron a firmar un contrato con su propia sangre con el cual ella se vendía a Satanás, en cuerpo, alma y espíritu. Entonces vinieron: la automutilación, beber su propia sangre y la sangre de su amiga Susan, blasfemar contra Dios, profanación de iglesias cristianas, sacrificio de animales, proyección astral, encantamientos de todo tipo y, finalmente, el intento de sacrificio humano que Caa dijo que era necesario para que Jane pudiera convertirse en la "novia de Satanás". ¡Por favor, recuerde que todo esto sucedió en apenas tres meses! ¡Jane jamás, en ningún momento, tuvo contacto con otros satanistas o con conventículo satánico de ningún tipo! *¡Todo esto aconteció mediante su contacto con el mundo espiritual a través de la tabla de ouija!*

(Puertas de entrada: nombre satánico de Enna; contrato de sangre con Satanás; automutilación; beber sangre; blasfemar contra Dios; profanación de iglesias; sacrificio animal; proyección astral; sacrificio humano; encantamientos)

Jane y su amiga se habían hecho muy impopulares en la escuela debido a que llegó a saberse entre los demás muchachos que Jane tenía la facultad de infligir enfermedades y todo tipo de accidentes en cualquiera que la enojara. Jane y Susan se hicieron íntimas amigas y se apartaron de los demás muchachos de la escuela.

Una semana antes de que las dos muchachas trataran de sacrificar el bebé de Deborah, Jane vivió una experiencia que en verdad la asustó. Estaba sentada en clase cuando se le apareció Caa y le dijo que lograría mucho más poder si permitía a Caa entrar en ella. Jane lo aceptó, y siguió las instrucciones de Caa para invocarlo para que se introdujese en ella. Él entró con tanta fuerza, que tumbó a Jane fuera de su asiento al piso del aula. Ella quedó sumida en un calor abrasador y gritó de dolor. Después tuvo convulsiones.

Le pregunté qué sucedió entonces. Dijo que su maestra sólo pensó que tenía una sobredosis de droga y le pidió a Susan que la ayudara a bajar a la enfermería para que se recostara un rato. La convulsión fue de poca duración, y aunque Jane estuvo aturdida después, podía caminar. Susan la ayudó a bajar a la enfermería. Allí se acostó por una o dos horas y después regresó a clase. ¡Yo estaba horrorizada!

—Pero Jane —exclamé—, ¿no quiso la maestra enviarte al hospital o entregarte a las autoridades si pensaba que estabas ingiriendo drogas?

—Oh no —replicó Jane—. Hay tantos muchachos que usan drogas en la escuela, que los maestros simplemente se hacen los de la vista gorda. Si reportaran a todos los muchachos que usan drogas, no quedaría ningún alumno en clase. Además, muchos de los maestros usan algún tipo de drogas ellos mismos.

¡En qué terrible estado ha caído nuestro país!

No sólo estaba Jane terriblemente asustada por la dolorosa entrada de Caa, sino que Caa fue muy cruel con ella. Jane comenzó a recordar todas las advertencias que Bobby le había dado. Pero estaba atrapada. No sabía qué hacer. Obviamente, Caa era mucho más poderoso que ella. Él le dijo que JAMÁS podría ella desembarazarse de él. Caa la había amenazado con tormentos y la muerte, y por eso, para apaciguarlo, fue que ella trató de sacrificar al bebé de su tía.

Ella aceptó a Jesucristo fácilmente una vez que descubrió que Él la podía liberar del tormento satánico y de la atadura que ella había venido experimentando. Su amiga no estaba tan dispuesta a hacerlo y según lo último que supe de ella, regresó al satanismo.

Yo le había pedido a Jane que me preparara una lista de las puertas de entrada en su vida antes de yo verla. Así lo hizo, con mucha precisión, debo admitir, junto con dibujos muy exactos de la apariencia de sus tres guías espirituales. Ella es una artista muy talentosa para ser tan joven.

Los tres demonios familiares con quienes Jane trabajaba eran:

- Bobby
- Black
- Caa

Las puertas de entrada de Jane eran:

- herencia
- música de *rock* y MTV
- contactos sexuales múltiples
- drogas
- demonios ocultos mediante el sexo con Bobby (el satanista)
- tabla de ouija
- contrato de sangre con Satanás
- automutilación
- beber sangre humana y animal
- sacrificio animal
- blasfemia contra Dios
- profanación de iglesias cristianas
- encantamientos de todo tipo

- proyección astral
- intento de sacrificio humano

Le pregunté a Jane si sabía lo que significaba "blasfemar" contra Dios. Ella definió la palabra correctamente. Entonces le pregunté cómo es que sabía la ortografía correcta de la palabra ya que esa no es una palabra común en el vocabulario de una jovencita de catorce años. Su respuesta fue:

—Oh, Black me la deletreó en la tabla de ouija.

Debido a su implicación con la tabla de ouija, la proyección astral, y debido a que Jane había logrado la habilidad de comunicarse con los demonios directamente sin la ayuda de la tabla de ouija, estaba claro que el vínculo entre su alma y espíritu había quedado formado.

Mientras hablaba con Jane, descubrí que ella era una muchacha muy inteligente. Le expliqué que ahora ella tenía más poder en el nombre de Jesús del que tenían los demonios.

—¡Oh qué bueno! —exclamó—. ¿Significa eso que puedo deshacerme de esos demonios?

—Sí —le dije.

—¿Cuándo? —fue su pregunta inmediata. Y yo estaba encantada de poderle contestar—: ¡Ahora mismo!

En su liberación, Jane primero le anunció a Satanás y a los demonios que ya dejaría de servirlos, que ahora era una sierva del Señor Jesucristo.

Entonces expulsó a los tres demonios de espíritus familiares que se habían convertido en sus guías espirituales. (Por favor, véanse las oraciones y declaraciones ilustrativas del Caso 1.) Entonces expulsó un demonio de muerte que la estaba atacando físicamente. Tuvo que sostener una verdadera lucha para expulsar a Caa. Este demonio trató de apoderarse de su voz para gruñir a través de ella y trató de hacerla perder el conocimiento. Esta niña estaba tan determinada de librarse de él que yo no tuve que adiestrarla o instruirle sobre lo que tenía que hacer. Ella misma se tapaba la boca para detener el gruñido, tragaba con fuerza y decía: "¡No! ¡En el nombre de Jesús, te ordeno que quedes atado, Caa. JAMÁS me volverás a dominar!"

La lucha fue intensa, pero Jane no se dio por vencida ni por un instante. ¡Oh, la fe de los niños! ¡Cuán bella y sencilla es!

Después de deshacerse de los cuatro demonios, Jane entonces dio un repaso y se arrepintió de sus pecados y los confesó y cerró todas las puertas de entrada. Yo le había hablado muy seriamente antes de comenzar la liberación y le dije que, si ella elegía hacer a Jesucristo su Maestro, eso significaba que nunca podría tener relaciones sexuales hasta que no se casara y nunca más podría usar drogas y obtener poder por medio de los demonios. Me dijo que lo entendía todo y que estaba dispuesta a convenir en eso. Esta muchacha era inteligente. Se dio cuenta de cuántos problemas esos pecados habían traído a su vida y estaba dispuesta a realizar un cambio completo.

Después de cerrar las puertas de acceso, Jane realizó una limpieza general del:

- Espíritu
- Separación entre alma y espíritu
- Mente
- Voluntad
- Emociones
- Cuerpo físico

(Por favor, véase las oraciones y declaraciones ilustrativas dadas en el Caso 1.) Finalmente, ella oró y le pidió al Señor que la llenara de su Espíritu Santo dondequiera que hubieran estado los demonios.

Seguí el rastro de Jane a través de su tía y del pastor local por casi un año después de su liberación. Jane se fue de la casa de su madre y se mudó con su tía. Tuvo problemas con pesadillas, y los demonios la atacaron día y noche durante varios meses con ideas de que ella no era verdaderamente salva, o que no estaba realmente liberada. Jane perseveró. Su tía fue una gran ayuda para ella. Lo último que supe fue que Jane seguía sirviendo a Jesús y creciendo en el Señor.

Sin embargo, ella tuvo que poner fin a su amistad con Susan, porque Susan no quiso abandonar sus actividades sexuales y ocultistas. A ambas muchachas se les ofreció el mismo evangelio y la misma oportunidad de liberación. Una eligió vida eterna; la otra, perdición eterna.

¡Satanás está tras nuestro hijos! Jane era apenas una niña en cuanto a su edad cronológica, pero una adulta madura en lo que respecta al pecado. Yo me pregunto, ¿cuántas Jane habrá por ahí? ¡Cuánto oro porque nuestro Señor toque la vida de esos jóvenes y los acerque a cristianos dedicados, dispuestos a pagar el precio para ayudarlos a ser liberados! ¡No muchos cristianos estarían dispuestos a ayudar a Jane en la forma en que su tía lo hizo después de sorprender a ésta con las manos en la masa tratando de asesinar a su bebito! ¡Verdaderamente, eso es lo que Jesús quiso decir cuando nos mandó a "amar a nuestros enemigos!"

Abuso ritual satánico

Más y más psiquiatras, psicólogos y trabajadores cristianos se están enfrentando con el problema de ayudar a personas que fueron maltratadas en ritos satánicos. Algunos todavía son jóvenes, pero la mayoría son adultos que han sobrevivido el abuso. Este es un campo con el que es extremadamente difícil lidiar. Muchas veces los adultos sufrirán una pérdida casi completa de la memoria respecto a su niñez. Una vez más, debo admitir que este es un campo donde aún tengo más preguntas que respuestas. Cada persona que veo me ayuda a aprender más. Aquí voy a dar un caso verídico de una chica a quien ayudé recientemente para ilustrar algunos de los problemas encarados, y mi enfoque para su liberación.

Historia de Lyn (nombre ficticio)

Lyn creció siendo una joven muy problemática, pero no fue hasta que cumplió veintitrés años que empezó a descubrir por qué. Durante sus años de enseñanza secundaria consumió drogas continuamente y también bebió fuertemente. Por último, a la edad de diecinueve, algunos adolescentes de su edad compartían el evangelio con ella. Ella aceptó a Jesucristo a los diecinueve años, pero continuó teniendo terribles luchas. Ella dejó todo tipo de drogas, excepto la mariguana. Para la época en que cumplió veintiún años, el Señor la culpó por no haber hecho a Jesucristo el Maestro de su vida. Fue en esa época cuando abandonó la mariguana.

Pero abandonar las drogas no fue la solución para Lyn. Continuó sus luchas con la depresión profunda y con grandes dificultades en su andar espiritual. Intentó suicidarse veinte veces antes de cumplir veinticinco años. Continuamente tenía problemas físicos muy dolorosos con su aparato reproductivo. Cuando finalmente se casó, las relaciones sexuales le eran extremadamente dolorosas. Tenía extensas cicatrices vaginales y uterinas para las que no tenía explicación alguna.

Cuando tenía ya veinticinco años de edad, comenzó a ver a un psicólogo cristiano. Durante las sesiones, abruptamente se dio cuenta de que no recordaba nada en absoluto de su niñez. Durante los siguientes siete dolorosos años, comenzó a recobrar recuerdos de su niñez hasta que por fin tenía un cuadro bastante completo de lo que le había sucedido. Se consultó con varios psicoterapeutas, pero sólo recordar no era suficiente. De alguna manera, tenía que ponerle fin al tormento y a las dificultades en su andar con el Señor. Entonces se tropezó con mis libros. Al leerlos, llegó a darse cuenta de que probablemente ella necesitaba liberación. La conocí cuando tenía treinta y cuatro años de edad. Lyn había sido abusada ritualmente cuando niña, y también en su adolescencia. Dado que la historia de Lyn es tan larga y compleja, simplemente voy a resumirla aquí, y después, al final, haré una lista de las puertas de entrada.

Lyn nació dentro de una familia donde su padre era un satanista asociado con uno de los grupos más conocidos en Estados Unidos. Lyn no sabe aún cuán implicada estaba su madre. Ésta estuvo mucho tiempo en el hospital durante la niñez de Lyn.

Lyn fue dedicada a Satanás cuando era bebita, más específicamente, al "príncipe Set" y al "Padre eterno" (Satanás). Uno de sus más remotos recuerdos era de una "cosa que asustaba" que le pusieron dentro del cuerpo cuando era una criatura. Esa "cosa que asustaba" debe de haber sido un demonio.

Fue sometida a varias ceremonias de "purificación" que consistían todas en ritos sexuales. Fue forzada a realizar cópula carnal con personas, animales y demonios. También fue utilizada en películas de pornografía infantil y de drogas. Fue maltratada con todo tipo de perversión sexual concebible. Durante uno de los ritos le echaron sal en la vagina. Ese es un rito común. En el ocultismo siempre se usa sal para colocar demonios de destrucción. Sin duda, todos los productos de su vientre eran dedicados a ser sacrificios para Satanás. Esos ritos de sal a veces se llaman "ritos de protección salina".

Lyn tenía muchos recuerdos de sacrificios humanos, tanto de niños como de adultos. Fue forzada al canibalismo y a beber sangre. Parte de algunos de esos sacrificios incluían un ritual de lavarse las manos en la sangre de las víctimas.

Le dieron un "nombre secreto" que en realidad era un nombre de brujería. Este le fue dado por primera vez durante lo que llamaban una "ceremonia de renacimiento". Durante la ceremonia de renacimiento, fue colocada dentro de la cavidad abdominal de una persona muerta y de un animal después de ser sacrificados. También fue colocada en un ataúd y enterrada en la tierra por un período de tiempo, y supuestamente renacida cuando la sacaron de esta. El terror que experimentó durante esos ritos va más allá de toda descripción.

A la edad de cuatro años, Lyn fue maltrada tan severamente que casi muere. He aquí esa experiencia como Lyn la reseñó en su diario.

"Recuerdo hallarme acostada sobre una mesa fría con luces brillantes que me lastimaban los ojos. Debo de haberme dado cuenta de lo que acontecía porque sabía que podía morir y ciertamente lo deseaba. Recuerdo dejar que las tinieblas me llevaran. La oscuridad se sentía maravillosa. Sin dolor, ni angustia, ni lágrimas, simplemente nada más que tibieza y una sensación de paciencia eterna. (Esto lo comprendí completamente.)

"Era como: 'Contamos con todo el tiempo de la eternidad, ve despacio, no te apures. Relájate, déjame entrar según respiras.' Entonces vi al Señor parado a mi izquierda con sus brazos a los lados. ¡Oh, la dicha que sentí cuando miré su rostro! Tal amor, tal paciencia y tristeza. Inmediatamente sentí como si estuviera corriendo, empujando, luchando por acercarme a Él, por saltar en sus brazos. Pero era como un padre fuerte que carga a su niña de tres años, sosteniéndola separada del suelo mientras sus pies se siguen moviendo. Me sentí frustrada y le grité: '¡Señor, quiero ir a mi hogar celestial!' Fue entonces que verdaderamente me concentré en la tristeza que brevemente había observado antes. Repentinamente sentí tal terror y pánico en mi corazón que supe que no podía quedarme. Tendría que regresar. Oh, la niñita gritó de terror y dolor: '¡Por favor, Jesús, por favor Hermano mayor, no me digas que regrese!'

"'¡No puedo! Duele mucho. Quiero quedarme.' Y continué sin cesar. Rogué y entonces rompí en sollozos, sabiendo que regresaría porque eso es lo que Él deseaba. Él nunca se movió, sólo miró el interior de mi corazón y de mi mente, sacudió su cabeza y dijo: 'Aún no, mi pequeñuela. Algún día entenderás. Te amo.' Me habló más, pero no lo recuerdo. Y de repente me sentí abofeteada en la cara, vi de nuevo las luces brillantes al abrir los ojos. Me enojé porque había regresado. Desde ese momento he tenido el conflicto de desear regresar a mi hogar celestial sabiendo que hay algo que hacer aquí."

Lyn continuó:

"Después de mi experiencia de casi morir, supe en lo profundo de mi ser que la secta me había estado mintiendo y aunque estaba enojada por no poder regresar a mi hogar celestial, me agarré a esa experiencia. Seguí los pasos y realicé lo indicado, pero juré que jamás me tendrían completamente. Yo SABÍA que 'la Luz' era más intensa que el príncipe Set y el Padre eterno. ¿Por qué otro motivo estarían ellos tan abiertamente disgustados acerca de un niño de tres o cuatro años que le hablaba a 'la Luz'? Me habían enseñado a usar la telepatía y esa vez, la volví en contra de ellos. Bloqueé esa parte de mi mente y jamás supieron lo que sucedió durante mi experiencia de casi morir. Me habían perdido. Yo pertenecía a Jesús y ellos no podían hacer nada al respecto."

Aunque Lyn jamás le contó su experiencia a nadie, aquéllos cercanos a ella de algún modo sabían que había tenido una experiencia con Jesucristo. Ellos le seguían diciendo que ella no podía tener nada que ver con Jesucristo. La acusaron de traer "la Luz" a la reunión, y hasta mataron a un niño pequeño de su edad para castigarla a ella por "traer 'la Luz' a las reuniones". Entonces celebraron un rito especial para "colocar un muro" en su mente para que no pudiera "saltar el muro y llegar a Jesús". PERO, la victoria había sido lograda. Después de ese día no importaba cómo atormentaran a Lyn, los satanistas nunca más pudieron recuperar un completo control de su mente. Parte de ella era propiedad de Jesús desde ese día en adelante. Sin embargo, posteriormente, cuando Lyn aceptó a Cristo en su vida adulta, el muro aún permanecía en su cerebro. Ella no podía leer las Escrituras, era totalmente incapaz de memorizar los textos bíblicos, y tenía enorme dificultad para orar. Una vez que ese muro fue removido durante su liberación, ella fue liberada y pudo leer y memorizar las Escrituras y orar.

En breve tiempo aprendió Lyn a "volar", como ella lo describe. Eso, en realidad, era proyección astral. También aprendió con rapidez a disociarse, poniendo su mente en blanco y saliéndose de su cuerpo para evitar el dolor físico que experimentaba.

Fue colocada en jaulas junto con otros niños. Fue hipnotizada y a su vez aprendió cómo hipnotizar. Fue forzada a aprender el uso de los demonios para caminar sobre fuego y "respirar bajo el agua". Y lo peor de todo, fue sometida a la "ceremonia del hoyo negro". Esta es una práctica que está creciendo rápidamente en Estados Unidos. He conocido a muy pocos sobrevivientes de ella. El hoyo está en la tierra, y nadie con quien he hablado de los que abandonan el satanismo sabe si esos hoyos son cavados por personas o si son abiertos por demonios. Sospecho esto último porque nadie con quien he hablado ha conocido jamás a un ser humano implicado en cavar uno de esos "fosos de Satanás", que es como los llaman. Ensartan a los niños con ganchos de metal, que colocan, generalmente, en sus piernas o en la región de la ingle. Les hacen cortes en el área genital para que sangren libremente. Entonces los suspenden en esos hoyos aparentemente sin fondo, donde los demonios vienen a molestarlos en cualquier forma que deseen. El libre fluir de la sangre atrae a los demonios hacia arriba con mucha más rapidez. Usualmente los niños mueren, sin embargo, unos pocos logran sobrevivir. Lyn fue una de los pocos sobrevivientes. Recibió severo daño físico, cuyas cicatrices aún lleva hoy en día.

Durante una de las ceremonias ella recuerda una "varilla de acero" que le fue colocada en la espalda causándole mucho dolor durante toda la vida hasta que los demonios que formaban la varilla fueron echados fuera durante la liberación.

Lyn aprendió con rapidez varias destrezas demoníacas tales como el arte de la levitación, invocar a espíritus en sesiones espiritistas, jugar con la tabla de ouija, comenzar fuegos sin fósforos, decir la fortuna mediante la varilla y el péndulo. Ella firmó varios contratos de sangre y le entregaron varios sellos y yugos.

Aprendió a usar la visualización y la PES ("percepción extrasensorial"). Se le dio un "número secreto" además de su nombre secreto. Cultivó una relación muy estrecha con un joven al que ella llamaba Michael. Éste ejercía un demoníaco control mental muy poderoso sobre ella.

Colocaron dentro de Lyn diversas sugestiones. Estas eran cosas tales como ciertos colores. Su padre le envió una tarjeta de cumpleaños recientemente que era casi totalmente verde. Tan pronto como vio ese color verde en particular, inmediatamente experimentó un ansia tremenda de regresar junto a su padre para que él pudiera conducirla de nuevo a los miembros de la brujería. Después de la liberación, las sugestiones dejaron de afectarla.

A la edad de seis años le dieron un poderoso demonio como guía espiritual llamado Tal. Sus fotografías escolares muestran una asombrosa diferencia cuando tenía cinco, antes de recibir el guía espiritual demoníaco, y la de siete años con el guía espiritual.

Fue llevada a ceremonias en Festus (Corpus Christi, Texas), California y Egipto. Según fue creciendo, participó de lleno en la música de *rock* y en las drogas. Se aprendió el nombre de muchos demonios y los usaba en diversos encantamientos.

Al volverse a inundar de recuerdos, los satanistas se pusieron de nuevo en contacto con ella y comenzó a luchar con un impulso irresistible de regresar a la secta. Ya cerca de los treinta años de edad se casó con un hombre cristiano que la ayudó a resistir los impulsos de regresar al satanismo. A la edad de treinta y cuatro años, nos conocimos y hablamos. Sentí que el Señor me estaba guiando a ayudarla a limpiarse de los tantos demonios que habían entrado en su vida a través de los años de maltrato y de participación en los ritos satánicos.

Lyn vino y se quedó en casa con mi esposo y conmigo durante una semana. La lucha fue intensa, pero ¡al fin fue liberada completamente!

A continuación hay una lista de sus puertas de entrada, seguida del enfoque que tomamos para eliminar los demonios.

- herencia
- dedicación cuando niña a Set y a Satanás, llamado "Padre eterno"
- "cosa que asustaba" colocada en ella cuando era bebita
- catolicismo romano
  bautismo, comunión, confirmación, orar a los santos, lenguas falsas, novenas y rosario
- Sexo: abuso sexual, sexo en grupo, sexo ritual, lesbianismo, pornografía, películas de drogas, sexo con demonios, sexo con animales, sexo con otros niños
- rito de protección de sal, ceremonias de renacimiento
- sacrificios humanos, canibalismo
- beber sangre, contratos de sangre
- nombre y número secreto
- caminar sobre fuego
- levitación
- sesiones espiritistas
- tabla de ouija
- respiración bajo el agua
- muro en el cerebro contra Jesús
- varilla de acero en la espalda
- ceremonia del hoyo negro ("foso de Satanás")
- misa negra
- sacrificios de animales
- jaulas de tortura

- proyección astral
- disociación
- mente en blanco, PES y telepatía
- varilla y péndulo
- ceremonias en Festus (Corpus Christi, Texas), California y Egipto
- sellos, yugos, pactos, atadura a "Michael"
- diversas ceremonias de "poder"
- telequinesia

Se oró con respecto de cada una de esas puertas de entrada, confesándola y luego cerrándola, y a los demonios que entraron en ella se les ordenó que se fueran en el nombre de Jesús. Nos tomó unos tres días sólo en recorrer la lista de las puertas de entrada. La lucha fue intensa debido a que Lyn estaba muy acostumbrada a escapar el tormento con simplemente poner su mente en blanco, o con la proyección astral fuera de su cuerpo. Una y otra vez, Lyn no podía recordar aquello por lo que se suponía que debía orar, y entonces no podía reprender a los demonios y ordenarles que se fueran en el nombre de Jesús. Los demonios le ponían la mente en blanco o la estimulaban a la proyección astral.

Los demonios crearon un tremendo desgaste en mí también. Nosotras dos luchamos contra el agotamiento y el sueño. La mayor parte de la liberación de Lyn se hizo de pie, caminando por el piso para ayudar a mantenernos despiertas y alerta.

A principios de la liberación le dije a Lyn que echara fuera a Tal, su guía espiritual demoníaco. En ese punto, todavía ella tenía cierta dificultad en reconocer lo que era ella y lo que era el demonio. Estaba tan acostumbrada a tener espíritus demoníacos viviendo en ella que le resultaba difícil reconocer la diferencia entre ellos y ella misma.

Al hablarle acerca de eliminar a Tal, me dijo de súbito:

—¿Por qué debo decirle que se vaya? Él nunca me ha hecho daño.

Inmediatamente supe que esa idea era del demonio. Con la orientación del Espíritu Santo, le repliqué:

—¿Puedes tú decirme con franqueza que no crees que alguna vez Tal haya sentido celos de tu relación con tu esposo, o tratado de evitar que te implicaras en una íntima relación con este?

Lyn pareció sorprendida y después avergonzada. Admitió que ella se había dado cuenta de que Tal era un importante obstáculo que le impedía desarrollar una relación estrecha con su esposo.

Comencé a hablarle sobre cómo Tal era un perdedor de nacimiento y había optado por servir a un amo que también era un perdedor y cómo Tal iba a perder su morada en Lyn para siempre. Lyn permaneció sentada por un par de minutos sin decir nada. Entonces habló diciendo:

—Me imagino que es únicamente mi voluntad lo que impide que Tal hable a través de mí para maldecirte.

Me eché a reír y le respondí que en efecto, así mismo era.

Al enfadarse el demonio conmigo por las cosas que yo decía, Lyn comenzó a reconocer por primera vez con cierta claridad la diferencia entre el demonio y ella. Lyn misma no estaba enojada porque yo había dicho que el demonio era un perdedor, pero ella empezó a enfurecerse intensamente contra mí. Se trataba de un verdadero paso en su liberación. Una vez que reconoció la diferencia entre el demonio y ella, estaba en mejor posición para luchar contra él y echarlo fuera.

He aquí la descripción de Lyn del incidente:

"En distintos momentos de mi vida, hubiera pensado que sentía la presencia de un extraño en mí, pero de inmediato vendría a mi mente la idea de que se trataba sólo de mí misma. Sólo que yo era una persona mala y esos pensamientos me pertenecían y eran totalmente míos. Al cabo de dos días de liberación con Rebecca, ella y el Señor finalmente me metieron en la cabeza que esos no eran mis pensamientos, sino los de los demonios dentro de mí. Eso fue un gran avance para mí.

Entonces comencé a ver los engaños y mentiras de Satanás que me mantenían en cautiverio. El propósito era mantenerme destruida, sintiendo desprecio y odio hacia mí misma para que nunca me sintiera lo suficiente digna como para creer que Jesucristo me amaba y que me perdonaría."

La liberación de Lyn empezó a moverse adelante lentamente después que aprendió a reconocer la diferencia entre los demonios y ella.

La siguiente área con que tuvimos que lidiar fue el problema de la mente pasiva de Lyn. Ella había usado la técnica de la disociación, poniendo su mente en blanco y permitiendo que su cuerpo dejara de sentir el tremendo tormento físico durante su experiencia de maltrato. Parecía que no habría victoria en este campo. Luchamos con el problema durante un día completo. Una y otra vez, cuando Lyn trataba de dirigirse a los demonios que entraron en ella al poner la mente en blanco o la proyección astral, ella se quedaba totalmente en blanco. Tuve que hacerla escribir las sencillas oraciones y declaraciones en una hoja grande de papel. Primero, no pudo escribir las palabras, después no podía leerlas o comprenderlas una vez que estaban escritas.

Finalmente, después de mucha oración, me di cuenta de que ella tenía que confesar como pecado, el que ella casi había renunciado a su libre albedrío. Después, pedir al Señor que restaurara en ella su libre albedrío. La lucha para realizar esa confesión y después orar esa oración fue una de las más intensas de su liberación. Pero al fin, Lyn triunfó y se logró la victoria. Una vez hecho esto, ella fue capaz de dirigirse a los demonios que habían venido a ella a través de esas cosas y echarlos fuera en el nombre de Jesús.

Afortunadamente, Lyn retuvo suficiente control y no se convirtió en alguien con "personalidades múltiples" como les pasa a tantos niños maltratados. Yo todavía tengo grandes interrogantes en todo ese campo de las personalidades múltiples. Creo firmemente que un gran porcentaje de las personalidades múltiples son simplemente demonios que se hacen cargo y controlan a la persona. Pero también me pregunto si una renunciación al libre albedrío no permite un quebrantamiento de la personalidad. ¿Será la confesión de esto como pecado y una oración en la cual se le pide al Señor que restaure el libre albedrío la clave para "integrar" a una persona? Admito con toda sinceridad que no poseo una total comprensión de todo ese complejo problema, ni las soluciones. Mas yo sí creo que el Espíritu Santo les dará a los obreros cristianos la orientación que necesitan.

Otro terreno dificultoso era el control que "Michael" ejercía en su vida. Una vez, dos años antes, un terapista había tratado de hacerle a Lyn una regresión a aproximadamente los seis años de edad y entonces ordenar que el vínculo entre ella y Michael fuera roto. Lyn no lo logró. Al Lyn y yo discutir el incidente, me percaté de lo disparatado de un enfoque como ese. Un niño pequeño no sería capaz de enfrentarse contra un adulto fuerte, especialmente uno que usaba del abuso físico para castigarlo. Es natural que Lyn no pudiera romper semejante vínculo. ¡Ella necesitaba esa fuerza a la edad de seis años! Pero como adulta, contaba con la fuerza de Jesucristo para romper la atadura. Esa es la trampa en que caen muchos psicólogos y psiquiatras. Le piden a una persona que recuerde un incidente que le ocurrió cuando niño y después le piden a ese niño que lidie con la situación. ¡Qué ridículo! Si el niño tuviera la fuerza para hacerlo, lo hubiera hecho ya cuando la situación sucedió por primera vez. ¡Tenga cuidado, pues la mayor parte de la "terapia de regresión" que se hace es demoníaca! Nunca permita usted la hipnosis. TODA hipnosis es demoníaca. El Espíritu Santo puede ayudar a un cristiano a recordar lo que le sucedió en la niñez. Y el Espíritu Santo hará regresión SOLAMENTE hasta los recuerdos necesarios para la purificación de la persona.

Paso a paso se cerraron las puertas de entrada. Se rom-

pieron los contratos de sangre, se renunciaron las inserciones y se le pidió al Señor que las removiera. Lyn no sabía
cuales inserciones había recibido, pero tuvimos que suponer
que había recibido varias. Cuando pedimos al Señor que las
removiera, ocurrieron cambios importantes.

El último paso consistió en hacer un repaso y deshacerse
específicamente, por su nombre, de todos los demonios que
Lyn conocía personalmente. Ella tenía una lista como de
cincuenta nombres. Mientras recorrió esa lista y ordenó a
cada uno que se fuera, de repente se echó a llorar.

—No puedo seguir. Si sigo, no quedará nada de Lyn. Me
estoy esfumando en la nada.

Nos detuvimos y le aseguré que esa sensación de vacío
era normal. Después que los demonios salieron, oramos y le
pedimos al Espíritu Santo que la llenara y le quitara el
vacío.

Se necesitó un paso de fe y obediencia por parte de Lyn
para poder terminar de ordenar a todos los demonios que
se fueran a pesar del dolor que sentía ella. Había tenido
demonios morando en ella desde su nacimiento. Ella jamás
había experimentado lo que era estar sin ellos. Esa sensación de vacío es muy común en tales situaciones.

Después que terminó con la lista de espíritus familiares,
entonces repasó la purificación general que yo había listado
en historiales de casos anteriores de cuerpo, alma y espíritu.

Después de terminar, la ungimos con aceite y nos unimos
a ella en oración pidiéndole al Espíritu Santo que la llenara
totalmente.

También oramos al Señor pidiéndole que borrara sus
dolorosos recuerdos y que sanara todo el daño demoníaco
causado a su cuerpo físico y a sus sentimientos y espíritu.
Ella dijo que la sensación de vacío fue disminuyendo más y
más según ella fue dedicando su tiempo a leer la Biblia y a
orar a lo largo de la semana siguiente. Literalmente, ella
podía sentir que se iba llenando con la Palabra de Dios.

Cambios que Lyn experimentó
después de su liberación

Durante unas semanas, ella se puso muy torpe y sintió como si no supiera cómo controlar su propio cuerpo. Eso se debió a que, desde su nacimiento, estaba ella acostumbrada a tener a los demonios operando dentro de su cuerpo.

Ahora Lyn puede leer y entender la Escritura por primera vez en su vida. También puede orar libremente y puede memorizar la Escritura.

Sintió un gran alivio, como si le hubieran quitado de encima una carga pesada.

Ahora se puede reír y experimentar toda la gama completa de los sentimientos humanos. Anteriormente estaba bloqueada e impedida de sentir emociones.

Ahora Lyn puede escribir y tocar música. Ella sabía que tenía un don en ese campo, pero sólo pudo escribir brevemente después de aceptar a Cristo por primera vez en 1974. Ahora puede escribir con entera libertad.

Lyn había experimentado una gran mejoría en las relaciones con su esposo, tanto emocional, como físicamente. Ya dejó de sentir dolor durante las relaciones sexuales.

Ahora sus cinco sentidos funcionan con mucha más claridad, especialmente su visión. Eso es común. Los demonios impiden que la persona experimente el reino físico en una forma normal. Ello es particularmente cierto en las personas que han estado implicadas en las religiones orientales donde la meta es renunciar totalmente a experimentar el reino físico para que la persona esté consciente únicamente del reino espiritual.

Ahora es mucho más fácil combatir a los demonios porque actualmente están fuera de ella en vez de en su interior.

Ya Lyn no tiene deseos de regresar a la brujería. Además, ya no tiene los impulsos de cometer suicidio.

El área de mayor dificultad es evitar que su mente se ponga en blanco, especialmente alrededor de los días festivos de Satanás. Todavía tiene que luchar ocasionalmente cuando los miembros de la brujería vienen y tratan de forzarla a la proyección astral. Ella siente que tiran de su espíritu cuando tratan de sacarle el espíritu del cuerpo. Sin embargo, ahora puede reprenderlos en el nombre de Jesús e impedir completamente que puedan llevársela en espíritu a los ritos.

Ha perdido su facultad de ver el mundo espiritual.

Lyn todavía tiene pesadillas, pero ahora puede lidiar con ellas por medio del poder de Cristo.

Ahora no puede ella realizar levitaciones y ha perdido su facultad de telepatía mental.

Ya ha dejado de verse afectada por las sugestiones. Por ejemplo: una sugestión era la de que se iba a ahogar, la cual le ocasionaba un intenso temor al agua. Ese temor ha desaparecido. Otra sugestión era oír tañer campanas, como las campanas de la iglesia. Cuando oía el tañido de campanas se suponía que realizara una proyección astral. Esa sugestión ya no tiene ningún efecto sobre ella.

La lucha de Lyn ha sido fuerte, pero al fin está libre del tormento demoníaco, de los irresistibles impulsos de cometer suicidio, de la depresión profunda, etc. Al fin Lyn está libre para crecer en el Señor. La barrera que existía en su mente que la mantenía alejada de Dios ha sido removida.

El camino hacia la libertad es largo y difícil para los que han sido abusados ritualmente, ¡pero se PUEDE alcanzar la victoria!

Capítulo 14

A los satanistas... con amor

A los que siguen al servicio de Satanás

He escrito este libro porque los amo. Pero es más importante la realidad de que el Señor Jesucristo, que es Dios Todopoderoso, los ama aun mucho más que yo.

Quizá no conozcan el nombre de su maestro. Pueden referirse a él como "El Maestro". O pueden usar otros nombres. Sin embargo, ese maestro al que sirven es cruel. Exige dolor, sufrimiento y sacrificios para servirlo y obtener poderes de él. Quiero decirles que HAY otro Dios. Es un Dios al que puede servirse con amor y pureza. Ese verdadero Dios llama al maestro de ustedes *Satanás*. Satanás NO es el dios que dice ser. Satanás es un mentiroso. Él no es más que una criatura creada, NO el creador. Por favor, deténganse a pensar por un momento. ¿Cuántas veces han visto a Satanás y a sus espíritus demoníacos traicionar a sus servidores? ¿Por qué los demonios exigen constantemente que derramen ustedes sangre... particularmente la propia? ¿Ha derramado Satanás o alguno de sus demonios alguna cantidad de su sangre por ustedes? ¡Bien saben ustedes que no lo han hecho!

Díganme: ¿POR QUÉ exige su maestro Satanás que hagan esas cosas que más atemorizan a los seres humanos? ¿POR QUÉ exige que se torturen y maten unos a otros? ¿POR QUÉ exige la vida de sus preciosos hijitos? ¿POR QUÉ exige la tortura y el maltrato de indefensas criaturas? ¿POR QUÉ Satanás les dice que esa es la única manera de obtener poder? ¿POR QUÉ? ¿Se han detenido alguna vez a meditar acerca de estas cosas?

La mayoría de ustedes nunca han experimentado amor verdadero. No saben lo que es el amor. ¡Cuánto anhela mi corazón decirles que el verdadero amor SÍ EXISTE!

¿Qué es el amor verdadero? He aquí la respuesta:

"Nadie tiene mayor amor que este, que uno ponga su vida por sus amigos" (Juan 15:13).

¡El Señor Jesucristo hizo eso por nosotros! ¡Jesucristo ES DIOS TODOPODEROSO! ¡Qué diferente es Jesús a Satanás! Satanás exige que ustedes derramen sangre y realicen sacrificios por él. Por otro lado, ¡Jesús se sacrificó ÉL MISMO por nosotros! Ese Jesús, quien es el verdadero creador, Dios, optó por bajar a la tierra y vestirse Él mismo de carne humana. Nació de una virgen y caminó por esta tierra como un hombre limpio de pecado. Murió cruelmente en una cruz y se echó encima el justo castigo nuestro. Pero la muerte no pudo detenerlo porque ÉL ES Dios mismo. Jesús se levantó de la tumba al tercer día. Él NO está encadenado en el infierno como les han dicho. Él está muy vivo y actualmente está sentado en el cielo a la diestra de Dios el Padre.

"Dios, habiendo hablado muchas veces y de muchas maneras en otro tiempo a los padres por los profetas, en estos postreros días nos ha hablado por el Hijo, a quien constituyó heredero de todo, y por quien asimismo hizo el universo; el cual, siendo el resplandor de su gloria, y la imagen misma de su sustancia, y quien sustenta todas las cosas con la palabra de su poder, habiendo efectuado la purificación de nuestros pecados por medio de sí mismo, se sentó a la diestra de la Majestad en las alturas" (Hebreos 1:1-3).

¡Oh, les ruego, por favor, que sigan leyendo un poco más! ¡Ustedes PUEDEN salirse del satanismo y vivir! La Hermana Valentía, la Hermana Fortaleza, el Caballero Negro y muchos, muchos más son testigos vivientes de esto. Jesús ES más poderoso que Satanás. Por eso es que toda esa gente ha salido de la brujería y siguen vivos.

¡Qué cruel es el maestro que ustedes sirven! ¿Cuántas

veces han visto a siervos de Satanás asesinados por fallar o cometer algún error?

Ah, pero yo sirvo a un Maestro que no mata a sus siervos si fracasan. ¡En realidad, Él murió por mí, echándose mi castigo sobre Él! ¡Satanás jamás haría eso! ¿Saben que el precio y el justo castigo por CADA maldad que han cometido ustedes ha sido saldado TOTALMENTE? Jesús lo pagó en la cruz hace cerca de 2.000 años. ¡Todo lo que han hecho puede quedar limpio! Toda su amargura, odio, celo, orgullo, TEMOR y maldad pueden limpiarse y quedar reemplazados por ternura, amor, paz, compasión y pureza. Todo ello es posible si sólo dejan de servir a Satanás y hacen a Jesucristo su Señor, Salvador y Maestro.

Por favor, por favor, escúchenme. ¿Por qué continuar en esa atadura? ¿Por qué hablar diariamente con temor? Están ustedes en tan terrible atadura... por mantener sus poderes, que constantemente tienen que realizar sacrificios e interminables ritos. No se atreven a perderse un día de fiesta satánico o serán castigados severamente. Si se equivocan en cualquier pequeñez, serán castigados. ¡A veces no se han equivocado en nada y de todos modos los castigan! Casi todos ustedes sufren de algún tipo de enfermedad demoníaca. ¿Por qué?

¡POR FAVOR, PIENSEN! ¿Por qué los demonios los castigan y atormentan tantas veces si se preocupan por el bienestar de ustedes como dicen hacerlo? Oh, qué diferente es servir a MI Maestro, Jesucristo. Esto es lo que MI Maestro tiene que decir:

> "Venid a mí todos los que estáis trabajados y cargados, y yo os haré descansar. Llevad mi yugo sobre vosotros, y aprended de mí, que soy manso y humilde de corazón; y hallaréis descanso para vuestras almas; porque mi yugo es fácil, y ligera mi carga" (Mateo 11:28-30).

La verdad es que Satanás y los demonios odian a todos los humanos. Ellos saben que Jesús ESTÁ vivo y sano. Ellos

saben que Jesús ofrece el perdón de los pecados y la vida
eterna. El objetivo de los demonios es estorbar que acepten
a Cristo a tantas personas como les sea posible. Quieren que
el mayor número posible de personas sufran durante toda
la eternidad en el infierno. ¡SATANÁS LOS ODIA! Satanás es
un mentiroso. Las promesas que les hace a ustedes son
embustes. ¿Les ha prometido poder, dinero y fama? MI
Maestro dice:

> "Porque ¿qué aprovechará al hombre si ganare todo
> el mundo, y perdiere su alma? ¿O qué recompensa dará
> el hombre por su alma?" (Marcos 8:36,37).

Podrán ganar riquezas, pero no obtendrán la paz o la vida
eterna. La ÚNICA forma de tener amor, paz y vida eterna es
por medio de Jesús.

> "Jesús le dijo: Yo soy el camino, y la verdad, y la vida;
> nadie viene al Padre, sino por mí" (Juan 14:6).

Los exhorto a que se hinquen de rodilla y le pidan a Jesús
que sea su Señor, Salvador y Maestro.

> "He aquí, yo estoy a la puerta y llamo; si alguno oye
> mi voz y abre la puerta, entraré a él, y cenaré con él, y
> él conmigo" (Apocalipsis 3:20).

¿No abrirían la puerta de su corazón? ¿Cómo se hace eso?
Únicamente tienen que arrodillarse ahí mismo donde están
y pedirle a Jesús que los perdone y les limpie todos sus
pecados. Pídanle que se convierta en el Señor y Maestro de
ustedes. Entonces, pídanle al Señor que introduzca su precioso Espíritu Santo dentro de ustedes.

Si han hecho a Jesús su Señor, entonces díganle a Satanás y a sus demonios que jamás volverán a servirlos. Ordé-
nenles que salgan de su vida para siempre en el nombre de
Jesús.

Existen personas que se interesan, personas que son
verdaderos servidores de Jesucristo y los ayudarán. Oren y
pídanle al Señor que los encamine a ellos. ¿Aceptarán a
Jesús hoy, antes que sea demasiado tarde? Recuerden,

están en mis oraciones y en las oraciones de muchos cristianos más.

"Querido Padre celestial:

"Hoy vengo ante tu trono en el precioso nombre de Jesucristo. Vengo ante tu trono a suplicarte por cada preciosa alma apresada en el cruel puño de Satanás. Padre, te suplico que ates a los demonios para que cada persona pueda tener al menos una oportunidad de escuchar acerca de Jesús y aceptarlo.

"Dios Padre, te suplico por cada uno de los que aceptan a Jesús. Te suplico que envíes a tus ángeles a que los rodeen y protejan. Te ruego que los guíes hacia cristianos verdaderos que los ayuden.

"Ahora, Padre, en el nombre de Jesús, vengo ante tu trono, a interponer una petición en contra de la de Satanás, para suplicar por cada alma que abandona la brujería y acude a ti. Te suplico que no permitas que Satanás sacrifique a esas personas o que las agobie o las conduzca a cristianos falsos. Te suplico, Dios Padre, que toda alma que abandona el satanismo a su vez se aliste a sacar del satanismo a muchas personas más y a encaminarlas al maravilloso reino de Jesucristo. ¡Te doy gracias y te alabo, Padre, por todo ello en el maravilloso nombre de Jesús!

"Amén."

Epílogo

Sorprendida por la alegría

Este libro contiene algunas de mis aventuras en el servicio de mi Maestro durante los últimos cuatro años. Mucho ha sucedido y mucho he aprendido en los últimos diez años desde que comencé por primera vez en el ministerio. Este camino ha sido uno de mucha soledad y la lucha ha sido intensa. Pero...

Después de los 41 años de edad, 15 de los cuales he caminado cerca del Señor, Él ha traído la más maravillosa bendición a mi vida. ¡Me trajo a un hombre piadoso para que fuera mi esposo! ¡Cuánta sorpresa y alegría ha sido este acontecimiento! La bendición y el aumento en fuerza, tanto física como espiritualmente, que esta unión ha aportado a mi vida es más de lo que yo pueda describir.

Ahora Daniel y yo estamos unidos como uno para continuar esta lucha como servidores de nuestro amado Maestro, Jesucristo. Estamos próximos al final. El regreso del Señor está cercano. Es nuestro ruego que cada uno de ustedes que lean este libro sean fortalecidos para los difíciles días que se aproximan.

¡Que toda la alabanza, gloria y honor sean para nuestro maravilloso Dios por toda la eternidad!

Apéndice A

Haced para vosotros barbecho

"Sembrad para vosotros en justicia, segad para vosotros en misericordia; haced para vosotros barbecho; porque es el tiempo de buscar a Jehová, hasta que venga y os enseñe justicia" (Oseas 10:12).

¿Siente usted alguna distancia en su relación con el Señor? ¿Siente como si no estuviera donde debía estar en su relación con Él? ¿Tiene dificultades para orar? Sugeriría que se siente a hacer un examen cuidadoso, mediante la oración, de su vida. Si se encuentra en esa condición, es posible que tenga pecados que necesite confesar.

"Si decimos que no tenemos pecado, nos engañamos a nosotros mismos, y la verdad no está en nosotros. Si confesamos nuestros pecados, él es fiel y justo para perdonar nuestros pecados, y limpiarnos de toda maldad" (1 Juan 1:8,9).

"Hijitos míos, estas cosas os escribo para que no pequéis; y si alguno hubiere pecado, abogado tenemos para con el Padre, a Jesucristo el justo" (1 Juan 2:1).

No puedo enfatizar lo suficiente la importancia de mantener sus cuentas al día con Dios. No permita que se le acumulen los pecados sin confesar en su vida. Nada destruye más rápidamente su relación con el Señor que el pecado sin confesar.

¿Qué significa "hacer para vosotros barbecho"? El barbecho es un terreno endurecido que no ha sido arado por varios años. La tierra dura tiene que ararse y desmenuzarse en tierra más suave para que las plantas puedan crecer en ella. Si permitimos que los pecados inconfesos se acumulen en nuestra vida, nuestro corazón se endurecerá hacia el Señor. En esta sección, quiero incluir cierto material que no es original mío. Muchos de los pensamientos vienen de un libro escrito por Charles Finney llamado *Lectures On Revival*. Recomiendo enfáticamente que, los que dominan el inglés, adquieran ese libro y lo lean. Representa una sinopsis de los pecados que son comunes a toda la humanidad. He combinado algunos de los pensamientos de Finney con las cosas que el Señor me ha enseñado en mi propia vida.

"Examine su estado mental para ver dónde se encuentra ahora. ¡Muchos jamás piensan en esto! No le prestan atención a su propio corazón, y nunca saben si están haciéndolo bien o no espiritualmente. Desconocen si están ganando terreno, o retrocediendo, si son fructíferos o estériles. Desvíe su atención de todo lo demás y fíjese en esto. Propóngaselo. No se apresure. Examine cuidadosamente el estado de su corazón y fíjese donde está... El autoexamen consiste en ver su vida, considerar su actuación, recordar el pasado y conocer su propio carácter[...] Las confesiones generales de pecados nunca son suficientes. Sus pecados se cometieron uno a uno, y en lo mejor que pueda, debe usted repasarlos y arrepentirse de ellos uno por uno" (*Lectures on Revival*, por Charles Finney, Bethany House Publisher, 1988, pp. 30,31).

Ahora, antes de comenzar a leer el resto de esta sección, ¿tiene a mano papel y lápiz para que pueda ir anotando los pecados que el Espíritu Santo le traiga a la mente?

"Amado Padre celestial, en el nombre de Jesús te ruego que por tu Espíritu Santo obres en la vida de todas las personas que lean esto. Trae a la memoria de ellos los pecados inconfesos que hayan cometido en su vida. Enfoca tu luz de pureza y santidad sobre su vida. Ayúdanos a todos a estar dispuestos a soportar el dolor de ver nuestros pecados para que éstos puedan limpiarse ante ti. Obra en cada uno de nosotros para que podamos llegar a ser una vasija para honra a tu servicio. Te doy gracias por esto en el precioso nombre de Jesucristo.

Pecados de comisión

1. **Posesiones materiales.** ¿Cuál es su actitud hacia sus posesiones materiales? ¿Las antepone a Dios y a los demás? ¿Piensa que puede hacer con ellas lo que le plazca? ¿Está dispuesto a perderlo todo por el Señor? Si no lo está, entonces tiene que confesar eso como pecado. Tantísimos cristianos son totalmente incapaces de oír al Señor decirles que se decidan, por ejemplo, porque están demasiado amarrados a la seguridad de su situación actual de vida y trabajo. Muchos cristianos han sido advertidos por el Señor a que se preparen para el tiempo de las penurias y persecución que está por venir, pero no están dispuestos a reducir su nivel de vida para hacerlo. Desean continuar viviendo tan bien como puedan hasta el último momento posible. ¿Es usted uno de ellos?

2. **Orgullo.** ¿Cuántas veces ha sido vanidoso acerca de su apariencia? ¿Cuántas veces se ha sentido herido porque otros no le prestaron atención o no lo felicitaron o agradecieron por algo que hicieron? ¿Cuántas veces hizo algo para convertirse en el centro de atracción? ¿Mira a los demás con aire de superioridad como si valieran menos que usted? Eso es pecado.

3. **Envidia.** ¿Cuántas veces ha envidiado a otros, su aspecto, posesiones, o hasta sus responsabilidades y funciones dentro del cuerpo de Cristo? ¿Cuántas veces ha hablado o se ha excedido en criticar los defectos de otros para usted parecer mejor? Escriba esas instancias de pecado.

4. **Crítica.** Criticar a otros permite que brote en usted una raíz de amargura y después de odio. La amargura y el odio lo destruirán. Eche un vistazo concienzudo a sus con-

versaciones y pensamientos diarios. ¿Critica usted a los demás? ¿No cree que tenga amargura en su vida? Recuerde, el corazón es **muy** engañoso. Una buena manera de medir la amargura es esta: ¿Con qué facilidad logran enfadarlo los demás? ¿Con cuánta frecuencia tiene pensamientos de enojo acerca de alguien? Muy a menudo el enojo es síntoma de rencor.

5. **Calumnia.** ¿Alguna vez ha divulgado un chisme? ¡El Señor detesta la calumnia y el chisme! ¿Cuántas veces ha hablado a espaldas de otras personas acerca de sus defectos, reales o imaginarios, innecesariamente o sin una buena razón? ¿Con qué frecuencia se ha supuesto que sabía lo que había en el corazón de alguien? ¡**Solamente** Dios conoce nuestro corazón! Me he asombrado ante la disposición de los cristianos de aceptar acusaciones en mi contra sin siquiera ponerse en contacto conmigo siquiera una vez para ver si existe otro lado de la historia. Esos cristianos también están más que dispuestos a propagar acusaciones en contra mía sin jamás hacer un esfuerzo por confirmarlas de una forma u otra. ¿Y qué de las diferentes organizaciones "cristianas de investigación" que ofrecen información sobre las personas? ¿Se ha detenido usted alguna vez a pensar si su información es correcta? Sé, de hecho, que esos que divulgan acusaciones en mi contra no se han puesto en contacto conmigo jamás. Eso me hace pensar que probablemente no se hayan puesto en contacto con otros tampoco. Si divulga usted tal "información" y en realidad es una calumnia, está usted pecando. De hecho, es culpable de derramar sangre inocente, lo cual equivale a asesinato.

6. **Falta de la seriedad apropiada.** ¿Cuántas veces ha tratado a Dios a la ligera o ha hablado acerca de Dios sin seriedad? La Escritura nos advierte que el "temor a Jehová es el principio de la sabiduría". ¿Le falta el debido respeto a ese Dios nuestro? Si es así, ¡eso es pecado!

7. **Mentir.** Mentir significa cualquier engaño deliberado.

Examine su vida cotidiana. ¿Con qué frecuencia miente usted, minimizándolo como si se tratara de "sólo una mentirita blanca"? ¿Con qué frecuencia exagera? **Todas** las mentiras son pecado.

8. **Hacer trampas.** ¿Ha pasado por la caja contadora del mercado y no ha dicho nada cuando el empleado equivocadamente marcó menos de la cantidad que costaba la mercancía? Si fue así, hizo usted trampa. Hacer trampa es cualquier momento en que le haya hecho algo a alguien que no quisiera que le hicieran a usted. Apunte las veces que lo haya hecho.

9. **Hipocresía.** ¿Cuántas veces ha confesado usted pecados que en realidad no tenía intención de dejar de cometer? ¿Cuántas veces ha pretendido ser algo que no era.

10. **Robarle a Dios.** Liste todas las veces que Dios quiso que ayudara a alguien o que compartiera el evangelio con alguien y no lo hizo. ¿Está usted perdiendo tiempo en "entretenimientos" o en otros menesteres cuando Dios quiere enviarlo a la cosecha para traer almas a Jesús? ¿Tiene tiempo de mirar la televisión, pero no por un momento fijo diario?

11. **Mal genio.** La Escritura nos dice "airaos y no pequéis". Como cristianos, tenemos que disciplinarnos. Si tenemos mal genio, entonces estamos pecando. Podemos optar por no sentirnos ofendidos por lo que hagan otras personas.

12. **Evitar que otros sean útiles.** ¿Ha debilitado a alguien criticándolo al punto que tenga miedo de avanzar en la fe y funcionar como Dios quiere? ¿Es usted un quejumbroso? ¿Le hace perder el tiempo a otros quejándose acerca de sus propios problemas? ¿Hace perder el tiempo a su pastor exigiéndole interminables sesiones de orientación? Todo eso es pecado.

13. **Rebelión.** ¿Con qué frecuencia ha rehusado obedecer a alguien con autoridad sobre usted? ¿Con qué frecuencia

ha leído la Palabra de Dios **sin** la intención de obedecer lo que encontró en ella? ¿Cuántas veces ha sabido de algo que debía hacer pero no lo hizo? ¿Cuántas veces le ha dicho el Señor que haga algo y usted no lo ha hecho? Recuerde, Dios considera la rebelión como algo muy serio.

"Seis cosas aborrece Jehová, y aun siete abomina su alma: los ojos altivos, la lengua mentirosa, las manos derramadoras de sangre inocente, el corazón que maquina pensamientos inicuos, los pies presurosos para correr al mal, el testigo falso que habla mentiras, y el que siembra discordia entre hermanos" (Proverbios 6:16-19).

"El que venciere heredará todas las cosas, y yo seré su Dios, y él será mi hijo. Pero los cobardes e incrédulos, los abominables y homicidas, los fornicarios y hechiceros, los idólatras y todos los mentirosos tendrán su parte en el lago que arde con fuego y azufre, que es la muerte segunda" (Apocalipsis 21:7,8).

Mire la lista que se desprende solamente de las anteriores breves referencias:

- mentir
- orgullo
- derramar sangre inocente... Eso se hace muy eficazmente mediante el chisme
- falso testimonio
- sembrar discordia entre hermanos
- asesinato
- meterse en el ocultismo
- inmoralidad sexual
- incredulidad
- timidez
- idolatría
- hechicería y brujería
- rebelión

Pecados de omisión

"Y al que sabe hacer lo bueno, y no lo hace, le es pecado" (Santiago 4:17).

1. **Ingratitud.** ¿Cuántas veces Dios lo ha ayudado y jamás le ha dado gracias? La ropa con que se viste, el alimento sobre su mesa, su salud, su familia, su trabajo, todo lo que tiene se lo ha dado el Señor. ¿Con qué frecuencia le da gracias a Él por estas bendiciones? Cuando come, ¿no se detiene primero para agradecer sinceramente a Dios por lo que Él le provee? Si no lo hace, está usted pecando. ¿Viaja a su trabajo y regresa sin accidentes? Debe darle gracias a Dios por su protección. Escriba cada vez que se acuerde cuándo no le ha dado gracias a Dios por todo lo que Él le provee.

2. **Falta de amor por Dios.** Si ama a alguien, le habla y le dedica tiempo. ¿Se ha descuidado en amar a Dios? Eso es pecado.

3. **Abandono de la Biblia.** Anote los períodos cuando, durante días, o hasta semanas y meses, ha menospreciado la Palabra de Dios. Cuando sí lee la Palabra de Dios, ¿lo hace en una forma que le agrade a Él? ¡**Debemos** leer la Biblia con la actitud de que inmediatamente obedeceremos todos los mandamientos que encontremos en ella!

4. **Incredulidad.** ¿Cuántas veces virtualmente ha acusado usted a Dios de mentir? ¿Cree en su Palabra? Si no es así, eso es pecado.

5. **Abandono de la oración.** ¿Cuántas veces ha pasado por alto la oración personal y (o) familiar? Si no oramos ofendemos a Dios inmensamente.

6. **Abandono de los medios de la gracia.** Se nos exige la confraternidad con los demás. Si no lo está haciendo, está pecando.

7. **La forma en que realiza los deberes.** ¿Lo hace todo por el Señor? ¿O es holgazán y negligente en su trabajo y

en su vida diaria? Eso es pecado. ¿En su trabajo hace **solamente** las cosas que su jefe le exige? Jesús requiere que "camine la segunda milla". ¿Es holgazán al realizar el trabajo del Señor? ¿Cuántas veces ha sabido de cosas que debe hacer y no las ha hecho?

¿Cuántas veces ha sabido que debe hacer algo, como sacar la basura o lavar los platos, y no lo ha hecho? Anote esos casos y confiéselos como pecados.

8. **Falta de amor por el alma de su prójimo.** Es su responsabilidad compartir las buenas nuevas de Jesucristo con todos los que le rodean. ¿Cuántas personas conoce y con cuántas se asocia con quienes no ha compartido el evangelio? Anótelas. Es pecado. Dios le ordena a todo cristiano que comparta el evangelio con otros. Si no lo está haciendo, está pecando.

Al hacer su lista de pecados, en realidad debe hacer tres listas:

1. Una lista de todos los pecados que han permitido a los demonios entrar en su vida.

2. Una lista de todos los demás pecados.

3. Una lista de cada persona que lo ha herido o ha pecado contra usted en alguna forma. **Debe** perdonar a todas esas personas para poder recibir el perdón por sus propios pecados.

Después de haber repasado cuidadosamente y haberlos confesado y haberse arrepentido de todos sus pecados, haber echado a puntapiés a todos los demonios que llegaron a usted a través de esos pecados, y perdonado a todos los que lo hayan herido, ¡tome su lista y quémela! Ahora puede empezar de nuevo con una cuenta completamente limpia ante Dios. Habrá sido usted totalmente liberado de las cadenas de Satanás.

Apéndice B

Días festivos satánicos

Los cristianos preocupados que desean saber cuáles son los días festivos satánicos me han hecho muchas preguntas al respecto. Estos son los días en que los satanistas realizan ritos y sacrificios especiales. Por eso es tan importantes que los creyentes en todo lugar comiencen a acudir ante el trono de Dios y presenten una demanda contraria a la de Satanás por los sacrificios que él realiza. Exhorto a que ore fervientemente pidiéndole a nuestro Señor que ponga fin a los sacrificios humanos y que también tenga misericordia de los animalitos que están siendo sacrificados y que permita que éstos mueran antes de que puedan ser torturados tan horriblemente.

LAS ORACIONES DE LOS CRISTIANOS SON EFICACES. He escuchado muchos, pero muchos relatos de personas que abandonan el satanismo sobre episodios de sacrificios humanos interrumpidos. No es raro que un grupo de brujos esté reunido alrededor de un altar para efectuar un sacrificio humano cuando súbitamente un brillante haz de luz que no se sabe ni de dónde sale, ilumina todo el altar y los alrededores. Cuando eso sucede, la víctima no es sacrificada y los satanistas huyen del teatro de los hechos. Conozco a numerosas personas que se impresionaron tanto con ese haz de luz, que comenzaron a buscar a otro dios que no fuera Satanás y terminaron por aceptar a Jesús como su Señor y Salvador.

Los días festivos satánicos ocurren en diferentes fechas alrededor del mundo a fin de establecer una red de sacrificios 365 días al año. Varían de un grupo a otro y de una localidad a otra. Enumerarlos a todos llenaría un libro completo. Aquí les daré los principales días festivos.

1. TODAS LAS LUNAS LLENAS. En muchos grupos se efectúan sacrificios cada noche de luna llena. Los demonios le dan a las personas el poder máximo durante la época de la luna llena. También es el momento cuando se cumplen los encantamientos realizados a principios de mes.

2. HALLOWEEN. El día cumbre del año es Halloween, o "día de las brujas". Se considera que Halloween es el cumpleaños de Satanás. Frecuentemente se le llama "La Fiesta de la Cosecha". Los ritos y sacrificios para celebrar esa época del año no son en la noche de Halloween exclusivamente. Se extienden desde el 15 de octubre hasta el 15 de noviembre.

3. PASCUA FLORIDA Y NAVIDAD. Los satanistas profanan todos los días festivos cristianos. En Navidad mayormente se sacrifican criaturas para ridiculizar a Jesucristo. En la Semana Santa, especialmente el miércoles de ceniza, se sacrifican jóvenes junto con otras personas según lo describí en *Él vino a dar libertad a los cautivos*.

4. SOLSTICIOS Y EQUINOCCIOS. Se celebran todos los solsticios y equinoccios, de verano e invierno y de otoño y primavera, respectivamente. En la mayoría de los calendarios se puede encontrar la fecha exacta de cada uno.

5. AÑO NUEVO. Los sacrificios se realizan en la víspera del Año Nuevo, pero el sacrificio más importante se realiza a la medianoche. Eso es para dedicar el Año Nuevo a Satanás.

Recientemente he estado en contacto con una persona que tuvo un altísimo puesto en el satanismo. Me contó que comenzando en 1990 Satanás ha decretado que todos los grupos satánicos deben realizar sacrificios humanos diariamente. ¡La meta de Satanás es lograr que se efectúe un sacrificio humano en algún lugar del mundo cada segundo! Satanás también está acercando a todas sus organizaciones para unificarlas. ¡Él sabe que le queda poco tiempo! El regreso de nuestro Señor está próximo. Nosotros, como cristianos, TENEMOS que oponernos con nuestras oraciones a Satanás y a sus actividades.

Apéndice C

*Libros que han contribuido grandemente a mi propio crecimiento espiritual**

1. Billheimer, Paul E. (Bethany House Publishers, Minneapolis, MN)
   - *Destined For The Throne*
   - *Don't Waste Your Sorrows*
   - *Adventure in Adversity*

2. Finney, Charles G. (Bethany House Publishers, Minneapolis, MN)
   - *Lectures on Revival*

3. Keller, Phillip (Vine Books, Ann Harbor, MI)
   - *In The Master's Hands*
   - *A Shepherd Looks al Psalm 23*
   - *Lessons From a Sheep Dog*
   - *A Shepherd Looks at the Good Shepherd and His Sheep*
   - *A Layman Looks at the Love of God*
   - *Predators in Our Pulpits*

4. Murray, Andrew (Bethany House Publishers, Minneapolis, MN)
   - *The Spirit of Christ*
   - *The Believer's Secret of Obedience*

Y muchos otros

---

* Todas estas obras, como su título lo indica, están en inglés.

5. Nee, Watchman (Christian Fellowship Publishers, NY)
- *Spiritual Authority*
- *The Spiritual Man*
- *Characteristics of God's Workmen*
- *Assembling Together*
- *All To The Glory of God*
- *The Latent Power of the Soul*
- *A Balanced Christian Life*

y otros.

6. Pember, G.H. (Kregel Publications, Grand Rapids, MI)
- *Earth's Earliest Days*

7. Penn-Lewis, Jessie (Over Comer Publications, parte de: Overcomer Literature Trust Ltd.) 10 Marlborough Road, Parkstone Poole, Dorset BH14 OHJ, England
- *Conquest of Canaan*
- *Communion With God*
- *War On The Saints*

La edición sin abreviar de *War On The Saints* se puede ordenar a través de:

Thomas E. Lowe, Ltd.
2 Penn Plaza
Suite 1500
New York, NY 10121

8. Tozer, A. W. (Christian Publications, Camp Hill, PA)
- *The Pursuit of God*
- *The Devine Conquest*
- *The Knowledge of the Holy*
- *The Root of the Righteous*
- *Man: The Dwelling Place of God*
- *Gems From Tozer*

9. Wesley, John (Bethany House Publishers, Minneapolis, MN)
   - *The Nature of Holiness*

Naturalmente que en la actualidad existen muchos excelentes libros, pero estos en particular me han ayudado en mi propio crecimiento espiritual. Estas obras comúnmente no están a la venta en la mayoría de las librerías cristianas. He incluido a los editores para que pueda usted solicitarle a su librería evangélica local que se los pida. Creo que encontrará que son una verdadera bendición.